Claudia Opitz

Der Hexenstreit

FRAUEN – KULTUR – GESCHICHTE

Herausgegeben von
Claudia Opitz
und
Karin Walter

BAND 1
Der Hexenstreit

Der Hexenstreit

Frauen in der frühneuzeitlichen Hexenverfolgung

Herausgegeben
von Claudia Opitz

Mit Beiträgen
von
Ingrid Ahrendt-Schulte
Monica Blöcker
Silvia Bovenschen
Susanna Burghartz
Barbara Ehrenreich
Deirdre English
Eva Labouvie
Claudia Opitz

Herder
Freiburg · Basel · Wien

Umschlaggestaltung: Neil McBeath

Herstellung: Clausen & Bosse, Leck
Gedruckt auf umweltfreundlichem,
chlorfrei gebleichtem Papier
ISBN 3-451-23673-7

Inhalt

Claudia Opitz

Einleitung

Wann immer das Thema „Hexen“ zum Vortrag oder zur Ausstellung kommt, können sich die Veranstalterinnen[1] eines großen Publikumsinteresses gewiß sein. Feministinnen und Kirchenkritikerinnen, Katholikinnen wie Atheistinnen, radikale Linke und brave Bürgerinnen mit einem gewissen Hang zum Grausigen finden sich dann zusammen, um sich die ebenso schrecklichen wie unverständlichen Vorgänge in Deutschland und Europa zwischen etwa 1500 und 1700 vor Augen führen zu lassen, zu erschauern oder auch voller Empörung – und nicht ganz zu unrecht – auf Parallelen zu heutigen gesellschaftspolitischen Konstellationen und Vorgängen zu verweisen.

Die Anwendung gräßlicher Foltermethoden und zweifelhafter Gerichtspraktiken auf im wesentlichen weibliche Opfer spielt in diesem Zusammenhang eine zentrale Rolle, und zwar weniger, weil sich hier ein voyeuristisches Bedürfnis befriedigen läßt, sondern vor allem, weil es in der Tat ein weiterhin erklärungsbedürftiges Phänomen darstellt, daß es ganz überwiegend Frauen waren, die als Angeklagte im Hexenprozeß fungierten; von hier aus ist der Schritt nicht allzu groß, die Hexenverfolgung als Frauenverfolgung, analog etwa zur Judenverfolgung unter den Nationalsozialisten, anzusehen und aus ihr eine grundsätzliche Frauenfeindlichkeit der europäischen Kulturtradition abzuleiten.

Insofern ist das Thema „Hexenverfolgung“ eng mit der Entstehung und Entwicklung der „Neuen Frauenbewegung“ verbunden, die nicht ohne Auswirkung auch auf die wissenschaftliche Diskussion innerhalb der Universitäten blieb. Nach nunmehr zwanzig Jahren sei deshalb an dieser Stelle ein Rückblick erlaubt auf die Wege und Umwege einer Forschungsgeschichte, an der sich Frauen mit ganz besonderem Engagement beteiligt haben, die aber wie kaum eine andere auch von Denkverboten, Tabus und falschen Vorstellungen belastet war und ist – auch dies sicherlich ein Grund dafür, daß das Interesse an den Hexen bis heute nicht geringer geworden ist.

In diesem Band wird versucht, mit Hilfe ausgewählter Beiträge wichtige Stationen dieser „weiblichen“ oder besser: „frauenbewegten“ Forschungstradition nochmals aufzusuchen und einige der bedeutsamen Impulse, die von dieser Debatte ausgingen, aufzuzeigen: von der „Verdrängung der weisen Frauen“ zur Sozialgeschichte von Frauen insbesondere in der ländlichen Gesellschaft der frühen Neuzeit; von der Frauenfeindlichkeit der Kirche bzw. der Kleriker bis hin zur Rolle von Männern im Hexenprozeß.

Hexen, Hebammen, Krankenschwestern

Der Anfang der Hexenforschung aus weiblicher Sicht fällt mit der ersten Phase der „Neuen Frauenbewegung“ zu Beginn der siebziger Jahre zusammen. Am Schicksal der Hexen nämlich schien zum einen belegbar zu sein, daß die allenthalben spürbare und von der „Neuen Frauenbewegung“ diesseits wie jenseits des Atlantik offengelegte Frauenfeindlichkeit der „Männergesellschaft“ eine lange Tradition hat, zum anderen aber auch, daß es eine „verschüttete“ Frauentradition gebe, die als lange unentdeckte Gegenkultur neben der kirchlich geprägten Männerkultur existiert hätte und mit deren Hilfe sich Frauen bis zum Ende des Mittelalters eine beachtliche Autonomie namentlich in Fragen der (Frauen-)Heilkunde, der Geburtshilfe und der Verhütungspraktiken hätten sichern können. In diesem Kontext wird dann die Hexenverfolgung recht umstandslos zur Frauenverfolgung, da es sich bei den Hexen eigentlich um heilkundige Frauen und Hebammen gehandelt hätte, die aber – zu Beginn der Neuzeit – den Berufsinteressen akademisch gebildeter Ärzte und der Frauenfeindlichkeit der (katholischen) Kirche zum Opfer gefallen und zu Tausenden auf den Scheiterhaufen der Inquisition verbrannt worden seien.

Mit dieser These traten erstmals 1973 die beiden amerikanischen Feministinnen Barbara Ehrenreich und Deirdre English an die Öffentlichkeit. Ihr Anliegen war ein dezidiert politisches: den frauenfeindlichen Methoden einer von männlichen Ärzten geleiteten und ausgeführten Frauenheilkunde und Geburtsmedizin entgegenzutreten und insbesondere die Verdrängung der Hebammen aus der Geburtshilfe aufzuhalten, die in der Tat in den sechziger und frühen siebziger Jahren einen Höhepunkt erreicht hatte. Im Vorwort zu „Hexen, Hebammen, Krankenschwestern“[2] heißt es:

„Frauen sind seit jeher heilkundig gewesen. Sie waren die unbestallten Ärzte und Anatomen der abendländischen Vergangenheit. Sie waren Abtreiberinnen, Pflegerinnen und Ratgeberinnen. Sie waren Pharmazeutinnen [...] Sie waren Hebammen [...] sie lernten voneinander und gaben ihr praktisches Wissen von Nachbarin zu Nachbarin und von Mutter zu Tochter weiter. ‚Weise Frauen‘ hießen sie im Volksmund, Hexen oder Kurpfuscherinnen für die Obrigkeit. Die Heilkunde ist Teil unseres Frauenerbes, unserer Geschichte, unseres Geburtsrechts. Heute jedoch liegt die Gesundheitsfürsorge ganz in Händen männlicher, professioneller Ärzte. 93 % aller Ärzte in den USA sind Männer [...] Wir sind keine unabhängigen Heilpraktikerinnen mehr, die unter ihrem eigenen Namen arbeiten und für die eigene Arbeit anerkannt werden [...] (Wir) bilden eine passive, schwache Mehrheit“ (S. 5 f.).

Im Rahmen der aktuellen sozialpolitischen Auseinandersetzungen leisteten die „Hexen" von damals und ihre grausame Verfolgung gute Dienste – die historische Genauigkeit der Argumentation, ja bereits eine (selbst-)kritische Sicht auf die Grundannahmen einer solchen Darstellung war dabei indes weder gewünscht noch möglich: Es handelt sich nämlich weniger um eine „wissenschaftliche" Studie als vielmehr um einen Versuch der Selbstfindung und Identitätssuche, bei der der (Frauen-)Geschichte immerhin ein bedeutender Stellenwert zugemessen wurde.

Auch etablierte US-amerikanische Historikerinnen begannen zur gleichen Zeit, die Vergangenheit von Frauen zu „suchen" und zu „finden", wenngleich dies zu weit weniger spektakulären Erkenntnissen führte als die von Ehrenreich und English zusammengetragenen Behauptungen. Bezeichnenderweise wählten sie auch ganz andere Themen, um die Geschichte von Frauenunterdrückung, Weiblichkeitsklischees und Geschlechterrollen offenzulegen und nachzuzeichnen – etwa das Matriarchat, die Stellung von Frauen in der mittelalterlichen Gesellschaft, die Bedeutung weiblichen Klosterlebens oder – ein immer noch aktuelles und attraktives Forschungsfeld – die Geschichte der Frauenbewegung(en) im 19. und 20. Jahrhundert.[3]

Der „okzidentale Rationalisierungsprozeß" auf Kosten der Frauen?

Auch diesseits des Atlantik wurde das Hexenthema zunächst nicht von „professionellen" Historikerinnen aufgegriffen, sondern von Literaturwissenschaftlerinnen und Kultursoziologinnen wie Silvia Bovenschen, Helmut Brackert und Claudia Honegger.[4] Diese gründeten ihre Analysen des Zusammenhangs von Hexenverfolgung und Frauenunterdrückung zwar ebenfalls, wie Ehrenreich/English, zunächst auf Sekundärliteratur und ältere Forschungsergebnisse, nahmen aber auch auf Hexentraktate und (publizierte) Quellen der frühen Neuzeit Bezug, vom *Hexenhammer* über die Schriften von Ärzten und Juristen wie Paracelsus, Weyer und Bodin bis hin zu Prozeßprotokollen und -akten, wie sie die ältere Hexenforschung, wenn auch nur punktuell, bereitstellte.[5] Ihre Argumentation war wesentlich sorgfältiger als die recht eng auf die Frauenmedizin- und -selbsthilfedebatte in den USA ausgerichtete der beiden nordamerikanischen Autorinnen. Auch bemühte man sich nun, die Erkenntnisse detailliert zu belegen, und zeigte Forschungstraditionen auf, auf die sich das frauengeschichtliche Forschungs- und Erkenntnisinteresse stützen konnte. Namentlich im hier ausgewählten Beitrag von Silvia Bovenschen werden denn auch im wesentlichen männliche Vordenker benannt, allen voran der ebenso phantasievolle wie romantisierende französische Historiker Jules Michelet (1794 bis 1874), dessen faszinierende, aber wissenschaftlich recht zweifelhafte Ausführungen über „die Hexe" *(La Sorcière)* als Auskunftsquelle ersten Ranges benutzt wurde, was in der Folge häufig – und zurecht – kritisiert wurde.

Des weiteren hatten die Frankfurter Autorinnen von den theoretischen Positionen der Vertreter der „Frankfurter Schule", Horkheimer, Adorno und Marcuse, profitiert, die schon in den zwanziger und dreißiger Jahren dieses Jahrhunderts auf die geschlechtsspezifischen Kosten von „Fortschritt" und Modernisierung (nicht zuletzt in der *Dialektik der Aufklärung*) hingewiesen hatten. S. Bovenschen zeigt sich in ihren Ausführungen zum epochalen Zusammenhang von Hexenverfolgung, Naturaneignung und Frauenfeindlichkeit als gelehrige Schülerin dieser kreativen Theorietradition; noch heute liest sich ihr Text – und der in die gleiche Richtung argumentierende von C. Honegger über die „Andere Seite der okzidentalen Rationalisierung"[6] – als ebenso spannender wie anregender Deutungsversuch, der allerdings auch an der klassischen Schwäche weit ausgreifender

Theorieentwürfe krankt: Weit abgehoben von den konkreten Ereignissen und dem „Prozeßalltag“, wird hier auf hohem Abstraktionsniveau und fast ohne Ansehen der Quellen argumentiert, werden Behauptungen der älteren Forschung ungeprüft übernommen und Widersprüche und Ungleichzeitigkeiten ignoriert.

Doch nicht nur deshalb sind Honeggers und Bovenschens Ausführungen von den Frauen in der Bewegung ebenso begierig rezipiert wie von fachhistorischer Seite abgelehnt worden. Viel mehr als das zwischen Soziologen und Historikern immer schon umstrittene Theorieproblem wurde hierbei nämlich abwechselnd oder gleichzeitig das problematische Wissenschaftsverständnis und das im wesentlichen von Michelet entlehnte Hexenbild der feministischen Forscherinnen kritisiert[7] – eine Kritik, die ich nur sehr eingeschränkt teile, nicht zuletzt, weil die feministische Hexenforschung in vieler Hinsicht genau denselben Weg beschritten hat wie die „konventionelle“ historische Hexenforschung vor ihr[8]: Sie hat das „Phänomen Hexenverfolgung“ zunächst als ein geistesgeschichtliches Problem zu fassen gesucht, hat es auf einen epochalen Strukturwandel zurückgeführt und schließlich als Ausweis einer der christlich-europäischen Kulturtradition inhärenten Frauenfeindlichkeit betrachtet, die sich, das haben Forschungen seither genügend gezeigt, in der im wesentlichen von Männern (vorzüglich klerikaler Herkunft) produzierten Schriftkultur vielfach nachweisen läßt.

„Frauenzauber – Zauberfrauen“

Hier setzte Monica Blöcker in ihrem erstmals 1982 erschienenen Aufsatz über den Zusammenhang von (klerikalem) Frauenhaß und Hexenverfolgung an, in welchem sie ihren Blick gewissermaßen auf die Vorgeschichte der Hexenverfolgung richtet und in einer ebenso materialreichen wie umsichtigen Studie zu belegen sucht, wie sich seit dem frühen Mittelalter „das Netz der Verdächtigungen immer dichter zusammenzog und die Bestrafung von Sakrilegien immer grausamer wurde". Warum dabei insbesondere Frauen verdächtigt, verfolgt und schließlich auch schon vereinzelt hingerichtet wurden, ist ein weiterer Ertrag ihrer quellengesättigten Studie, der sich im übrigen sehr eng an (Hypo-) Thesen der feministischen Hexenforschung anlehnt: Es war ihrer Ansicht nach die im christlichen Denken von alters her verankerte Vorstellung von der Nähe der Frauen zu Sexualität und Verführung, die in einer von (zölibatär lebenden) Mönchen dominierten Schrift- und Glaubenskultur immer wieder aktualisiert wurde, um Frauen zu verfolgen und zu verurteilen. Mit diesem Befund konnte Blöcker allerdings auch – indirekt – eine der Lieblingsideen der feministischen Hexenforschung widerlegen: Wenn es die frauen- und sexualfeindliche Haltung von Klerikern und Mönchen in diesem Ausmaß schon im frühen Mittelalter gegeben hatte, konnte diese nicht um 1500 zum (alleinigen) Auslöser der Hexenverfolgung werden!

Ein weiterer wichtiger Ertrag von Blöckers Studie ist die Erkenntnis, wie präsent auch schon im frühen Mittelalter die Vorstellung von weiblichen Zauberkünsten war; die Nähe von Magie und Weiblichkeit in vormodernen Gesellschaften ist in der Folge vielfach diskutiert worden; im Zusammenhang der Hexenverfolgung hat diese Thematik jüngst Eva Labouvie aufgegriffen, die allerdings in ihrem hier abgedruckten Beitrag zeigen kann, daß es auch „männerspezifische" Magie gab, die jedoch einen deutlich anderen, „diesseitigeren" Charakter hatte als die von Frauen gemeinhin ausgeübte. Es bleibt ein Desiderat der Forschung zu prüfen, ob schon im mittelalterlichen Gerichtswesen Frauen überproportional wegen Schadenzauber vor Gericht belangt wurden und hier eine weitere Wurzel des frauenfeindlichen frühmodernen Hexenbildes zu sehen ist.

Von der Hexenforschung zur Frauen- und Geschlechtergeschichte

Mit dem in der „Zeitschrift für schweizerische Kirchengeschichte" abgedruckten Artikel von Monica Blöcker hatte die feministische Hexenforschung im übrigen eine wichtige Etappe erreicht: Nunmehr wird zunehmend auch im akademischen Rahmen über Hexen diskutiert und geforscht – allerdings sind es nach wie vor mehrheitlich Frauen, die sich des Themas aus frauengeschichtlicher Sicht annahmen. Zu ihnen zählt auch Susanna Burghartz, die beim Schweizer Historikerinnentreffen 1985 die Ergebnisse ihrer Forschungen über (frühe) Hexenprozesse in Luzern und Lausanne vorstellte und erstmals explizit der Frage nachging, in welchem Umfang Frauen von Hexereiverdacht und Verfolgung betroffen waren – und dies an konkreten Prozessen und den dadurch überlieferten Gerichtsakten.

Deutlich wird hierbei nicht nur die verhältnismäßig eingeschränkte Bedeutung des *Hexenhammers* als Handbuch für Richter und Inquisitoren (zumindest für das 15. und frühe 16. Jahrhundert), sondern auch die höchst unterschiedlichen Vorstellungen von Richtern, Angeklagten und Zeugen hinsichtlich Hexereidelikt und Hexenverfolgung. Des weiteren zeigt sich hier erneut die geringe Tragfähigkeit der These von der Hexenverfolgung als Verfolgung von „weisen Frauen" und Hebammen: Nur ein ganz geringer Teil der verfolgten Frauen waren Hebammen, dagegen wurden mehrfach Männer als Heiler vor die Hexenrichter gebracht.

Wie vielversprechend der sozialgeschichtliche Ansatz ist, läßt sich auch am Beitrag von Ingrid Ahrendt-Schulte über die „Sozialgeschichte von Frauen im Spiegel der Hexenprozesse des 16. Jahrhunderts in der Grafschaft Lippe" ablesen. Hier hat sich im übrigen die Ausgangsfrage nach dem Zusammenhang von Hexenverfolgung und Frauengeschichte umgekehrt: Nun wird nicht länger (nur) nach den geschlechtsspezifischen Dimensionen der Hexenverfolgung gesucht, sondern vielmehr anhand des Quellenmaterials, das die Hexenprozesse liefern, nach den Frauen und ihren Lebensbedingungen in den Dorf- und Stadtgesellschaften unter den gewaltigen Umstrukturierungsprozessen gefragt, die die Zeit zwischen 1500 und 1800 charakterisieren. Von hierher fällt dann nochmals ein ebenso desillusionierendes wie erhellendes Licht auf die frühen Erklärungsversuche des Phänomens Hexenverfolgung: Wie wenig wußten wir bislang über das Leben derjenigen, die da vor Gericht standen – aber auch über diejenigen, die als Denunzianten, Zeugen, „Besagte", als Gutachter, Richter, Inquisitoren und Henker mit diesen Frauen Kontakte pflegten, sie vor Gericht stellten oder sie gar zu Tode brachten![9]

Hier setzt denn auch die zur „Frauen- und Geschlechtergeschichte" erweiterte historische Frauenforschung an, die sich nun nicht mehr ausschließlich der Erhellung der Lage und der Geschichte der Frauen widmen will, sondern vielmehr die Beziehungen der Geschlechter zum Thema macht – und nun erkennen muß, daß wir über die männliche Seite der Geschichte häufig auch nicht viel mehr wissen als über die Frauen. Gerade im Kontext der Hexenthematik hatte und hat dies nicht unerhebliche Folgen, wie Eva Labouvie in ihrem Beitrag zeigt, wo sie erstmals nach dem Handeln von am Prozeß beteiligten Männern als Männer fragt und insbesondere nach einem spezifisch „männlichen" Verständnis von Magie und Hexerei – über die sattsam bekannten und analysierten Texte der notorischen Hexenjäger und Frauenhasser (wie Sprenger/Institoris oder Bodin) hinaus.

Rückblick mit Perspektiven

Es soll mit diesem Band keinesfalls der Eindruck erweckt werden, daß sich interessante Hexenforschung in den letzten zwanzig Jahren ausschließlich auf der Frauenseite findet. Hier wird vielmehr versucht, den Teil der Hexenforschung zu Wort kommen zu lassen und zu kommentieren, der die geschlechtsspezifischen Dimensionen der Hexenverfolgung als zentrale Fragestellung und hauptsächliches Erkenntnisinteresse verfolgt. Für diese Forschungstradition allerdings läßt sich ein ebenso hindernis- wie ertragreicher Weg nachzeichnen: Sie nahm ihren Ausgang von der feministisch-gesellschaftskritischen Geschichtsbetrachtung, ja z. T. von der umstandslosen Vereinnahmung der Hexenverfolgung als Frauenverfolgung für aktuelle (frauen-)politische Anliegen und Kämpfe, mündete ein in eine reflektiertere Umdeutung der Hexenverfolgung als Begleiterscheinung oder gar Motor des okzidentalen Rationalisierungs- und Modernisierungsprozesses und wandelte sich schließlich, im Rahmen akademischer (Frauen-)Forschung zu einem Forschungsgegenstand, der weit mehr Fragen zur Frauengeschichte aufwirft, als bislang zu beantworten möglich sind, was mir an der Arbeit für die hier abgedruckte „vorläufige Bilanz" schmerzlich deutlich wurde.

In diesem Kontext dient das Quellenmaterial, das die Hexenprozesse so überreich bereitstellen, nun vor allem zur sozialgeschichtlichen Erschließung der verschiedenen Dimensionen des Alltags von Frauen und Männern in der frühen Neuzeit, in den sich magisches Denken und Handeln ja gewissermaßen nahtlos integrierte und aus dem heraus Hexenglauben wie Hexenprozeß entstanden. Dies mag vielleicht für die breitere (Frauen-)Öffentlichkeit wenig spektakulär, ja fast bedauerlich erscheinen. Indes rechtfertigt sich dieses Vorgehen nicht nur durch die weiterreichenden Erkenntnisse, die hierbei über das Leben von Frauen (und

Männern) einst zu erhalten sind; die zahlreichen Projektionen, Spekulationen und Fehlinformationen, die die Hexenforschung lange begleitet und ihre Forschungsergebnisse gerade in frauengeschichtlicher Perspektive verfälscht haben, machen ein solches Umdenken geradezu zwingend.

Anmerkungen

1 Ich benutze hier die weibliche Form für VertreterInnen beider Geschlechter und meine also männliche Veranstalter, Kirchenkritiker, Atheisten etc. – bis hin zum Feministen – mit.
2 Die amerikanische Fassung erschien erstmals 1973, eine deutsche Übersetzung davon 1975 im Verlag Frauenoffensive, München. Bis 1984 wurde das Bändchen allein in Deutschland elfmal aufgelegt!
3 Siehe dazu etwa den 1976 erschienenen, von Berenice A. Carroll herausgegebenen Band „Liberating Women's History. Theoretical and Critical Essays" (Urbana/Chicago/London 1976).
4 Über die vieldiskutierte, höchst umstrittene und dennoch weiterhin eifrig gelesene Studie der Soziologen bzw. Bevölkerungswissenschaftler Gunnar Heinsohn und Otto Steiger „Die Vernichtung der weisen Frauen", die an die Positionen von Ehrenreich/English anknüpfen, ohne dies jedoch kenntlich zu machen, möchte ich mich hier nicht weiter äußern. Die Debatte ist hinlänglich dokumentiert (wenn auch z. T. unangemessen kommentiert) in: G. Heinsohn/O. Steiger, Die Vernichtung der weisen Frauen. Beiträge zur Theorie und Geschichte von Bevölkerung und Kindheit. 3., erweiterte Ausgabe, München 1989.
5 Siehe hierzu die Beiträge in dem von Becker, Bovenschen, Brackert u.a. erstellten Sammelband „Aus der Zeit der Verzweiflung. Zur Genese und Aktualität des Hexenbildes", Frankfurt a. M. 1977.
6 Claudia Honegger, Die Hexen der Neuzeit. Analysen zur Anderen Seite der okzidentalen Rationalisierung, in: dies. (Hg.), Die Hexen der Neuzeit. Studien zur Sozialgeschichte eines kulturellen Deutungsmusters, Frankfurt a. M. 1978.
7 Zur Kritik s. den (m. E. allzu polemischen) Artikel von Dagmar Unverhau, Frauenbewegung und historische Hexenforschung, in: Ketzer, Zauberer, Hexen. Die Anfänge der europäischen Hexenverfolgung, hg. von A. Blauert, Frankfurt a. M. 1990, S. 241–283.
8 Zur Forschungsgeschichte und -kritik s. Eva Labouvie, Zauberei und Hexenwerk. Ländlicher Hexenglaube in der frühen Neuzeit, Frankfurt a. M. 1991, v. a. S. 9–16, und Wolfgang Behringer, Erträge und Perspektiven der Hexenforschung, in: Historische Zeitschrift 249 (1989), S. 619–640.
9 Was wir heute über das Verhältnis von Frauenalltag und Hexenverfolgung wissen, habe ich in meinem Beitrag zu diesem Band zusammenzutragen versucht.

Barbara Ehrenreich / Deirdre English

Hexenkunst und Medizin im Mittelalter

Hexen lebten und wurden verbrannt, lange bevor die moderne medizinische Technologie entstand. Sie waren in der Mehrzahl Heilpraktikerinnen, die dem Bauernvolk halfen; ihre Unterdrückung war einer der ersten Kämpfe in der langen Geschichte männlicher Unterdrückung heilkundiger Frauen. Die andere Seite der Unterdrückung der Hexen als Heilpraktikerinnen war die Schaffung eines neuen männlichen Ärztestands unter der Schutz- und Schirmherrschaft der herrschenden Klasse. Diese neue europäische Ärzteschaft spielte eine wichtige Rolle bei Hexenjagden und stand den Hexenjägern mit medizinischen Fachurteilen zur Seite.

„Dadurch, daß die mittelalterliche Kirche, unterstützt von den Königen, Fürsten und weltlichen Obrigkeiten, die medizinische Ausbildung und Praxis unter ihrer Kontrolle hatte, bildete die Inquisition unter anderem ein frühes Beispiel ‚professionellen' Ärztestandes, insofern, als sie dem ‚Nichtprofessionellen' seine Fähigkeiten absprach und sein Recht, den Armen zu helfen, begrenzte." (Thomas Szasz, The Manufacture of Madness).

Die Hexenjagden hinterließen einen nachhaltigen Eindruck: Ein Aspekt des Weiblichen wird seither immer mit Hexerei in Verbindung gebracht, eine Aura des Unreinen ist geblieben – besonders um Hebammen und andere heilkundige Frauen. Diese frühe und vernichtende Vertreibung der Frauen aus unabhängigen Heilberufen stellte einen radikalen Präzedenzfall und ein Warnsignal dar: Es sollte ein Leitthema unserer Geschichte werden. Die Frauengesundheitsbewegung reicht in ihren Anfängen bis in die mittelalterlichen Hexenzirkel zurück; ihre heutigen Widersacher können die Männer als Vorläufer betrachten, die skrupellos die Ausrottung der Hexen erzwangen.

Der Hexenwahn

Die Hexenverfolgungen dauerten mehr als vier Jahrhunderte und erstreckten sich von Deutschland bis über England hinweg. Sie nahmen ihren Ausgang im Feudalismus und dauerten bis weit in die Zeit der „Aufklärung" hinein. Der Hexenwahn nahm je nach Gegend und geschichtlichem Zeitpunkt unterschiedliche Formen an, verlor jedoch nie sein wesentlichstes Merkmal: das einer gegen die weibliche Landbevölkerung gerichteten Terrorkampagne der herrschenden Klasse. Die Hexen stellten für die protestantische und die katholische Kirche sowie für den Staat eine politische, religiöse und sexuelle Bedrohung dar.

Abb. 1: Hexen machen Salben aus kleinen Kindern

Der Hexenwahn erreichte erschreckende Ausmaße: Im späten 15. Jahrhundert und im frühen 16. Jahrhundert wurden in Deutschland, Italien und anderen Ländern Abertausende hingerichtet – gewöhnlich bei lebendigem Leib auf dem Scheiterhaufen verbrannt. Mitte des 16. Jahrhunderts dehnte sich der Schreckensfeldzug auf Frankreich und schließlich England aus. Ein Chronist schätzt die Zahl der Hinrichtungen in bestimmten deutschen Städten auf 600 im Jahr oder zwei pro Tag, „mit Ausnahme der Sonntage". 900 Hexen wurden innerhalb eines einzigen Jahres im Raum Würzburg umgebracht, und 100 in Como und Umgebung. In Toulouse wurden 400 an einem Tag hingerichtet. In zwei Dörfern des Bistums Trier blieb im Jahr 1585 nur je eine weibliche Einwohnerin am Leben. Die Gesamtzahl der Hinrichtungen ging nach Schätzungen vieler Chronisten in die Millionen. Etwa 85 % aller Hingerichteten waren Frauen – alte Frauen, junge Frauen und Kinder.*

Schon allein das Ausmaß, das die Hexenjagden erreichten, läßt uns ein tiefreichendes, soziales Phänomen dahinter vermuten, das weit über die Geschichte der Heilkunde hinausgreift. Zeitlich und örtlich fallen die erbittertsten Hexenverfolgungen mit Zeiten großen sozialen Umbruchs zusammen, die den Feudalismus in seinen Grundfesten erschütterten –, Massenaufstände und Verschwörungen der Bauern, die Anfänge des Kapitalismus und das Aufkommen des Protestantismus. Es gibt bruchstückhafte Hinweise darauf – und Feministinnen sollten diesen Spuren nachgehen –, daß in einigen Regionen die Hexerei als eine von Frauen angeführte Bauernrevolte zu verstehen ist. Wir können an dieser Stelle nicht tiefer auf die historischen Zusammen-

* Wir lassen hier die Hexenprozesse im Neuengland des 17. Jahrhunderts unberücksichtigt. Diese Prozesse traten in verhältnismäßig kleinem Umfang ganz gegen Ende der Hexenverfolgung auf und standen vor einem völlig anderen sozialen Hintergrund als die früheren europäischen Hexenjagden.

hänge der Hexenjagden eingehen. Doch müssen wir einige gängige Mythen über den Hexenwahn untersuchen, Mythen, die die Hexe jeglicher Würde berauben und ihr und den Bauern, denen sie zur Seite stand, die Schuld zuschieben.

Unglücklicherweise überlieferten die Hexen – weil arm und ungebildet – ihre Geschichte nicht selbst. Sie wurde vielmehr, wie die ganze Geschichtsschreibung, von der gebildeten Elite verfaßt, so daß uns heute nur das von ihren Verfolgern gezeichnete Bild der Hexe bleibt.

Zwei der verbreitetsten Theorien über die Hexenjagd sind im wesentlichen medizinisch begründet und schreiben den Hexenwahn einem unerklärlichen Ausbruch von Massenhysterie zu. Eine Version besagt, das Bauernvolk sei verrückt geworden. Demnach war der Hexenwahn eine Epidemie von Massenhaß und Massenpanik, die sich in Gestalt eines blutgierigen Bauernmobs mit brennenden Fackeln in den Händen ausdrückte. In einer anderen psychiatrischen Deutung wird behauptet, die Hexen selbst seien geistesgestört gewesen. Ein maßgeblicher Psychiatriehistoriker, Gregory Zilboorg, schrieb: „Millionen von Hexen, Zauberern, Besessenen und Verrückten bildeten eine ungeheure Masse schwerer Neurotiker (und) Psychopathen [...] viele Jahre lang glich die Welt einem wahren Irrenhaus." Tatsächlich aber handelte es sich beim Hexenwahn weder um einen lynchenden Mob noch um einen Massenselbstmord hysterisch gewordener Frauen. Vielmehr bewegte sich alles innerhalb ordentlicher, streng gesetzlicher Bahnen. Die Hexenverfolgungen waren gut organisierte Feldzüge, initiiert, finanziert und durchgeführt von Kirche und Staat. Für die katholischen wie für die protestantischen Hexenjäger galt als unbestrittene, maßgebliche Sachverständigenquelle zur Leitung einer Hexenjagd der *Malleus maleficarum* oder *Hexenhammer* im Jahre 1487 von den Hochwürden Kramer und Sprenger verfaßt (den „geliebten Söhnen" von Papst

Innozenz VIII.). Drei Jahrhunderte lang lag dieses sadistische Buch in jedem Gerichtsverfahren vor jedem Richter, jedem Hexenjäger. Aus den ausführlichen Anleitungen zur gerichtlichen Verfahrensweise geht klar hervor, wie die „Hysterie“ angefacht wurde: Einen Hexenprozeß zu initiieren war Angelegenheit des Pfarrers (Priesters) oder Richters der Grafschaft, der zu diesem Zweck eine Bekanntmachung erlassen mußte, „daß man es Uns innerhalb der Frist von zwölf Tagen offenbaren soll, wenn jemand weiß oder gehört hat, daß eine Person ein Ketzer oder eine Hexe sei, oder wenn jemand solcher Praktiken besonders verdächtigt wird, die Menschen, Vieh oder die Früchte des Feldes zum Nachteil des Staates verderben“.

Jeder, der es unterließ, eine Hexe anzuzeigen, mußte mit seiner Exkommunikation und einer langen Liste irdischer Strafen rechnen. Wenn diese bedrohliche Ankündigung auch nur einen Fall von Hexerei ans Licht brachte, so konnte dieser Prozeß dazu benutzt werden, weitere Hexen aufzuspüren. Kramer und Sprenger gaben detaillierte Anleitungen für die Anwendung der Folter zum Erzwingen von Geständnissen und weiterer Anschuldigungen. Gewöhnlich wurde die Angeklagte entkleidet und ihr Körperhaar entfernt, wonach sie der Folter durch Daumenschrauben und Streckbank, Dornen und die knochenbrechenden Spanischen Stiefel, Hunger und Schläge überantwortet wurde. Die Sache ist offensichtlich: Der Hexenwahn entstand nicht spontan unter dem Bauernvolk. Er war eine gezielte Terrorkampagne der herrschenden Klasse.

Die Verbrechen der Hexen

Wer waren denn nun die Hexen, und welcher „Verbrechen“ hatten sie sich schuldig gemacht, daß die Oberschicht zu solch entsetzlichen Unterdrückungsmaßnahmen griff? Zweifellos fielen im Laufe der Jahrhunderte eine Unzahl

Sünden unter die Anklage der Hexerei, von politischer Subversion und religiöser Ketzerei bis hin zu Unzucht und Blasphemie. Aber drei Hauptanklagepunkte tauchen in der Hexengeschichte ganz Nordeuropas immer wieder auf: Erstens werden Hexen aller erdenklichen, gegen Männer begangenen Sexualverbrechen bezichtigt. Ihnen wird schlicht und einfach die weibliche Sexualität „vorgeworfen". Zum zweiten werden sie beschuldigt, sie hätten sich organisiert. Zum dritten wird ihnen vorgeworfen, sie verfügten über magische Kräfte und wirkten damit auf die Gesundheit schädigend oder auch heilend ein. Oft wurden sie ausdrücklich ihrer medizinischen und geburtshilflichen Fähigkeiten wegen angeklagt.

Zuerst einmal zu der Beschuldigung sexueller Vergehen. Die mittelalterliche katholische Kirche erhob den Sexismus zum Prinzip: Der *Malleus* verkündet: „Wenn eine Frau alleine denkt, denkt sie Böses." Wenn der Hexenwahn nicht schon Beweis genug für die Frauenfeindlichkeit der Kirche wäre, so kommt sie doch deutlich in der Lehre zum Ausdruck, daß der Mann beim Geschlechtsakt in der Frau einen Homunculus oder „kleinen Menschen" zurückläßt, der, vollständig angelegt und beseelt, lediglich neun Monate in ihrem Schoß untergebracht wird, ohne dabei irgendwelche Eigenschaften der Mutter anzunehmen. Der Homunculus befindet sich jedoch so lange nicht wirklich in Sicherheit, bis er wieder in männliche Hände gelangt, wenn also ein Priester ihn tauft und somit die Rettung seiner unsterblichen Seele sichert. Ein anderes bedrückendes Hirngespinst einiger mittelalterlicher religiöser Denker war, daß bei der Auferstehung alle Menschen als Männer wiedergeboren würden. Die Kirche setzte die Frau mit der Sexualität gleich, und jegliches Vergnügen am Sex wurde verdammt, denn es konnte nur vom Teufel kommen. Man vermutete, daß Hexen beim Beischlaf mit dem Teufel Lust empfanden (trotz des eiskalten Penis, den er angeblich besaß) und damit ihrerseits die Männer ansteckten. Lustgefühle beim Mann oder der Frau wurden also der Frau zur Last gelegt. Andererseits wurden Hexen auch beschuldigt, sie machten Männer impotent und zauberten ihre Penisse weg. Was die weibliche Sexualität betrifft, so klagte man die Hexe an, sie verabreiche empfängnisverhütende Mittel und treibe ab:

„Nun gibt es aber, wie es in der Päpstlichen Bulle heißt, sieben Methoden, mit denen sie mittels Hexerei den Geschlechtsakt und die Empfänglichkeit des Schoßes verderblich beeinflussen: Erstens, indem sie die Sinne der Männer zu zügelloser Leidenschaft verführen; zweitens, indem sie ihre Zeugungskraft lähmen; drittens, indem sie die zu diesem Akt bestimmten Glieder entfernen; viertens, indem sie durch ihre Magie Männer in Tiere verwandeln; fünftens, indem sie die Fruchtbarkeit der Frauen zerstören; sechstens, indem sie Abtreibungen vornehmen; siebtens, indem sie den Teufeln Kinder darbringen, neben anderen Tieren und Früchten der Erde, womit sie viel Böses wirken (...)" *(Malleus maleficarum).*

In der Vorstellung der Kirche entsprang die Macht der Hexe letztlich ihrer Sexualität. Ihre Laufbahn begann mit dem geschlechtlichen Verkehr mit dem Teufel. Jede Hexe wurde bei einer Generalversammlung (dem Hexensabbat) gefirmt; diese Versammlung wurde vom Teufel, oft in Gestalt eines Ziegenbockes, geleitet, der dort mit den Novizinnen verkehrte. Als Gegenleistung für den Erhalt ihrer magischen Kräfte versprach die Hexe, ihm treu zu dienen. (In der Vorstellungswelt der Kirche konnte selbst dem Bösen letzten Endes nur ein Mann vorstehen.) Wie der *Malleus* glauben macht, handelt der Teufel, so wie schon im Paradies, fast immer durch das Weib:

„Aller Hexenzauber kommt von der fleischlichen Lust, die bei den Frauen unersättlich ist (...). Weshalb sie um der Befriedigung ihrer Gelüste willen mit den Teufeln paktieren

(...) und es überhaupt nicht wunder nimmt, warum man mehr Frauen als Männer unter den von der Sünde der Ketzerei Befallenen findet [...]. Und dem Höchsten sei Dank, der das männliche Geschlecht bis heute vor solch großen Vergehen bewahrt hat [...]."

Nicht genug damit, daß die Hexen Frauen waren – es waren Frauen, die anscheinend zu einer riesigen Geheimorganisation zusammengeschlossen waren. Eine Hexe, die nachweislich Mitglied der „Teufelspartei" war, galt als bedrohlicher als eine, die allein agiert hatte, und die Hexenverfolgungsliteratur läßt die Frage nicht ruhen, was an jenen „Hexensabbaten" eigentlich vor sich ging. (Wurden ungetaufte Kinder gefressen? Bestialismus und Massenorgien? In dieser Richtung gingen ihre wilden Spekulationen...)

Tatsächlich gibt es Beweise dafür, daß als Hexen angeklagte Frauen sich lokal in kleinen Gruppen versammelten und daß diese Gruppen an Festtagen zu Versammlungen von Hunderten oder Tausenden zusammenkamen. Einige Chronisten vermuten, daß diese Treffen zur Ausübung heidnisch-religiöser Riten stattfanden. Zweifellos dienten sie auch dazu, Wissen in der Kräuterkunde auszutauschen und Nachrichten weiterzugeben. Wir wissen nicht viel über die politische Bedeutung der Hexenorganisationen, aber es ist kaum vorstellbar, daß sie nicht mit den damaligen Bauernrevolten zusammenhingen. Jede Organisation der Bauern mußte, schon allein weil es eine Organisation war, Ketzer anziehen, die Kommunikation zwischen den Dörfern fördern und den Geist von Gemeinschaft und Autonomie wecken.

Hexen als Heilkundige

Hiermit kommen wir zu der phantastischsten aller Beschuldigungen: Die Hexe wird nicht nur wegen Mordes, Giftmischerei, sexueller Vergehen und Verschwörung angeklagt, sondern auch, weil sie *hilft und heilt*. Wie ein führender englischer Hexenjäger es ausdrückte:

„Denn dies müssen wir immer im Gedächtnis halten, daß wir unter Hexen nicht nur jene verstehen, die töten und quälen, sondern alle Wahrsager, Zauberer, Gaukler, alle Magier, die gemeinhin weise Männer und weise Frauen genannt werden [...] und dazu rechnen wir alle guten Hexen, die nicht schaden, sondern Gutes tun, die nicht verderben und vernichten, sondern retten und bewahren [...]. Es wäre tausendmal besser um dieses Land bestellt, wenn alle Hexen, aber besonders die wohltätigen Hexen, den Tod erlitten."

Die heilkundigen Hexen waren oft die einzigen praktischen Ärzte für das Volk, das von bitterer Armut und Krankheit schwer heimgesucht war. Insbesondere wurde eine enge Verbindung zwischen Hexe und Hebamme hergestellt: „Niemand schadet der katholischen Kirche mehr als die Hebammen", schrieben die Hexenjäger Kramer und Sprenger.

Die Kirche selbst hatte dem leidgeprüften Bauernvolk wenig zu bieten: „An den Sonntagen nach der Messe kamen die Kranken zuhauf und flehten um Hilfe – Worte waren alles, was man ihnen schenkte. ‚Ihr habt gesündigt, und Gott züchtigt euch. Danket ihm; um so weniger werdet ihr im nächsten Leben leiden müssen. Duldet, leidet, sterbt. Denn hat die Kirche nicht ihre Gebete für die Toten?" (Jules Michelet, Satanismus und Hexenkunst).

Wenn die Kirche mit dem Elend der Armen konfrontiert wurde, nahm sie ihre Zuflucht zu dem Dogma, daß jegliche Erfahrung auf dieser Welt vergänglich und bedeutungslos sei. Doch hier wurde mit zweierlei Maß gemessen, denn die Kirche stellte sich nicht gegen ärztliche Hilfe für die Oberschicht. Die Könige und der Adel hatten ihre Hofärzte, meist Männer, manchmal sogar Priester. In Wahrheit ging es nur darum, Kontrolle auszuüben: Heilte ein Mann der Oberschicht unter dem wachsamen Auge der Kirche, dann war das akzeptabel, heilten jedoch Frauen als Mitglieder einer bäuerlichen Subkultur, so war es das nicht.

Die Kirche verstand ihren Angriff auf die Bauernärzte als einen Angriff auf die Magie, und nicht auf die Medizin. Man glaubte, daß der Teufel wirklich Macht auf Erden hätte; diese Macht aber in den Händen von Bauersfrauen zu wissen – ob nun zum Guten oder zum Bösen – versetzte Kirche und Staat in Angst und Schrecken. Je größer ihre dämonische Kraft, sich selbst zu helfen, war, um so weniger bedurften sie Gottes und der Kirche, um so mehr waren sie potentiell imstande, ihre Kräfte gegen die göttliche Ordnung zu richten. Zaubermittel hielt man für mindestens ebenso wirksam wie Gebete zur Heilung Kranker, aber Gebete waren von der Kirche sanktioniert und kontrolliert, Beschwörungen und Zaubermittel dagegen nicht. Daher bedeutete die Behandlung mittels Magie, selbst wenn sie erfolgreich war, einen verdammenswerten Eingriff in Gottes Willen, vollbracht mit Hilfe des Teufels, und die Heilung an sich war von Übel. Eine Heilung durch Gottes Hilfe von der des Teufels zu unterscheiden war nicht weiter schwierig, denn man durfte doch wohl annehmen, daß der Herr eher durch Priester und Ärzte wirken würde als durch Bauersfrauen.

Die weise Frau oder Hexe hatte einen Schatz an Heilmitteln, die in jahrelangem Gebrauch erprobt waren. Viele von den Hexen entwickelten Kräuterheilmittel haben heute noch ihren festen Platz in der modernen Pharmakologie. Sie kannten schmerzstillende, verdauungsfördernde und entzündungshemmende Mittel. Sie verwandten Ergot (Mutterkorn) gegen die Geburtsschmerzen zu einer Zeit, als die Kirche lehrte, daß die Schmerzen bei der Geburt Gottes gerechte Strafe für Evas Ursünde seien. Ergotderivate sind heute die gebräuchlichsten Präparate zur Beschleunigung der Wehen und des Genesungsprozesses nach der Geburt. Belladonna – heute noch als krampflösendes Mittel im Gebrauch – wurde von den heilkundigen Hexen angewandt, um Kontraktionen der Gebärmutter zu verhindern, wenn eine Fehlgeburt drohte. Digitalis (Fingerhut), auch heute noch eine wichtige Droge zur Behandlung von Herzleiden, soll von einer englischen Hexe entdeckt worden sein. Zweifellos waren viele Mittel der Hexe bloßer Zauber und wirkten – wenn überhaupt – nur dank dem Glauben an ihre Heilkraft. Methoden und Ergebnisse der heilkundigen Hexe stellten eine große Bedrohung (zumindest für die katholische, wenn nicht auch für die protestantische) Kirche dar, denn die Hexe war Empirikerin: Sie verließ sich mehr auf ihre Sinne als auf die Gebote des Glaubens oder die Lehren der Kirche, sie glaubte an die Gesetze von Versuch und Irrtum, Ursache und Wirkung. Ihre Haltung war es, nicht religiös-passiv zu sein, sondern aktiv zu forschen. Sie vertraute auf ihre Fähigkeit, die richtigen Mittel zur Behandlung von Krankheit, Schwangerschaft und Geburt zu finden. Kurz, ihre Magie war die Wissenschaft der damaligen Zeit.

Die Kirche dagegen war ganz und gar antiempirisch eingestellt. Sie bestritt den Wert der irdischen Welt und mißtraute den Sinnen aufs gründlichste. Für sie war es zwecklos, nach Gesetzmäßigkeiten hinter den physikalischen Erscheinungen in der Natur zu forschen, da die Welt in jedem Augenblick von Gott neu geschaffen werde. Im *Malleus* zitieren Kramer und Sprenger den hl. Augustinus über die Sinnestäuschungen: „Nun aber ist der Wille etwas, was über die Sinne oder den Verstand wahrgenommen wird, die beide der Macht des Teufels unterworfen sind. Denn St. Augustin sagt im Buch 83: ‚Dieses Übel, welches des Teufels ist, schleicht sich auf allen Sinneswegen ein; es läßt sich in Formen nieder, es nimmt Farben an und macht sich an Tönen fest, es lauert in zorniger und ungerechter Rede, es wartet in Gerüchen versteckt, es durchdringt alle Kanäle des Verständnisses mit Düften und füllt sie mit bestimmten Dämpfen." Die Sinne sind des Teufels Tummelplatz, die Arena, in die er die Menschen vom Glauben weg in die eitlen Vorstellungen des Verstandes und den leeren Wahn der Sinneslust zu locken sucht.

In der Hexenverfolgung trafen die antiempirischen, frauenfeindlichen, antisexuellen Zwangsvorstellungen der Kirche zusammen: Empirie und Sexualität stellen beide die Hingabe des Menschen an die Sinne, also einen Glaubensverrat dar. Die Hexe war eine Frau und schämte sich dessen nicht. Sie schien einem organisierten Untergrund von Bauersfrauen anzugehören. Und sie war eine Heilkundige, deren Praxis auf empirischer Forschung basierte. Sie setzte dem repressiven Fatalismus der christlichen Kirche ihren unverrückbaren Glauben an die Veränderbarkeit dieser Welt entgegen.

Der Aufstieg des europäischen Ärztestandes

Während die Hexen unter dem einfachen Volk praktizierten, zogen sich die herrschenden Klassen ihre eigenen Vertreter weltlicher Heilkunde heran: die Ärzte mit Universitätsbildung. Ein Jahrhundert vor dem Beginn des Hexenwahns – im 13. Jahrhundert – setzte sich die europäische Heilkunde als Säkulärwissenschaft und als Beruf durch. Die Mediziner waren aktiv an der Ausschaltung der weiblichen Heilkundigen beteiligt – an ihrer Aussperrung von den Universitäten zum Beispiel – und zwar lange vor der Zeit der Hexenverfolgung.

Über acht Jahrhunderte hinweg hatte die auf das Jenseits gerichtete Kirchenlehre mit ihrer medizinfeindlichen Gesinnung die Entwicklung der Heilkunde zu einem anerkannten

Beruf verhindert. Dann, im 13. Jahrhundert, führte der Kontakt mit der arabischen Welt zu einer Wiederbelebung der Wissenschaften. An den Universitäten entstanden medizinische Fakultäten, und immer mehr vermögende junge Herren strebten eine medizinische Ausbildung an. Die Kirche legte dem Beruf strenge Beschränkungen auf und duldete keine Entwicklung, die sich nicht im Rahmen der katholischen Doktrin bewegte. Studierte Ärzte durften ohne den Rat und die Hilfe eines Priesters keine Behandlung vornehmen, noch einen Patienten behandeln, der die Beichte verweigerte. Um 1400 wurden ihre Dienste von den Reichen bereits stark in Anspruch genommen, immer vorausgesetzt, sie machten stets deutlich, daß sie, wenn sie den Körper behandelten, dabei nicht die Seele gefährdeten. Berichte über ihre medizinische Ausbildung gaben allerdings eher zu der Vermutung Anlaß, daß sie statt dessen den Körper in Gefahr brachten.

Die spätmittelalterliche Medizinausbildung stand in keinem Punkt mit der Kirchendoktrin in Widerspruch; sie beinhaltete wenig, was wir als „Wissenschaft" bezeichnen würden. Medizinstudenten verbrachten, wie andere angehende junge Gelehrte auch, Jahre mit dem Studium Platos, Aristoteles' und der christlichen Theologie. Der medizinisch-theoretische Teil ihrer Ausbildung war weitgehend auf die Werke des altrömischen Arztes Galenus beschränkt, der vor allem die Theorie von den „Charakteren" und „Temperamenten" der Menschen propagierte, „wonach die Choleriker jähzornig, die Sanguiniker heiter, die Melancholiker boshaft sind" usw. Während seiner ganzen Studienzeit bekam der Arzt wohl kaum jemals einen Kranken zu Gesicht, und experimentieller Unterricht wurde überhaupt nicht durchgeführt. Man unterschied streng zwischen Medizin und Chirurgie, die fast überall als entwürdigendes, gemeines Handwerk betrachtet wurde, und das Sezieren von Toten galt als etwas Unerhörtes.

Erstmals mit einem Kranken konfrontiert, konnte der studierte Arzt auf wenig, es sei denn auf abergläubische Bräuche zurückgreifen. Der Aderlaß war eine gängige Behandlungsmethode, besonders zur Wundheilung. Blutegel wurden unter Berücksichtigung von Jahreszeit, Uhrzeit, Luftverhältnisse und dergleichen Erwägungen mehr angesetzt. Die medizinische Theorie gründete sich mehr auf „logische Annahme" als auf Beobachtung: „Einige Nahrungsmittel förderten gute und andere üble Laune. Kapuzinerkresse, Senf und Knoblauch erzeugten zum Beispiel rötlichen Gallensaft; Linsen, Kohl und das Fleisch alter Ziegen oder Rinder erzeugten schwarzen Gallensaft." Man glaubte an die Wirksamkeit von Beschwörungen und quasireligiösen Ritualen: Der Arzt Edwards II., der den Titel eines Backalaureus der Theologie und eines Doktors der Medizin der Universität Oxford innehatte, ließ bei Zahnweh auf die Kinnbacken des Patienten schreiben: „Im Namen des Vaters, des Sohnes und des Heiligen Geistes, Amen", oder eine Nadel zuerst an eine Raupe und dann an den Zahn legen. Lepra wurde sehr häufig mit einem Gebräu behandelt, das aus dem Fleisch einer schwarzen Schlange gekocht sein mußte, die auf trockenem Gelände zwischen Steinen gefangen worden war.

Das war der Stand der medizinischen „Wissenschaft" zu jener Zeit, als die heilkundigen Hexen wegen „Zauberpraktiken" verfolgt wurden. Hexen waren gerade diejenigen, die ein umfassendes Verständnis für Körperbau, Kräuter und Drogen entwickelten, während die Ärzte ihre Prognosen immer noch mit Hilfe der Astrologie erstellten und die Alchemisten Blei in Gold zu verwandeln suchten. Solch ausgezeichnetes Wissen besaßen die Hexen, daß Paracelsus, der als Vater der modernen Medizin gilt, im Jahr 1527 seine Schrift über die Pharmazeutika mit dem Geständnis verbrannte, er habe „von der Zauberin alles gelernt, was er wisse".

Nachdem die Heilkunde als Beruf, der ein Universitätsstudium voraussetzte, eingeführt war, konnte man diesen Beruf ohne große Schwierigkeiten für Frauen gesetzlich sperren. Von wenigen Ausnahmen abgesehen, waren die Universitäten Frauen verschlossen, sogar den Frauen aus höheren Schichten, die sich ein Studium finanziell hätten leisten können; es wurden Lizenzgesetze geschaffen, um einzig und allein den studierten Ärzten die Praxis zu gestatten. Es war allerdings unmöglich, diese Gesetze konsequent durchzusetzen, da eine Handvoll studierter Ärzte einer großen Masse von Heilpraktikern gegenüberstand. Aber es konnte auf die Gesetze gezielt zurückgegriffen werden. Ihre erste Zielscheibe waren nicht die bäuerlichen Heilkundigen, sondern die bessergestellten, gebildeten heilkundigen Frauen, die sich um denselben städtischen Patientenkreis wie die studierten Ärzte bemühten. Man betrachte zum Beispiel den Fall Jacoba Felicie, die 1322 von der medizinischen Fakultät der Pariser Universität wegen illegaler Berufsausübung vor Gericht gestellt wurde. Jacoba war eine gebildete Frau und hatte eine nicht näher angegebene besondere Ausbildung in Medizin genossen. Ihre Patienten müssen sehr vermögend gewesen sein, denn sie hatten (nach ihren eigenen Zeugenaussagen) namhafte studierte Ärzte konsultiert, ehe sie sich an sie wandten. Die Punkte, auf die sich die Anklage in der Hauptsache stützte, waren „[...] daß sie ihre Patienten von inneren Krankheiten und Entzündungen sowie von äußeren Abszessen heilte. Sie war stets unermüdlich in ihren Krankenbesuchen und pflegte nach Art der Ärzte den Urin zu untersuchen, den Puls zu fühlen und Körper und Glieder abzutasten."

Sechs Zeugen bestätigten, daß es Jacoba gelungen wäre, sie zu heilen, obschon zahlreiche Ärzte ihren Fall aufgegeben hatten; ein Patient erklärte, Jacoba sei bewanderter in der Kunst der Chirurgie und der Medizin als die besten Meisterchirurgen oder Ärzte von ganz Paris. Aber diese Beweise der Anerkennung wurden gegen sie verwandt, denn ihr wurde nicht Inkompetenz vorgeworfen, sondern daß sie – eine Frau – es überhaupt wagte, zu heilen.

Mit derselben Argumentation reichten englische Ärzte beim Parlament auch ein Gesuch ein, in dem sie über die „nichtsnutzigen und vermessenen Frauen klagten, die sich den Beruf auszuüben anmaßten" und hohe Geldbußen und „lange Gefängnishaft" für jede Frau forderten, die es wagte, „den Beruf des Physikus" auszuüben. Um 1400 war der Feldzug der Ärzteschaft gegen die städtischen gebildeten Heilpraktikerinnen praktisch in ganz Europa erfolgreich abgeschlossen. Dieser Sieg brachte den männlichen Ärzten die unumstrittene Alleinherrschaft über die medizinische Praxis bei der Oberschicht ein (mit Ausnahme der Geburtshilfe, die noch drei weitere Jahrhunderte selbst bei den höheren Klassen Domäne der Hebamme blieb). Jetzt waren sie soweit, um eine Schlüsselposition bei der Ausschaltung der breiten Masse der Heilpraktikerinnen – „den Hexen" – einnehmen zu können.

Das partnerschaftliche Verhältnis zwischen Kirche, Staat und Ärzteschaft erreichte mit den Hexenprozessen seinen Höhepunkt. Der Arzt wurde hierzu als medizinischer Gutachter eingesetzt und verlieh somit dem ganzen Verfahren einen Anstrich von „Wissenschaftlichkeit". Man ersuchte ihn um sein fachliches Urteil darüber, ob bestimmte Frauen Hexen und ob gewisse Leiden angehext worden seien. Im *Malleus* heißt es dazu: „Und auf die Frage, wie es möglich sei, zwischen einer Krankheit, die auf Hexerei, und einer, die auf einem physischen Gebrechen beruht, zu unterscheiden, entgegnen wir, daß dafür zuallererst das *Urteil des Arztes* ausschlaggebend ist" (Hervorhebung durch die Autorinnen).

Während der Hexenjagden erklärte die Kirche die professionelle Medizin der Ärzte ausdrücklich für legitim, während sie die nichtprofessionelle Heilkunst auf die Stufe der Ketzerei abqualifizierte: „Wenn sich eine Frau anmaßt zu heilen, *ohne studiert zu haben,* ist sie eine Hexe und muß sterben." (Natürlich stand Frauen der Weg zum Studium nicht offen.) Schließlich lieferte der Hexenwahn dem Arzt auch noch eine willkommene Ausrede für sein Versagen in der täglichen Praxis: Alles, was er nicht zu heilen vermochte, war offensichtlich die Folge von Hexerei.

Die Unterscheidung in „weiblichen" Aberglauben und „männliche" Medizin fand ihren endgültigen Niederschlag in der Rollenverteilung von Arzt und Hexe vor Gericht. Der Prozeß stellt den männlichen Arzt auf die Ebene moralischer und intellektueller Erhabenheit, weit über die weibliche Heilkundige, zu deren Verurteilung er berufen war. Dies stellte ihn auf die Seite Gottes und des Gesetzes, ein den Rechtsgelehrten und Theologen gleichgestellter Experte, während sie auf die Seite der Finsternis, des Bösen und der Magie verwiesen wurde. Er verdankte seinen neuen Status nicht eigenen medizinischen oder wissenschaftlichen Leistungen, sondern Kirche und Staat, denen er so gefällig diente.

Das Nachspiel

Zwar führten die Hexenjagden nicht zur totalen Ausmerzung der Heilkundigen der unteren Schichten, doch sie brandmarkten sie auf immer als abergläubisch und möglicherweise böswillig. So tief standen sie in ihrem Ansehen bei der aufkommenden Mittelschicht, daß den männlichen Ärzten im 17. und 18. Jahrhundert ernsthafte Übergriffe auf die letzte Domäne der Heilpraktikerinnen – die Geburtshilfe – gelingen konnten. Nicht studierte männliche Heilpraktiker – die Bader – führten den Angriff in England und beriefen sich dabei auf technische Überlegenheit, die im

Gebrauch der Geburtszange zum Ausdruck kam. (Die Geburtszange galt als chirurgisches Instrument, und Frauen war jede chirurgische Tätigkeit gesetzlich verboten.) Unter den Händen der Bader gedieh die Geburtshilfe, die bis dahin ein freundschaftlicher Dienst unter Nachbarn war, zu einem lukrativen Geschäft innerhalb des Mittelstandes, auf das sich die ausgebildeten Ärzte dann im 18. Jahrhundert stürzten. Die weiblichen Hebammen in England taten sich zusammen und warfen den männlichen Eindringlingen Geschäftemacherei und gefährlichen Mißbrauch der Geburtszange vor. Aber es war bereits zu spät – die Frauen wurden leichthin als ignorante „alte Weiber" abgetan, die überholten und abergläubischen Vorstellungen aus der Vergangenheit nachhingen.

Silvia Bovenschen

Die aktuelle Hexe, die historische Hexe und der Hexenmythos

Die Hexe: Subjekt der Naturaneignung und Objekt der Naturbeherrschung

I. Die aktuelle Hexe – Die Wiederkehr der Hexe

Das Thema „Hexe" ist Mode geworden, es hat bereits einen fatalen Glamour. Auch hat es in jüngster Zeit eine wissenschaftliche Nobilitierung erfahren. Die Tatsache, daß sich die Wissenschaft nun wieder des historischen Phänomens „Hexenverfolgung" annimmt, ist keineswegs die Ursache für das vitale Interesse, das das Thema heute findet. Dies wäre die eitle Annahme eines sich autonom wähnenden Forschergeistes, der noch nicht gemerkt hat, daß er sich bereits im Nachtrab befindet.

Auf einer Demonstration gegen die italienischen Abtreibungsparagraphen in Rom riefen 100000 Frauen: „La gioia, la gioia, la si inventa, donne si nasce, le streghe si diventa!" (Ungefähr: Die Freude, die Freude, sie wird entdeckt; als Frau geboren, zur Hexe gemacht!) und „Tremate, tremate, le streghe son tornate!" (Zittert, zittert, die Hexen sind zurückgekehrt!).

Steht das Hexenbild als Desiderat angesichts der unrealisierten weiblichen Potentiale? Sind die Hexen für den Feminismus das, was Spartakus, die aufständischen Bauern, die französischen Revolutionäre und die Bolschewiki für die sozialistischen Bewegungen sind? Bei einer Protestaktion anläßlich eines Prozesses in Itzehoe, der von der Sensationspresse reißerisch kommentiert wurde, weil zwei Frauen angeklagt waren, die ein lesbisches Verhältnis zueinander hatten – das Strafmaß fiel vergleichsweise ungewöhnlich hoch aus –, erklärten Frauen das Verfahren zum Hexenprozeß. Auf vielen Frauendemonstrationen verkleideten sich die Teilnehmerinnen als Hexen. Frauenlokale heißen z. B. „Blocksberg", Bücher tragen Titel wie „Hexengeflüster", eine Frauenrockband verkündet die Wiederkehr der Hexen... Ein Wort läuft um, ein Bild verdichtet sich. Aber offensichtlich ohne erklärte Absicht, ohne Kalkül und ohne die Intention, im nachhinein eine revolutionsgeschichtliche Kontinuität des Feminismus zu konstruieren. Die Aufnahme der Hexe ins Sprach- und Bildrepertoire verdankt sich keinem Plan, vollzog sich eher spontan, atmosphärisch, situativ. Die Belebung des Wortes, des Bildes, des Motivs hat zweifellos etwas mit der Neuen Frauenbewegung zu tun (in der alten spielte das kaum eine Rolle), aber sicher nicht in dem Sinne, daß sich gelehrte Frauen bedächtig unter Zuhilfenahme ihres wissenschaftlichen Instrumentariums an die feministische Geschichtsarchäologie begeben, viele historische Schichten abgetragen und schließlich das Hexenpogrom des ausgehenden Mittelalters als Beweis für die Unterdrückung der Frau (da gibt es in der Gegenwart genug) für sich entdeckt hätten. Es waren nicht die nun flutartig einsetzenden historisch-theoretischen Aufarbeitungen, die den Anstoß zu der häufigen exemplarischen Anwendung des Wortes und des Bildes gegeben, die der Hexe zu ihrer überraschenden Renaissance verholfen haben.

Die empirischen Hexen von heute – jene Frauen, die sich selbst mit diesem Wort charakterisieren – haben mit der historischen Hexe, die auf dem Scheiterhaufen verbrannte, zunächst wenig gemein. Sie hatten bis vor kurzem sicher nicht einmal eine klare Vorstellung von deren vergangener Existenz (in den Schulstuben wurde davon zumeist nichts berichtet). Da nicht anzunehmen ist, daß sich jene 100 000 Frauen in Rom, aus deren Kehlen drohend das Wort Hexe erklang, zuvor schwer zugängliche Geschichtskenntnisse angeeignet hatten, muß es zwischen dem Wort – vielleicht

Abb. 2:Die drei Wetterhexen
(Holzschnitt von Hans Baldung, gen. Grien [um 1514])

verbunden mit einer diffusen geschichtlichen Vorstellung – einerseits und der eigenen Erfahrung der Frauen von heute andererseits ein direkteres, vorbegriffliches Verhältnis geben. Das Wort, das Bild schlugen ein, sie trafen ein Erfahrungsmoment jenseits ihrer ehemaligen historischen Bedeutung.

> „Das wahre Bild der Vergangenheit huscht vorbei, nur als Bild, das auf Nimmerwiedersehen im Augenblick der Erkennbarkeiten eben aufblitzt, ist die Vergangenheit festzuhalten."[1]

Diese Form der situativen Aneignung von Vergangenheit unterscheidet sich qualitativ von der wissenschaftlich-archivarischen – jedenfalls was deren geläufige Erscheinung betrifft. Sie nimmt etwas anderes auf, als uns die überlieferten Quellen, Daten und Kommentare zu bieten haben. In ihr vermischen sich Elemente historischer und sozialer Phantasie, die für das Untergrunddasein verbotener Bilder sensibel sind; sie ist anarchisch, aufsässig im Verzicht auf Chronologie und historische Sorgfalt.

> „Die Vergangenheit führt einen heimlichen Index mit, durch den sie auf Erlösung verwiesen wird. Streift denn nicht uns selber ein Hauch der Luft, die um die Früheren gewesen ist?"[2]

Es ist, als hätten die empirischen Hexen den „Hauch" verspürt, von dem Benjamin spricht; als seien sie als von der Gegenwart unmittelbar Betroffene näher an der Vergangenheit als die auf Vergangenes gerichtete Reflexion, die die Sehnsucht nach „Erlösung" immer nur benennen kann. Ein theoretisches Interesse, das auf die Virulenz des Hexenbildes gerichtet ist, kann sich immerhin des Verdachts der historisierenden Verselbständigung entziehen.

> „Vergangenes historisch artikulieren, heißt nicht, es erkennen, ‚wie es denn eigentlich gewesen sei'. Es heißt sich einer

> Erinnerung bemächtigen, wie sie im Augenblick einer Gefahr aufblitzt."[3]

In der Wechselwirkung von phylo- und ontogenetischen Konstituenten des Bewußtseins – in der „das Individuum selbst noch in archaischer Identität mit der Art steht" (Marcuse)[4] – ging das, was die männliche Geschichtsschreibung ausgelassen, verdrängt und tabuiert hat, offensichtlich nicht einfach verloren; selbst das situative Handeln ist in bestimmten Momenten historisch bewußt, insofern als es die kollektive „Wiederkehr des Verdrängten" provoziert. Diese Wiedererinnerung ist nicht reflektiv, aber auch nicht schlechthin intuitiv – sie ist möglich vor dem Hintergrund einer durchgängigen und unvermindert unabgegoltenen Sehnsucht nach Befreiung, die sich orientiert an den exponiertesten Beispielen für das, was das Leiden immer noch bestimmt. Die Vergangenheit kann so nah nur rücken, weil sich die Strukturen der geschlechtsspezifischen Unterdrükkung so gleich geblieben zu sein scheinen – wenn wir auch im Moment vor dem Scheiterhaufen einigermaßen sicher sind.

> „Die wiederentdeckte Vergangenheit liefert kritische Maßstäbe, deren Anwendung die Gegenwart verwirft und verbietet. Mehr noch, die Wiederherstellung des Erinnerungsvermögens geht Hand in Hand mit der Wiederherstellung des erkennenden Gehalts der Phantasie."[5]

Zwischen der historischen und empirischen Hexe wirkt die Hexenmythologie, im Schnittpunkt von Weiblichkeitssyndrom und aggressiver Selbstdarstellung. Im Trivialmythos stehen die Hexen an der Seite der alten Muttergöttinnen. Lange Zeit hatten die Frauen Angst vor dem Titel Hexe, gehörte er doch zum von ihnen internalisierten Repertoire männlicher Invektiven. Sie jagten der Chimäre nach, dem Hexenschicksal entgehen zu können – aber „zur Hexe wird die Frau gemacht", wie die römischen Demonstrantinnen riefen. Wie wir als Kinder aus den Märchen lernten, genügt es dafür, alt und ein wenig sonderbar zu sein. Alt werden wir alle, als sonderbar gelten wir, wenn wir uns in unser vorgeschriebenes weibliches Schicksal nicht willig fügen.

Als die Frauen anfingen, sich ostentativ in der Hexenrolle einzunisten, handelten sie keineswegs so unvermittelt und willkürlich, wie es scheinen mag.

Will-Erich Peuckert (der lange den Hexen auf der Spur war) fühlt sich zum Beispiel angesichts irgendwelcher „Zusammenrottungen" (er nennt das zuweilen auch „Vergesellungen") von Frauen immer spontan an die historischen Hexen erinnert:

> „Mein Assistent kam eines Montagmorgens aus den Ferien zurück. Er ist in einen Waggon geraten, den eine Frauengesellschaft für eine Kaffeeausflugsfahrt benützte. Anscheinend fühlten sie sich durch ihren männlichen Mitreisenden belästigt. Es wurden anzügliche ‚Witze' laut, Zotenworte gingen hin und her, dann stimmte der ganze Chor den ‚Sanitätsgefreiten Neumann' an und attackierte den Mann mit Worten, ob es ihm denn nicht möglich sei, das ‚Wirtshaus an der Lahn' in seiner ganzen Unverkürztheit vorzutragen. Es waren [...] gutbürgerliche Frauen des gehobenen städtischen Mittelstandes, die im Zusammenschluß und in der Feierstunde sich erregten und deren Äußerungen dann zu allem möglichen Mutwillen aufgewachsen sind."

Und ein weiteres Beispiel:

> „Ein zweites Mal erlebte ich die Weiber. [...] Es waren die Wochen nach Pfingsten, und der Kuckuck schrie – sie pflanzten am Vorwerk. Und sie übernahmen sich an Zoten. Sie übernahmen sich am geilen und entbundenen Tun; ich weiß nur noch, daß sie die jüngeren Mädchen aufgezogen haben, daß sie alle zusammen die Röcke ab taten und halb nackend tanzten."[6]

Es sind nicht so sehr die Vorgänge als vielmehr die Beschreibungsarten, die, wie ich finde, einen Eindruck von Obszönität hinterlassen. Angedeutet ist die vermeintlich überzeitliche Dimension des Hexenwesens: „Ich glaube", so Peuckert,

> „daß die Hexen schon in früherer Zeit sich vergesellten – wenn sie zueinanderkamen, und sich verlustierten – wie es die Weiber ihrer Zeit und ihrer (wohl einst weiberzeitlichen) Kultur zu machen pflegten".[6]

Dies alles wäre einfach nur tief ideologisch und eklig, bezeugte es nicht zugleich die Resistenz des Hexenbildes, diesmal in der männlichen Projektion. Peuckert sucht den Grund für diese Resistenz dort, wo er zumeist gesucht wird: in der weiblichen Sexualität, in einer „sexuellen Getriebenheit", die einer „Anlage", „besser, einer eingeborenen Gültigkeit" entstamme. Dieses reaktionär-antifeministische Grundschema, das mit der angeblich so gefährlichen Hypertrophie der weiblichen Sexualität operiert, lag schon den Schriften der Hexenverfolger zugrunde, es erfährt hier nur eine abschwächende Liberalisierung.

Das Wort Hexe hatte bis vor einiger Zeit keinen guten Klang, es weckte Kindheitsängste – ältere Lehrerinnen, die wir nicht leiden konnten und vor denen wir uns fürchteten, haben wir manchmal so bezeichnet. Es erging ihm dann ähnlich wie dem Wort „schwul" oder dem Wort „Prolet"; es wurde von den Betroffenen aufgenommen und gegen den diskriminierenden Feind gerichtet. Spätestens zu diesem Zeitpunkt wurde den Frauen klar, daß sie, indem sie andere Frauen mit diesem Wort etikettierten (ähnliche Funktionen hatte zum Beispiel das Wort „Blaustrumpf"), das gleiche taten wie der angepaßte Homosexuelle, der mit dem Finger auf die Tunte zeigt, in der Hoffnung, die Pression treffe diese und nicht ihn. Wir wollten also mit der Anwendung auf andere von uns selbst ablenken. Sartre erzählt die Geschichte des jungen Genet, der einmal etwas stahl. Da sagten die Leute: „Er ist ein Dieb", und da wurde er ein Dieb. Bei Genet war das ein individueller Akt. In dem Maße aber, in dem die Frauen sich des Schreckbildes bemächtigen, den Mythos kollektiv übernehmen, fällt er von der einzelnen ab.

Es handelt sich gleichsam um eine mimetische Annäherung an die eigene Geschichte im Medium mythologischer Suggestion, wenn sich die Frauen bei ihren Aktionen und Festen als Hexen verkleiden. Sie hexen gewissermaßen. Die antifeministische Geschlechtsmetaphysik hat die magisch-dämonischen Potentiale der Weiblichkeit so lange beschworen, bis diese auf sie zurückschlugen. Die Magie nähert sich der Realität über Bilder, und die „Zauberei ist wie die Wissenschaft auf Zwecke aus, aber sie verfolgt sie durch Mimesis, nicht in fortschreitender Distanz zum Objekt".[8] Das mimetische Moment in den Aktionen bezeichnet so einerseits eine Kritik und Ironisierung der männlichen Weiblichkeitsmystifikationen, zum anderen aber ein tatsächlich unterschiedenes Verhältnis zu Geschichte und Natur. Im Bild der Hexe oszillieren Vergangenes, Mythisches, aber auch ein aktuelles Los. Im überlebenden Mythos sind Natur und geronnene Geschichte aufbewahrt. In der Hinwendung zu einem historischen Bild ist nicht so sehr das geschichtliche Phänomen selber gemeint als vielmehr das, wofür es stehen kann:

> „So hat utopische Funktion sehr oft doppelten Abgrund, den der Versenkung mitten in der Hoffnung. Was aber nur heißen kann: hier ist der Hoffnung in dem archaischen Rahmen streckenweise vorgearbeitet. Genauer: in jenen immer noch Betroffenheit erregenden Archetypen, die aus der Zeit eines mythischen Bewußtseins als Kategorien der Phantasie, folglich mit einem unaufgearbeiteten nichtmythischen Überschuß gegebenenfalls übriggeblieben sind."[9]

Die phantastischen Qualitäten der Imagination greifen weit über das hinaus, was der bildfeindliche theoretische Diskurs vermitteln kann.

> „Die Phantasie hat insofern erkennende Funktion [...], insofern sie die Ansprüche des Menschen und der Natur auf vollständige Erfüllung gegen alle unterdrückende Vernunft bewahrt und schützt. Im Reich der Phantasie wurden die unvernünftigen Urbilder der Freiheit vernunftvoll."[9]

Die historische Hexe post festum zu einem Urbild weiblicher Freiheit und Kampfkraft zu erheben, wäre ein Zynismus angesichts ihres millionenfachen Leidens, für das die Vorstellungskraft wohl kaum ausreicht. Andererseits steht die Aktualität des Hexenbildes für eine heutige Möglichkeit des Widerstands, die der historischen Hexe versagt war.

Dieses Widerstandsmoment aber ist gegenwärtig und politisch, nicht mythologisch begründet, mag es sich gelegentlich auch der mythologischen Bildsprache bedienen.

Gefährlich dagegen erscheint mir die Zitation der Mythen zum Beweis für die Wiederkehr des Immergleichen, die die Differenz zwischen Mythos, Historie und Realität verwischen soll.

Zwar wurde die Wiederentdeckung der historischen Existenz matristischer Gesellschaften über die Mythen- und Symbolforschungen von Bachofen erst möglich (später haben die Anthropologen, Ethnologen und Kulturhistoriker seine Forschungsergebnisse weitgehend bestätigt), aber der unmittelbaren, bruchlosen Reminiszenz an vergangene weibliche Macht, die von heute via Hexe zu den Ursprüngen – zu Gaja, Demeter, Aphrodite usw. – zurückführen soll, ist zu mißtrauen; sie ist in ihrer Ambivalenz jeweils interpretationsbedürftig. Das geschichtsfeindliche ursprungsmythische Denken speiste die reaktionären Ideologien des 19. und 20. Jahrhunderts und mündete – was diesen Zusammenhang betrifft – fast immer in der Ontologisierung des Geschlechtergegensatzes und der Biologisierung der Weiblichkeit. Gemeint ist „die genealogisierende Beschwörung der Mächte des Ursprungs, [...] wie sie durch die Aktivierung einer ursprungsmythischen Geisteslage [...] immer wieder in der Profangeschichte zu einem mächtigen politischen Werkzeug tauglich war und ist."[11] Diese Beschwörung spielt den Mythos gegen die Geschichte aus. Die Theorien, in denen sie ihren Platz hat, haben in ihrer zivilisationsfeindlichen Attitüde, indem sie mit einem unkritischen Entfremdungsbegriff operieren, auch heute noch ihre Attraktivität. Gerade im Zeitalter der ökologischen Krisen mag die Anrufung der alten Naturgöttinnen einen Ausweg verheißen.

Früher oder später wird man den Frauen vorwerfen, sie stünden damit, daß sie sich auf die historischen und mythologischen Signale ihrer vernachlässigten und verdrängten Geschichte beziehen, in jener Theorietradition, die in einer groben ideengeschichtlichen Skizzierung dem Strang Bachofen-Klages-Jung zugeordnet werden könnte. Dieser Vorwurf wird zu Unrecht erhoben, meine ich. Er verfinge nur dann, wenn wir auf dem Niveau etwa der Jung-Schülerin Esther Harding eine bruchlose Synthese von genealogisierender Rückbindung an Ursprungsmächte und aktuellem Frauenschicksal intendierten.

> „In den Mythen und Gebräuchen, die wir betrachtet haben, spiegelten sich schattenhaft die Gefühle, die Reaktionen, die Männer und Frauen nicht sowohl einer bestimmten Frau gegenüber empfanden, als den Frauen an sich, dem weiblichen Prinzip, das trotz aller Vermännlichung der modernen Frau der Urquell des Frauentums geblieben ist und ihr physisches Leben sowohl wie das Sein ihrer Seele beherrscht."[12]

Die Substantialisierung des Weiblichen suggeriert zunächst Größe. Sie beruft sich auf vergangene Bedeutung und deren immer noch bestehende, wenn auch verdeckte Gültigkeit.

„Es ist daher von größter Wichtigkeit, daß wir uns bemühen, wieder eine bessere Beziehung zum weiblichen Prinzip herzustellen, oder, wie die Alten es ausdrücken würden, zu der Großen Mutter, der Magna Dea."[13]

Unter Absehung von den gesellschaftlichen Strukturen, auf denen die einstige Macht der Gaja beruhte, wird diese noch einmal aufgerufen, ihre alten Herrschaftsbereiche zu verteidigen. Das Faszinosum liegt wahrscheinlich in der Konstruktion einer ‚alten Bindung' an einen ‚letzten Grund', die zur metaphysischen Absicherung des Alltagslebens taugt und auch das trostloseste Frauenschicksal noch mit vermeintlichen Sinngehalten auffüllen soll. Esther Harding ist ein gutes Beispiel dafür, in welch trüben Kanälen ein solcher Denkansatz fließt. Sie vollführt einen Balanceakt: auf der einen Seite will sie dem weiblichen Prinzip wieder zu Anerkennung und verstärkter Wirkung verhelfen – zumal männliche Ratio die Welt nicht besserte –, auf der anderen Seite darf aber weibliche Destruktionskraft nicht voll zum Einsatz kommen.

„Wenn dieses weibliche Prinzip, oder wie der naive Mensch es ausdrückt, diese Göttin in der Natur wirkt, erweist sie sich als blinde Macht, furchtbar und grausam, gebärend und vernichtend zugleich. [...] Das ist das weibliche Prinzip in seiner dämonischen Gestalt [14] [...], eine bewußt höher entwickelte Frau kennt diese Gefahr und wacht gewissenhaft, solch verhängnisvolle Wirkung zu vermeiden. Denn nur durch eine Disziplin der Begierde kann Liebe und seelische Beziehung zwischen den Geschlechtern gewährleistet werden."[15]

Eine Politik und eine Ideologie, die die Frauen auf diese archetypischen Wesensbestimmungen zurückwarfen, machten aus der Großen Mutter die ausgebeutete Mutterkreuz-Empfängerin. Die Mutterschaftsideologie reduziert gerade in ihrem Rückbezug auf matristische Ursprünge die Frauen auf biologische Funktionen. Von der Machtfülle, die die Frauen in matristischer Zeit am frühen Beginn der Ackerbaukulturen tatsächlich hatten, bleibt in der Projektion dieser Bilder auf die hochindustrialisierte Gesellschaft des 20. Jahrhunderts nur noch das Gebärvermögen bestehen – als entspräche diese Reduktion nicht einer alten misogynen Weiblichkeitsideologie. In der unpolitischen Folge produzieren solche Vorstellungsgehalte eine eskapistische Zivilisationsfeindlichkeit (Stadtflucht, Sektierertum etc.), wie sie z. B. für die amerikanischen *eco-freaks* typisch ist, von der nur noch die Reformhäuser profitieren.

Theorien wie die der Esther Harding werden die Frauenbewegung vermutlich nicht vorantreiben. Sie sind es auch nicht, die die Aktualität des Hexenbildes begründen. Für sie gilt das, was Ernst Bloch über die Jungschen Archetypen schrieb:

> „[...] alles Neue ist eo ipso wertlos, ja wertfeindlich; neu ist nach Jung und Klages lediglich die heutige Instinktzerstörung, die Zersetzung des uralten Instinktgrundes durch den Intellekt [...] Psychosynthese – Gegenwart fliehend, Zukunft hassend, Urzeit suchend – [...]. Erst recht rangiert dann noch der wüsteste Aberglaube über der Aufklärung; denn selbstverständlich fließt Jungs Kollektiv-Unbewußtes im Hexenwahn dicker als in der reinen Vernunft.“[16]

Es ist der „nicht unwichtige Phantasiebestand der Archetypen“ (Ernst Bloch), auf den Jung wie auch E. Harding stießen, der hier, wenn auch in anderer Weise, interessiert: der Vorgang nämlich, in dem blockierte Erfahrung über Mythen, Bilder und Symbole lebendig und bewußt wird (besonders wichtig für diesen Zusammenhang sind die Arbeiten von Kerényi). Dieser Vorgang ist dann, wenn er, wie in dem Beispiel der italienischen Frauendemonstration, Moment eines Widerstands, eines Kampfes ist, selber Geschichte. Der Mythos verliert seine starre Form, in der er die

Philologie beschäftigt. Er wird nicht erneuert, er verliert vielmehr seinen Charakter als „entpolitisierte Aussage" (Roland Barthes)[17] und wird

> „aus seiner genealogischen Bindung an eine ursprungsmythische Geisteslage gelöst. [...] Es ist darum kein Widerspruch, wenn auch der entmythologisierende Protest [...] in mythischen Bildern vorgetragen wird."[18]

Erst diese Entmythifikation innerhalb der kämpferischen Handlung läßt die Assoziation mit Hexen und alten Weiblichkeitsmythen der Vergangenheit zu etwas werden, das nicht nur Vergangenheit, sondern primär Gegenwart und Zukunft betrifft: Befreiung von Rollenzwang und diffuser Angst, die zu einem Teil auch im Abbau der über die Jahrtausende der patriarchalischen Herrschaft aufgeschütteten Weiblichkeitseinschätzungen und -mythifikationen besteht. Die Zitation des Weiblichkeitsmythos „Hexe" durch die Frauen bezeugt Souveränität, und nur zum Schein entsteht ein neuer Mythos.

> „Der Mythos kann in letzter Instanz immer auch den Widerstand bedeuten, den man ihm entgegensetzt. Die beste Waffe gegen den Mythos ist in Wirklichkeit vielleicht, ihn selbst zu mythifizieren, das heißt einen künstlichen Mythos zu schaffen."[19]

Eine weiterführende Frage nach dem Grund für die Mobilisierung alter und neuer Mythen und Weiblichkeitssymbole innerhalb der Frauenbewegung zielt auf die eigentümliche Resistenz und Invarianz verschiedener Mythologeme quer durch die Geschichte. Der gefahrverheißende Filmvamp wird noch mit den gleichen Attributen ausgestattet, mit denen Esther Harding ihre furchtbaren Muttergöttinnen beschreibt; die Hexen werden ähnlicher Vergehen bezichtigt, wie sie der *femme fatale* im Roman und im Drama des 19. Jahrhunderts zu einer so bedrohlichen Literaturexistenz verholfen haben. Die Frau als Sphinx, als Dämon, als entfesseltes Sinnenwesen, schlimmstenfalls sogar ausgestattet mit der berüchtigten *vagina dentata*, geistert durch die Kulturgeschichte. Tatsächlich – das stellte schon der Kulturhistoriker Egon Friedell fest – besteht zwischen der Diffamierung der Frau, wie sie der *Hexenhammer* massiv vorführt, und einem Antifeminismus, wie er sich zum Beispiel in den Strindbergschen Frauengestalten zeigt, gar kein erheblicher Unterschied.

> „Vom Hexenwahn der Reformationszeit führt eine lange, aber gerade Linie bis Strindberg."[20]

Im Mittelpunkt fast aller sexualtheoretischen Ausführungen seit dem *Hexenhammer* – sowohl jener, die die Frau in die bürgerliche Ordnung hineinkommandieren, als auch jener, die im Weib die gerade noch in Schach gehaltene Sinnlichkeit per se sehen – steht implizit, zumeist sogar mit deutlicher Betonung, die Behauptung, daß die Gefahr, die vom Weibe ausgehe, und die einzige Macht, die es faktisch ausüben könne, in seiner destruktiven Sexualität liegen. Dieser auf die Frau projizierte Herrschaftsanspruch wurde immer wieder beschworen. Schon in den Erziehungsempfehlungen, die Rousseau für die *Sophie* gibt, ganz deutlich bei Schopenhauer oder Weininger, aber auch weniger spekulativ und vermeintlich wissenschaftlicher begründet bei Sexologen wie Frafft-Ebing, finden wir die skandalöse Vision von der mit politischer Macht ausgestatteten Kurtisane, dem alles verschlingenden Sinnenweib, welches sich bei einer Liberalisierung der Geschlechterbeziehungen wieder ihrer Möglichkeiten erinnern könnte: die Angst vor der Wiederkehr der Hexen. In dieser Sicht steckt in jeder Frau ein Stück Hexe, ein Stück Hetäre, auch in der bravsten Hausfrau noch. In verklärter Form findet sich dieses Motiv bei verschiedenen Schriftstellern der *Décadence* und der Schwarzen Romantik wieder, für die die antike Welt der mächtigen mythologischen Frauengestalten noch der Ort war, wo man alles dürfen durfte, wo vor dem Einbruch der christlichen Morallehre mit ihrem Kanon der Sexualsanktionen die Sinnlichkeit noch ihre Entfaltung im gesellschaftlichen Leben finden konnte. In jeder Form – auch in dieser Verklärung – entsprechen diese Mythisierungen einem männlichen Wunschdenken. Die Empfehlung jedoch, die die Koryphäen des geistigen Lebens an ihre Geschlechtsgenossen in der Regel (mehr oder weniger verdeckt) weitergaben, war die einer wachsamen und unnachgiebigen Domestikation der Frau. Die Durchgängigkeit bzw. die geringe Variabilitätsbreite, die diese Substantialisierungen des Weiblichen in der Geschichte der Ideologien aufweisen, verleiten zur Anthropologisierung des Phänomens. Dabei geschieht es sehr häufig, daß die Ideologisierungen nicht mehr auf ihr jeweiliges historisches Substrat untersucht werden, sondern daß die in der Tat durchgängigen Meinungen zu Sachverhalten gerade hinsichtlich der Weiblichkeitseinschätzungen wie reale Sachverhalte selber behandelt werden. Die Bereiche Mythos, Historie und Gegenwartsaktualität verschwimmen zu einem eindrucksvollen, aber undifferenzierten Nebel.

Die Tatsache, daß sich die Hetz- und Diffamierungsschriften ausnahmslos in der Ausmalung der Bedrohung durch die weibliche Sexualität ergehen – darin blieb der *Hexenhammer* ein unübertroffenes Vorbild –, läßt psychologisierende Erklärungsvorhaben ungemein plausibel erscheinen. Zumeist basieren sie auf der Annahme eines männlichen Angstsyndroms: Kastrationsangst, Angst vor der alles verschlingenden Mutter. Der Frage, warum diese Angst gerade zur Zeit der Hexenverfolgung ein mörderisches Ausmaß erreichte, begegnen diese Theorien häufig mit eher schwammigen Hinweisen auf die Sexualfeindlichkeit der Kirche (Warum, so bleibt zu fragen, erreichte diese gerade im ausgehenden Mittelalter ihre höchste Steigerung?)

und auf – das ist eine Konzession – etliche historische Variablen, die zumeist keine genauere Ausdeutung erfahren.

> „Fast scheint es, als hätten sich jene männlichen Grundängste, deren Spur sich durch die ganze Menschheitsgeschichte verfolgen läßt, auf irgendeine rätselhafte Weise reaktiviert. Natürlich gibt es sehr viele historische Variablen, daß sich nur mutmaßen läßt, wie sehr sich zivilisationsbedingtes Unbehagen steigernd auf Spannungen der männlichen Psyche auswirkt.“[21]

So gesehen bleibt uns Frauen nur übrig, um unser Leben zitternd die Zeitläufe daraufhin zu beobachten, ob sich nicht eine neue Spannungssteigerung für die männliche Psyche darin abzeichnen könnte. Dabei wären wir aber für ein paar Beobachtungskriterien sehr dankbar. E. Jones beläßt es nicht bei der Annahme einer psychosexuellen Angstdisposition der Männer, er erweitert diesen Ansatz auf die Frauen. Er ist der Meinung,

> „daß die Angst, die sich hinter dem Glauben an dieses Maleficium verbarg, die im tiefsten Grunde der Menschenseele ruhende Angst vor Unfähigkeit oder Versagen der sexuellen Funktionen war (beim Manne: ‚Kastrationskomplex‘, beim Weibe: „Angst vor der Kinderlosigkeit“)“.[22]

Er sieht in der „Hexenepidemie“ (schon die Bezeichnung suggeriert ein historisches Krankheitsbild) weniger eine männliche als vielmehr eine weibliche Projektion. Die Ängste, die Träume und die Sehnsüchte der Frauen waren es dem zufolge, die den Stoff für die Anklage lieferten.

> „Die hier aufgestellte These lautet, daß der Hexenglaube im wesentlichen eine Projektion verdrängter sexueller Wünsche des Weibes darstellt, insbesondere jener, die sich auf das weibliche Gegenstück zum Ödipus-Komplex beziehen, nämlich die Liebe zum Vater und den Neid und die Feindseligkeit gegen die Mutter. Ebenso wie das Kind das Bild des Vaters in

seine wohltätigen und böswilligen Züge auseinanderlegt und damit den Glauben an Gott und den Teufel ermöglicht, so teilt es auch die Mutter in die beiden Hälften, woraus sich der Glaube an Göttinnen (Mater Dei) und weibliche Teufel entwickelt."[23]

Demnach hätten die Frauen selber das Bild geliefert (projiziert), nach dessen Vorlage sich die organisierte Eliminierung dann vollzogen haben soll. Lediglich die Tatsache, daß es keine Frauen waren, die die Millionen Hexen folterten, qualvoll verhörten und schließlich ermordeten, läßt sich offensichtlich nicht im nachhinein noch zugunsten der Henker uminterpretieren.

Eine Analyse der Dispositionen für den Glauben an Gott und Teufel, an gute und böse Frauen, die die Reflexion in keinem Moment auf die realen Bedingungen für die psychosexuelle Entwicklung eines Kindes im 15. Jahrhundert richtet, erscheint mir zumindest problematisch.

Die einseitige Applikation psychoanalytischer Kategorien auf das Phänomen Hexenverfolgung hat hier objektiv die Funktion einer Relativierung und Verharmlosung. E. Jones, der den „Hexenwahn" als epidemische Ausbreitung eines neurotischen Syndroms vor allem bei den Frauen begreift, zieht zu deren Erklärung in tautologischer Weise die gleichermaßen erklärungsbedürftige hysterische Sexualfeindlichkeit der mittelalterlichen Theologie heran.

Ein Interpretationsangebot, das einem historischen Massenphänomen mit individualpsychologischen Kategorien begegnet, kommt über die Charakterisierung der Hexenverfolgung als geschichtlicher Regressionsstufe nicht hinaus. (Ich beziehe mich hierbei nur auf die psychoanalytisch orientierten Texte, die sich mit dem Hexenwesen beschäftigen, wobei die Arbeit von Jones älter ist – sich also nicht auf dem Niveau der heutigen psychoanalytischen Theoriediskussion bewegt.) Der Hinweis auf die Überzeitlichkeit der ödipalen Situation mit ihren verschiedenen, sich aber immer wiederholenden Verlaufsmöglichkeiten kann zwar bis zu einem gewissen Grad die Resistenz der Weiblichkeitsmythifikationen erklären, aber nicht mehr den Unterschied zwischen „normaler", latenter, mehr oder weniger gewaltsamer Unterdrückung und der Massenvernichtung der Frauen im ausgehenden Mittelalter.

Ein Verdacht, der einmal von H. Marcuse formuliert wurde, drängt sich bei der Lektüre der Jonesschen Hypothesen zum Hexenphänomen auf:

> „Das patriarchalische Realitätsprinzip hält die psychoanalytische Deutung unter seinem Einfluß. Nur jenseits dieses Realitätsprinzips können die mütterlichen Urbilder des Über-Ichs Versprechungen statt nur Erinnerungsspuren vermitteln – Bilder einer freien Zukunft an Stelle einer dunklen Vergangenheit."[24]

Es soll nicht geleugnet sein, daß sich in den Bildern, Mythen und Trivialdarstellungen männliche Sexualphantasie und -angst manifestiert – das wäre angesichts des überwältigenden Beweismaterials allein der letzten 500 Jahre auch irrwitzig. In der Tat wurde der Widerspruch zwischen Norm und Triebanspruch auf das männliche und das weibliche Geschlecht projiziert, wie das Marcuse am Beispiel des Prometheus-Mythos entwickelt.

> „Prometheus ist der Archetyp des Helden des Leistungsprinzips. Und in seiner Welt erscheint Pandora, das weibliche Prinzip. Sexualität und Lust als Fluch – zersetzend und zerstörend – ‚Warum sind Frauen solch ein Fluch?' Die Anklage gegen das weibliche Geschlecht, mit der das Kapitel schließt, betont vor allem ihre ökonomische Nutzlosigkeit; [...] ihre Schönheit, das Glück, das sie versprechen, sind der Arbeitswelt der Kultur nur verhängnisvoll."[25]

In der Literatur lebte das Pandora-Motiv immer wieder auf, beinahe ungebrochen erhielt sich der Mythos bis hin zur

Wedekindschen Verarbeitung. Wichtig ist: Marcuse deutet mit dem Hinweis auf die jeweiligen gesellschaftlichen Auswirkungen der geschlechtsspezifischen Arbeitsteilung eine über das psychologische Modell hinausgreifende Interpretation für die konstatierbare Resistenz der Weiblichkeitsmythologeme und der männlichen Angst an. Das faktische Substrat der antifeministischen Geschlechtsmetaphysik wäre dann nicht mehr allein in einem als statisch angenommenen Moment der menschlichen Psyche zu suchen, sondern im widersprüchlichen Verhältnis von Leistungsnorm und Glücksversprechen – in dessen jeweils historisch zu bestimmenden Auswirkungen auf die Geschlechter –, mithin in den Formen der Beherrschung von innerer und äußerer Natur.

> „Die Frau ist nicht Subjekt. [...] Ihr war die vom Mann erzwungene Arbeitsteilung wenig günstig. Sie wurde zur Verkörperung der biologischen Funktion, zum Bild der Natur, in deren Unterdrückung der Ruhmestitel dieser Zivilisation bestand. Grenzenlos Natur zu beherrschen, den Kosmos in ein unendliches Jagdgebiet zu verwandeln, war der Wunschtraum der Jahrtausende."[26]

II. Die historische Hexe – Der Untergang der Hexe

Immer schon repräsentierte die Frau Natur; das galt auch für die frühen Formen der Naturaneignung. Ein unheiliges Bündnis – so sah es die Kirche; ein fortschritthemmendes Bündnis – so mag es den Aufklärern, den „Entzauberern der Welt"[27], erschienen sein. In der Folgezeit, als man hoffte, die magisch-numinosen Kräfte der Frauen endgültig gebannt, das chthonische Mana zusammen mit der weiblichen Zaubermacht in den Scheiterhaufen erstickt zu haben, implizierte Beherrschung und Nutzbarmachung der Natur – das ist eine These der Kritischen Theorie – immer auch Herrschaft von Menschen über Menschen. Alle praktische und theoretische Anstrengung war nunmehr einzig auf diesen Funktionszusammenhang der Berechenbarkeit, Disziplinierung und Ausbeutung der inneren und äußeren Natur gerichtet – so stellt es sich rückblickend in einer weiträumigen Typisierung dar.

> „Naturbeherrschung schließt Menschenbeherrschung ein. Jedes Subjekt hat nicht nur an der Unterjochung der äußeren Natur, der menschlichen und nichtmenschlichen teilzunehmen, sondern muß, um das zu leisten, die Natur in sich selbst unterjochen. [...] Da die Unterjochung der Natur innerhalb und außerhalb des Menschen ohne ein sinnvolles Motiv vonstatten geht, wird Natur nicht wirklich transzendiert oder versöhnt, sondern bloß unterdrückt."[28]

Die neue Rationalität etablierte sich um den Preis der fortschreitenden Distanz der Menschen zur Natur und damit auch zu Teilen ihrer selbst. „Die Menschen bezahlen die Vermehrung ihrer Macht mit der Entfremdung von dem, worüber sie Macht ausüben."[29]

Diese Ambivalenz, die dem Fortschritt der Naturbeherrschung zugrunde liegt, prägt bis heute das Bild von der Frau; sie teilt gewissermaßen das Schicksal der unterjochten Natur. Der Verlust der Einheit von Ich und Natur ist allerdings wesentlich älter als die Hexenverfolgung, war auch schon lange Thema philosophischer Reflexion, er erhielt jedoch mit dem Aufkommen nicht-agrarischer Produktionsweisen und der Zerstörung der intakten Agrarkulturen eine neue radikale, endgültige Form. Die Trennung vollzog sich durch die Individuen hindurch, aber mit geschlechtsspezifisch unterschiedlichen Folgen. Schon in der Feudalgesellschaft sinkt die Frau – faktisch entfernt aus den relevanten Herrschaftsbereichen, ideologisch ausgeschlossen von der Partizipation an den allgemeinen Ideen – herab zur Repräsentantin des Diffusen, Nichtidentischen.

In dem blutigen Vernichtungsexzeß gegen die magiebegabten Frauen (und Magie galt den Schlächtern nicht als Profession, sondern als weibliche Potenz – das betraf also tendenziell alle Frauen) kulminiert ein langer Transformationsprozeß, der alle gesellschaftlichen Bereiche erfaßte und an dessen Ende die Subsumtion der Arbeit unter das Kapital, die Subsumtion des Singulären unter den Begriff stand – und als dessen Resultat die Emanzipation der Gattung von den unmittelbaren Naturverhältnissen eine neue Qualität erhielt.

War die Frau schon aus dem großen Entwurf, mit dem die Hochscholastik noch einmal alle Erscheinungen der kirchlichen Macht unterwerfen wollte, herausgefallen, so vertrugen sich die Formen und Mittel, mit denen die Frauen angeblich und bis zu einem gewissen Grad auch faktisch die Kräfte der Natur für das Wohl (der klerikalen Interpretation zufolge: zum Schaden) der Menschen lebendig machten, erst recht nicht mit dem neuen System der Naturaneignung unter der Regie der formalisierten Vernunft. So wurden die Hexen zerrieben zwischen den beiden gewaltigen Blöcken der alten und der neuen Macht.

> „Der erbleichende Glaube und die aufblühende Vernunft stritten miteinander: inmitten dieser beiden bemächtigte sich irgendjemand des Menschen.“[30]

Diesem „qualitativen Sprung“, den die Kritische Theorie systematisierend beschreibt und den Michelet in diesem Zitat idealtypisch benennt, entsprach in seinem historischen Verlauf eine lange Periode der schärfsten Kämpfe, Krisen und Widersprüche (die aus diesem breitmaschigen Interpretationsnetz notwendig herausfallen). Die Hexen waren eine solche Krisenerscheinung.

Als die großen Hexenpogrome einsetzten, war die europäische Welt bereits in Aufruhr: Religionskriege, Reformation und Gegenreformation, Bauernkriege, Ketzerverfolgungen und -verbrennungen, Inflation, Nahrungsmittelknappheit, Auflösung der Zünfte, Herausbildung neuer Produktionsmittel und -techniken, erstarkende Geldwirtschaft, Bevölkerungszuwachs, enormer Frauenüberschuß, Verelendung und Brutalisierung breiter Bevölkerungsschichten – es ließe sich noch vieles mehr aufzählen –: das alles schuf das hochexplosive Gemisch jener Zeitspanne, in der zur Verblüffung vieler Historiker der Feldzug gegen das weibliche Geschlecht möglich wurde. Diese sehr summarische Aufzählung sozialer Umwälzungen und struktureller Veränderungen soll kein historisches Erklärungsmodell einleiten; sie kann hier nur die Funktion haben, eine Ahnung von der Situation zu vermitteln, in der sich die Individuen im ausgehenden Mittelalter wiederfanden. (Das Ausmaß ihres Entsetzens wird am ehesten noch in einigen düsteren Produkten der bildenden Kunst spürbar – die dürre Aufzählung von Fakten und die Benennung von Strukturveränderungen vermögen da recht wenig.) Der Hinweis auf die subjektive Wahrnehmung der sozialen Einbrüche ist wichtig, denn die Saat der von der Papstkirche eingeleiteten Verhetzung ging ja auf; und wenn nicht korrelierende Dispositionen von Furcht, Panik und Haß in der Bevölkerung bestanden hätten, wären Massenwut und Massenangst nicht für eine solch grausige Verallgemeinerung des Geschlechterkampfes mobilisierbar gewesen. Die Legitimationskrise der Kirche, Ausdruck der Gefährdung ihrer ökonomischen und politischen Macht, hatte sich schon viel früher in der Theorie angekündigt: Der Beginn des Universalienstreits im 11. Jahrhundert signalisierte die erste Erschütterung des metaphysischen Dogmensystems. Nominalismus und Mystik stellten, obschon in sehr unterschiedlicher Weise, einen immanenten Angriff nicht nur auf die theologischen Prämissen, sondern indirekt auch auf das religiös-politische Machtsystem dar, indem sie den unmittelbaren Zugang des einzelnen zu Gott ohne die Vermittlung der Institution

Kirche oder ihrer Vertreter für möglich hielten und die Dissoziierung von Glauben und Wissen, die später in den Schriften der Reformatoren programmatischen Ausdruck fand, antizipierten. Die theologischen Diskurse der nominalistischen Kritik – die Negation des ontologischen *a priori* der Universalien – bezeichnen einen entscheidenden historischen Prozeß: die notwendige Herausbildung eines subjektiven Glaubens, subjektiver Interpretationsformen zur Bewältigung des sozialen Kampfes.

> „Mit dem Nominalismus war die Reduktion der Objektivität auf die Empfindungen und Wahrnehmungen der Subjekte gesetzt, die zuvor als objektiv gedachte Ordnung zerfallen und damit die Orientierung der einzelnen Subjekte an einer allen gemeinsamen Objektivität theoretisch unmöglich geworden. Schien zuvor die Identität der Subjektivität garantiert durch die der objektiven Strukturen, welche die einzelnen Subjekte, indem diese auf jene bezogen waren, mittelbar auch zueinander in Beziehung brachte, so stürzte die nominalistische Kritik am Universalienrealismus mit der Hierarchie der Wesenheiten auch die Selbstverständlichkeit und Verbindlichkeit der subjektiven logischen Formen."[31]

Nach dem Zerfall des *Ordo mundi* schienen auch die Naturgegenstände nicht mehr an ihrem alten Ort zu sein. Diese Entsprechung mag der philosophische Zweifel im menschlichen Alltag gehabt haben. Vom mittelalterlichen *Ordo mundi* kann freilich nur auf der Basis einer heuristischen Idealtypen-Konstruktion die Rede sein, denn so geordnet war diese Welt durchaus nicht; indes war sie statisch, ständisch, ohne soziale Mobilität. Typisierend ist auch das Folgende: aufgrund der sozialen Konvulsionen sahen sich die Individuen hilflos der chaotischen Mannigfaltigkeit der Erscheinungen – einer partikularisierten Wirklichkeit mit unüberschaubaren Konstellationen – ausgeliefert. Hatte die „mittelalterliche Sozialordnung" des Menschen einen von ihrem Willen völlig unabhängigen Platz zugewiesen, so entsprach in den realen Lebenszusammenhängen des ausgehenden 15. und des 16. Jahrhunderts nichts mehr dieser Statik. Das starre religiöse Weltbild des Mittelalters war dem neuen Chaos nicht mehr angemessen.

Zweifellos dienten der Kirche Angst und Entsetzen, die ihre Verfolgungs- und Vernichtungsprogramme gegen Ketzer und Hexen in der Bevölkerung auslösten, zur Restauration ihrer Macht, zu einem Zeitpunkt, da ihr innerer institutioneller und legitimatorischer Raum längst hohl und verrottet war. Dennoch war die Hexenjagd nicht einfach die Folge eines großangelegten Plans, in dem Sinne, in dem Machiavelli später den kirchlichen und weltlichen Machtträgern die gezielte und bewußte Verbreitung von Angst und Schrecken zur Absicherung ihrer Herrschaft anempfahl. Die gemeinsame Wurzel von Mordaufruf und Mordausführung, von Anklage und panischer Bereitschaft zur Denunziation ist in dem anarchisch-chaotischen Charakter jener gesellschaftlichen Strukturveränderungen zu suchen, die die Menschen zu Beginn der Zivilisation in ihren Lebens- und Arbeitsverhältnissen betroffen hatten. Die Krise des ausgehenden Mittelalters schleuderte die Individuen auf sich selbst zurück. Ihre gesellschaftliche Stellung konnte nicht mehr in das statisch-integrative Bild einer einmaligen göttlichen Verfügung über Mensch, Natur und Gesellschaft eingeordnet werden. Die aus ihren traditionellen Zusammenhängen eskamotierten Menschen suchten nach neuen Sinngebungen und Interpretationsvorgaben für die Bewältigung ihrer Schicksale.

Da krochen die alten, von der Kirche nur sehr oberflächlich ausgetriebenen Dämonen wieder aus ihren Verstecken. Warum aber kristallisierten sich ihre Macht und ihre Umtriebe im Bild der Hexe?

Bei dem Versuch einer charakterisierenden Zusammenfassung dessen, was den Hexen vorgeworfen wurde und was ihre behauptete Schadenswirkung ausmachen sollte (bis zu ihrer Tätigkeit in den Volksmärchen), neigen wir dazu, in ihrer Kraft, die Naturgesetze aufzuheben, das signifikante Merkmal zu sehen (freies Schweben in der Luft, Veränderung der Dinge über weite Distanzen, Beeinflussung des Wetters und anderer Naturphänomene, Herbeiführung körperlicher Gebrechen und des Todes, Tierverwandlungen, magische Einflußnahme auf die Vorgänge der Sexualität, der Geburt etc.). Allerdings steckt in dieser Charakterisierung ein Dilemma – das hermeneutische Problem der Retrospektion. Zwar läßt sich nur von der Kenntnis des historisch Gewordenen (in diesem Fall der Formulierung der Naturgesetze) aus auf das zuvor Bestehende schließen, aber das verbaut bis zu einem gewissen Grad das Vorstellungsvermögen für die reale Befindlichkeit, die Denk- und Affektlage der zeitgenössischen Menschen. Es war den Menschen im Mittelalter sicher nicht möglich, zwischen der Heilung einer Krankheit durch Handauflegen einerseits und durch Verabreichung eines (pharmakologisch wirksam zusammengestellten) Kräutertrankes andererseits qualitativ zu unterscheiden. Das Kriterium für solche Differenzierungen war selber erst Resultat des sozialen Wandels, der die Menschen aus der Unmittelbarkeit des Naturprozesses entließ und dessen Opfer die Hexe wurde. Die sozialen Einbrüche, die er hervorbrachte, erschienen den Individuen „naturhaft"; und die Natur erschien bevölkert mit (weiblichen) dämonischen Wesen mit Einzelkompetenzen. Die Kirche hatte zwar versucht, diese alten Götter und Dämonen, an die sich die Menschen mit Hilfe des Magiers und des Schamanen oder der Hexe direkt wenden konnten, durch ihre Schutzheiligen zu ersetzen, die gleichfalls ausgewiesene Zuständigkeiten besaßen; aber das waren im Vergleich doch recht blasse und stumme Gesellen. Auch ihnen wurde Wundertätigkeit zugeschrieben, auch sie „hoben permanent Naturgesetze auf". Was der Kirche nicht behagte, war nicht der Glaube an Magie und Wundertätigkeit schlechthin (er ist Element jeglicher Religiosität bis heute), sondern die Ausübung solch magisch-animistischer Wundertätigkeit durch weltliche Individuen, gar durch Frauen, die einer sehr starken Tradition zufolge seit alters dazu prädestiniert schienen. Das Wunder – in diesem Beispiel: die Heilung – mußte sich im Zeichen Gottes vollziehen. Das aktuelle Problem zu der Zeit, da der *Hexenhammer* geschmiedet wurde, war, daß die Kirche, die jahrhundertelang jeden Glauben an Dämonen als Abweichung definiert hatte, sich nun gezwungen sah, auf die alten heidnischen Glaubensrelikte, die im Volk überdauert hatten, zurückzugreifen und sie zum religiösen Kitt ihres brüchigen Gebäudes zu machen. Im Bösen wurden die Hexen anerkannt, aber auch im Bösen mußte männliche Suprematie garantiert sein: Satan wurde inthronisiert.

Die oben angedeutete Unterscheidung zwischen den beiden Heilungsversuchen setzt – aus unserer Perspektive – die Trennung von Wissenschaftlichkeit und Obskurantismus voraus; aber die magischen Praktiken des Schamanen, der weisen Frau, des Zauberers waren weder obskur noch wissenschaftlich (sie sollten die Bedingung für beides werden):

> „Solange die Naturerkenntnis vorwissenschaftlich blieb, war die Konstanz der zu bearbeitenden Gegenstände selbst noch nicht durch Arbeit garantiert; es konnte nur versucht werden, durch Beschwörung das Material zum Wohlverhalten zu bewegen, um den mit ihm verfolgten Zweck zu erreichen. Der Appell an die Naturmacht im Material war nicht beschränkt auf das bestimmte Material, er irradierte bis zur virtuellen Omnipotenz der Menschen über die Naturkräfte."[32]

Wissenschaft im modernen Sinne nahm gerade erst ihren Platz ein. Die Erfassung der Vorgänge der Natur qua Gesetzmäßigkeit wurde erst in der Philosophie der Renaissance zum Gegenstand systematischer Reflexion, mit der Zielsetzung ihrer rationalen Beherrschung.

Es war – so ließe sich die oben formulierte Charakterisierung modifizieren – der Vorwurf der Komplizenschaft mit den geheimnisvollen Kräften der Natur (die den Menschen identisch erschienen mit jenen, die das Sozialgefüge sprengten), der im Zentrum des Verdachts gegen die Hexen stand. Das sympathetische Verhältnis der Frauen zur Natur, die Formen der magisch-mimetischen Naturaneignung, ihre Erfolge (wandten sie den Kräutertrank an), ihre Mißerfolge (legten sie Hand auf), waren als diesseitiger Versuch der Lebensbewältigung eine Bedrohung für die Kirche, sie standen aber zugleich auch dem Siegeszug der instrumentellen Vernunft im Wege. Letzteres erklärt ein wenig, warum auch von den Vertretern der neuen Wissenschaft von den Gesetzen der Natur, von den Protagonisten der modernen Rationalität, den Hexen so wenig Hilfe zuteil wurde. Kepler, der seine Mutter mit knapper Not von dem Verdacht der Hexerei befreien konnte, glaubte an Hexen! Aufklärung ist, nach Adorno, „die radikal gewordene mythische Angst“[33] – und darin bestand die Irrationalität der neuen Rationalität. Überdies mußte die Wissenschaft, um ihre Entstehung aus der Magie leugnen zu können, alle Reste davon auslöschen.

Worin aber gründete die oben schon dargestellte Annahme eines überaus intimen und machtverleihenden Verhältnisses der Frauen zur Natur?

> „Vor allem aber ist man der Überzeugung, daß sie für die Magie, sei es Mittel ihrer Realisierung oder eigentliche Trägerinnen ihres Vollzugs sind. Die alten Frauen sind die Hexen, die Jungfrauen gelten als wertvolle Gehilfinnen.“[34]

Marcel Mauss weist in seiner Theorie der Magie diese Funktion der Frauen im magischen Ritual für verschiedene Kulturbereiche sehr schlüssig nach. Alle Momente des Schadenzaubers, wie sie der *Hexenhammer* in konzentrierter Form gegen die Frauen gerichtet darstellt, sind, neben dem Glauben an die positiven Zauberwirkungen, im heidnisch-magischen Denken schon vorhanden. In früherer Zeit hatte die Kirche solche Vorstellungskomplexe negiert. (So versuchte man im 9. und 10. Jahrhundert, die heidnischen Zaubersprüche zu christianisieren.) Trotz des Triumphes der Männer über die Frauen hatte die Anerkennung besonderer magischer Fähigkeiten der Frauen in heidnisch-patriarchalischer ebenso wie dann in christlich-patriarchalischer Zeit überdauert.

> „Ebenso wurden die Frauen, deren Rolle in der Magie so bedeutsam ist, nur deshalb für Magierinnen oder Trägerinnen von Kräften gehalten, weil sie eine ganz besondere soziale Position innehatten. Man hält sie für qualitativ von den Männern unterschieden und mit spezifischen Kräften begabt: die Regel, die geheimnisvollen sexuellen Vorgänge und die Schwangerschaft sind nichts als Zeichen von Qualitäten, die man ihnen zuspricht. Die Gesellschaft – die der Männer – hegt den Frauen gegenüber starke soziale Gefühle. [...] Daraus ergibt sich die rechtliche und insbesondere die verschiedene oder untergeordnete religiöse Lage."[35]

Marcel Mauss sieht in der besonderen Stellung der Frauen (für ihn stellen Frauen sogar eine soziale „Klasse" dar) nicht schlicht ein Resultat ihrer biologischen Organisation, sondern er untersucht den Stellenwert unterschiedlicher Biologie schon im Kontext geschlechtsspezifischer Arbeitsteilung – in ihrer sozialen Erscheinungsform und Funktion also.

Die Annahme magischer Fähigkeiten bei Frauen entsprach in vorpatriarchalischer Zeit ihrer realen gesellschaftlichen Macht, als die Menschen den Kausalzusammenhang von Kopulation und Geburt noch nicht kannten...

> „Der Erde aber wird die Frau in den matriarchalischen Kulturen gleichgestellt, denn aus beider Leib bricht das Leben, durch beide lebt die Sippe fort. In der Frau inkarniert sich Keimkraft und Fruchtbarkeit der Natur, und die Natur schenkt Leben in Analogie zur gebärenden Frau. Kinder und

> Ernten erscheinen wie übernatürliche Gaben, Produkte einer magischen Macht."[36]

... sie blieb in patriarchalischer Zeit vor allem im Zusammenhang mit dem agrarischen Lebenskampf erhalten. Vor die alten matristischen Muttergöttinnen hatten sich männliche Göttergestalten (oder Göttinnen, die für das männliche Prinzip agierten) geschoben, die nun das Firmament besiedelten, um schließlich dem einen christlichen Gott zu weichen. Die Repräsentantinnen weiblicher Macht blieben auf der Erde; in ihrer Erscheinung als Gottheiten zweiter Klasse, als Naturdämonen, waren sie den Menschen näher als die olympischen Götter oder der unnahbare Gott der Christen. Die Magierin wurde häufig durch den Magier ersetzt. So „kam es zu dem seltsamen Phänomen, daß der Mann der Magier ist, während der Frau die Magie angelastet wird".[37] Stand die Gebärfähigkeit der Frauen einst im Kontext ihrer gesellschaftlichen Bedeutung, so wurden – nachdem diese Kausalität durchbrochen war – die physischen Eigenschaften der Frauen zur Grundlage sehr ambivalenter Einschätzungsmuster. Die assoziative Verknüpfung der Begriffe Frau und Natur blieb bis heute erhalten. So bezeichnete zum Beispiel der Romantiker Johann Wilhelm Ritter im 19. Jahrhundert die Frau als „die Fortsetzung der Erde", der Philosoph Max Scheler definierte sie zu Beginn des 20. Jahrhunderts als quasi pflanzliches Wesen: „mit der schönen und ruhsamen Gelassenheit eines Baumes [...] steht sie im Grunde ihres Seins"[38], und auch die Liebesmetaphorik bis hin zur verkommenen Schlager-Lyrik beschreibt die Frau gern in botanischen Kategorien als „knospend", „blühend" „reifend" und „welkend".

In allen sogenannten primitiven Gesellschaften finden sich analoge Angstsyndrome und Tabuvorschriften in bezug auf die Sensationen der weiblichen Physis. Während der Menstruation wurden die Frauen sehr häufig isoliert, durften nicht berührt werden, denn angeblich gingen in diesen Tagen geheimnisvolle Kräfte von ihnen aus, sie machten die Natur launisch, so daß diese böse Streiche spielte: die Milch wurde sauer, der Wein gärte, Menschen starben unerwartet, das Kriegsglück blieb aus etc. Im Mittelalter durften die Frauen häufig während dieser Zeit die Kirche nicht betreten, die Kommunion nicht empfangen. Nach den Worten des heiligen Hieronymus ist nichts unreiner als eine menstruierende Frau; alles, was sie anfasse, werde gleichermaßen unrein. Noch im 19. Jahrhundert war es tabu, Frauen während dieser Zeit zu operieren. Ähnliche Vorstellungen von allerlei Schadenswirkung verbanden sich oftmals mit dem Vorgang der Geburt (z. B. Fehlgeburten als Ursache für Dürrezeiten usw.). Auch im Alten Testament, im 3. Buch Moses, in dem der männliche Jahwe-Kult seinen Triumph über die weiblichen Gottheiten besiegelt, ist eine Liste solcher Verbots- und Reinigungsvorschriften zu finden. Diese Kultvorschriften betrafen keineswegs nur die menstruierende oder schwangere Frau; aber in der Zuspitzung auf diese Phänomene läßt sich die Wurzel der Angst erkennen. Die angenommene Beziehung zwischen lunearem Monat und Menstruationszyklus suggerierte die Funktion der Frau als Mittlerin zwischen den Naturelementen und den Menschen (eine Assoziation, die auch für Michelet noch Attraktivität besitzt). So sehr die Frauen aller faktischen und politischen Machtausübung fernstanden, so nahmen sie doch in den intakten Agrarkulturen eine gewichtige Stellung innerhalb des magischen Weltbildes ein.

Die alten Göttinnen waren zwar degradiert, aber noch nicht völlig aus dem Bewußtsein der Menschen vertrieben worden. Selene, Aphrodite und Hekate – die erste göttliche Triade[39] –, auch Isis und Diana – um nur einige zu nennen – wurden, obgleich sie aus verschiedenen Kulturkreisen stammen, zu austauschbaren Parallelfiguren, und als Göttinnen der Fruchtbarkeit, der Heilkunde, aber auch der Nacht und der Finsternis waren sie noch immer Zeichen weiblicher Macht.

Im *Canon episcopi* aus dem Jahre 900 (der die reale Existenz der Dämonen noch heftig bestreitet) taucht das Bild der Göttin Diana auf, der – nach dem dort zitierten Volksglauben – auf ihren wilden Fahrten durch die Lüfte eine große Horde von Frauen folgt. Auch zur Zeit der Hexenverfolgung – die Theologen (allen voran die Dominikaner Institoris und Sprenger) hatten einen wahrhaft kasuistischen Eiertanz hinter sich gebracht, ging es doch nun darum, zu beweisen, nicht nur daß es Dämonen gäbe, sondern daß sich ihre Macht hienieden auch ständig mehre – operierten die Kleriker mit der Warnung vor der Wiederkehr der matristischen Vormacht (so zum Beispiel Aventin und der Hexenverfolger Boguet).

Diese Warnung taucht auch bei vielen bürgerlichen Theoretikern später indirekt auf – bei Schopenhauer etwa, bei Weininger, ja selbst Bachofen richtete gegen Michelet den Verdacht, daß dieser das alte Isis-Prinzip zurückersehne.

Die Assoziation des gebildeten Klerus auf die alten weiblichen Gottheiten ist allein noch kein sicheres Indiz für das Nachwirken heidnisch-magischer, an den Frauen orientierter Glaubenselemente: sie hatten die Schriften der „Alten" gelesen. Bei Horaz, Ovid, Apulejus, Seneca und Theokrit zum Beispiel findet sich schon das ganze Arsenal der Hexenzauberei. Auch das Alte Testament und der Talmud (Lilith) künden von dieser magischen Kraft. Damit aber hatten die meisten leseunkundigen Menschen nichts zu tun – die Zahl der Intellektuellen, die damals am Netzwerk der Herrschaftslegitimationen strickten, war verschwindend gering.

Aber die Völker waren, wie Freud einmal sagte, „schlecht getauft". An Form und Inhalt der scholastischen Logik war nur das gelehrte Denken geschult. Die Hypothese eines Zusammenhanges von heidnischen Fruchtbarkeits- und Erdkulten mit dem Hexenglauben (schon Jacob Grimm sah in den Hexensabbaten Nachklänge heidnischer Kultvorgänge – die ehemalige Existenz matristischer Gesellschaften konnte ihm allerdings nicht bekannt sein) kann demnach einige Plausibilität für sich beanspruchen.

> „Die Verbindungslinien, die das spätere Hexenwesen über Vegetationszauber und Vegetationskult zurück auf den Erdmutterglauben hinführen, werden uns besonders dicht erscheinen, wenn wir die Dokumente aller Zeiten, namentlich auch der eigentlichen Hexenprozesse, daraufhin beobachten, wie unendlich oft gerade der Feld- und Früchtezauber – und auch der Liebes- und menschliche Fruchtbarkeitszauber gehört in diesen Bereich –, wie unendlich oft gerade diese Züge erwähnt werden; sie stellen von den ältesten Zeiten bis heute eine ununterbrochene Bahn dar.“[40]

Schwieriger nachprüfbar ist die These – wie sie zum Beispiel Margaret Murray[41] erörtert –, daß es sich damals nicht nur um residual vorhandene Kultvorstellungen und -rituale handelte, sondern daß es zu dieser Zeit tatsächlich weibliche Geheimbünde und Sekten gegeben habe. Es ist der heikle Punkt der historischen Aufarbeitung, daß es, genau genommen, keine primären Informationen von den Betroffenen selbst gibt. Alle Aussagen und Beschreibungen laufen über die Vermittlung ihrer Richter und Henker (unter der Folter erzwungene Geständnisse und vorprogrammierte Aussagen), ihrer Verfolger (Hetzvorschriften und Gesetzesvorlagen) und ihrer wenigen Verteidiger – so daß die Quellen eher etwas über die Vorstellungen und Phantasien dieser Männer aussagen. Daher ist die Forschung in diesem Punkt auf Mutmaßungen, spekulative Textauslegungen und kühne kulturgeschichtliche Konstruktionen angewiesen. Für die fanatisierten Verfolger indes – das läßt sich den Quellen entnehmen – war jede Frau eine potentielle Hexe. Die Frage nach den „organisierten Hexen“ ist zwar sehr interessant, aber gleichwohl geeignet, der Massenvernichtung post festum eine vordergründige Plausibilität zu verleihen: Die Verfolgung von gesellschaftlichen Randgruppen ist zumeist relativ einfach zu erklären, die Verfolgung eines ganzen Geschlechts – das war damals wesentlich mehr als die Hälfte der Bevölkerung – dagegen bedarf einer intensiveren Interpretationsanstrengung.

Es ist anzunehmen, daß unter der dünnen Oberfläche des christlichen Glaubens alte heidnische Kultformen und Magievorstellungen weiterlebten (Peuckert war unermüdlich in Bemühungen um den Nachweis, daß diese sogar bis weit in die Neuzeit in abgelegenen Gebieten aufzufinden seien). Nach Michelet überlebten die alten Naturdämonen im Innern der Eichen und am Herd des Leibeigenen. An diesem Herd wurden vermutlich auch die überlieferten Kenntnisse der Heilkunde von den Müttern an die Töchter weitergegeben.

> „Einfacher und rührender Anfang der Religion und Wissenschaften! Später wird sich alles teilen; man wird den Mann als Gaukler, Astrologe oder Prophet, Schwarzkünstler, Priester, Arzt erleben. Aber am Anfang ist die Frau alles.“[42]

Die Volksmedizin war, bevor sie von den Männern berufsständisch integriert wurde, von den Frauen nahezu allein getragen worden (Ingrid Strobl bezeichnet den Hexensabbat sogar als ersten Ärztinnenkongreß[43]). Ihre Kräuterkenntnisse versetzten die kundigen Frauen vermutlich auch in die Lage, die im Mittelalter als Brot der Armen offenbar sehr beliebten Rauschmittel zu kredenzen. Etliche Theoretiker/innen glauben, in der Beschreibung des Sabbats, der Hexenritte etc. die durch Rauschmittel hervorgerufenen halluzinatorischen Sensationen wiederzuerkennen. (E. Jones weist auf die für das magische Denken seiner Meinung nach charakteristische Unfähigkeit hin, zwischen den Träumen und der Realität zu unterscheiden, so daß die Individuen die Ereignisse innerhalb ihrer [Alp-]Träume für tatsächliche Vorkommnisse hielten)[44].

Hier, in der Volksmedizin, hatten die Weiße und die Schwarze Magie ihren Platz, hier hatten die weise und die böse Frau ihre soziale Funktion. Diese Polarität entsprach zunächst noch nicht der moralischen Dualität von Gut und Böse, zu der das Christentum sie umfunktionierte. Sie betraf die Ambivalenz der Natureinwirkung auf die agrarische Existenz des Menschen: die gute Ernte und die schadenbringende Dürre, das heilende Kraut und der todbringende Pilz. Im Rückgriff auf die heidnische Dämonologie machte die Kirche zu der Zeit, da sie zum großen Schlag gegen die Frauen ausholte, diese nur noch für die als schädlich erfahrenen Auswirkungen der Naturkräfte verantwortlich. In Wahrheit sollten das alte Bündnis der Frauen mit der Natur gänzlich gelöst, die Aura weiblicher Magie endgültig zerstört werden.

> „Als aber dann zwischen den Antinomien der gotischen Frömmigkeit, im Laufe der individualistischen Auflockerung der mittelalterlichen Kulthandlung, auch die bis dahin subjektivistische, von der Kirche verpönte Unterströmung des Hexenglaubens an die Oberfläche emporquoll und in das Gefüge der objektiven Glaubenswelt des Mittelalters einbrach, ohne daß deren Hüterinnen, Theologie und Kirche, noch Widerstand zu leisten vermochten, als bei diesem Vorgang die Prinzipien des Hexenwesens sich immer stärker aus dem Naturdämonischen ins eschatologisch Dämonische, von den geheimen Kräften der Erde und ihrer Vertreter hinüber zum Teufel und seiner Bosheit verschoben, [...] da mußten die Anknüpfungspunkte an den alten Erdglauben und seine Ausstrahlung immer weniger werden."[45]

Das „schwarze" Prinzip war nun die Hexe im Gefolge von Satan, dem abtrünnigen Engel; das „weiße" Prinzip war Maria, die Magd Gottes, die Denaturierte, die Entsinnlichte, die Frau mit der unbefleckten Empfängnis.

Während die antike Gnosis und der Manichäismus – die die Marienverehrung noch nicht kannten – ebenso wie die Ketzersekten der Frau eine nahezu gleichberechtigte Stellung zuwiesen (in den Ketzerbewegungen trifft das teilweise nur auf die Frühzeit zu), entspricht der Idolatrie der Maria in der Realität die schrecklichste Phase der Frauenverfolgung und -verachtung.

„Der Versuch des Christentums, die Unterdrückung des Geschlechts ideologisch durch die Ehrfurcht vor dem Weibe zu kompensieren und so die Erinnerung ans Archaische zu veredeln anstatt bloß zu verdrängen, wird durch die Rancune gegen das erhöhte Weib [...] quittiert. Der Affekt, der zur Praxis der Unterdrückung paßt, ist Verachtung, nicht Verehrung, und stets hat in den christlichen Jahrhunderten hinter der Nächstenliebe der verbotene zwanghaft gewordene Haß gegen das Objekt gelauert, durch das die vergebliche Anstrengung stets wieder in Erinnerung gerufen ward: das Weib. Es hat für den Madonnenkult durch den Hexenwahn gebüßt, der Rache am Erinnerungsbild jener vorchristlichen Prophetin, das die geheiligte patriarchale Herrschaftsordnung insgeheim in Frage stellte. Das Weib erregt die wilde Wut des halb bekehrten Mannes“ ...[46]

Groteskerweise sahen nachfolgende Generationen gerade im Marienkult einen Beweis für die Erhebung der Frau durch die christliche Kirche. Die Ambivalenz der Weiblichkeitseinschätzung – vormals changierend zwischen magischer Verehrung und Angst – erscheint nun ideologisch verschoben und verzerrt in den voneinander abgelösten Bildern der Jungfrau und der Hexe. Die Frau wurde „geteilt“: Anknüpfend an das Dogma von der Dualität von Leib und Seele (wobei der Leib stets für das böse, diesseitig/naturhafte Prinzip, die Seele dagegen für das gute, geistige Prinzip stand), war die Hexe nun die Inkarnation der leiblichen Sünde, der weiblichen Geschlechtsfunktion, des *tota mulier sexus*. (Dies hatte Tradition: Schon der Kirchenlehrer Ambrosius nahm die Einteilung vor: Adam = Seele, Eva = Leib, und lange Zeit hatten sich die Kirchenväter nicht darüber einigen können, ob der Frau überhaupt eine Seele zukomme.) Maria aber, die theologisch erst im Mittelalter richtig zum Zuge kam, war das Idealbild der Reinheit, der entsexualisierten Geistfrau (in der Mystik allerdings wurde ihr die Sinnlichkeit zurückgegeben, wenn auch nur als Verehrungsobjekt der Männer). Da das Kunststück der unbefleckten Empfängnis für die empirische Frau nicht nachvollziehbar war, die Frauen aber andererseits die Reproduktion der Gattung garantieren mußten, war ihre Entfernung zu Maria unüberwindbar, während sie jederzeit per Anschuldigung zur Hexe erklärt werden konnte. Der sündige Mann konnte in diesen sinnen- und lustfeindlichen Zeiten heuchlerisch seine Sexualität – die Ansprüche der „inneren Natur" – verleugnen und nach außen hin verdammen.

War die Hexe, die Magierin, die Frau schlechthin zunächst die kundige Vertraute der Natur, so galt es schon in vorchristlicher Zeit, das patriarchalische Prinzip auch in dieser Sphäre durchsetzend, ihr den männlichen Magier, den Schamanen voranzustellen; so galt es für die Kirche des Mittelalters, sie im Bösen unter die Herrschaft des Satans zu zwingen; erst recht aber mußte die Wissenschaft, die sich teilweise im Schutze der Magie entwickelte, in männliche Regie übernommen werden.

> „Techniken mit komplexen Zielsetzungen und von ungewisser Wirkung, wie die Arzneimittelkunde, die Medizin, Chirurgie, Metallurgie [...], hätten nicht leben können, wenn die Magie ihnen keine Stütze geboten und sie nicht nahezu abgeschirmt hätte, um ihnen Dauer zu verleihen."[47]

Die Emanzipation der Wissenschaft von ihrer magischen Herkunft ging gleichermaßen auf Kosten der Frauen. Zwar korrelierten die den Frauen zugeordneten magischen Fähigkeiten mit tatsächlichen Kenntnissen, die den Menschen zugute kamen (Geburtshilfe und Kräuterwesen waren von den Männern nicht geschätzt; die mittelalterliche Medizin stand jeder Empirie fern); zwar verbrannte Paracelsus, der eine merkwürdige Zwitterstellung zwischen Magie und Wissenschaft einnahm, die alten Bücher und verkündete, daß er alles, was er wisse, von den Hexen und den Hirten gelernt habe; jedoch im allgemeinen verleugneten die Wissenschaftler, „die aus dem Empirismus des Volkes, den man Hexenwesen nannte, hervorgingen", diese ihre Herkunft, sie waren, wie Michelet sagt, „undankbar gegen die Hexe, die sie vorbereitet hat"[48].

Die Veränderungen am Ideenhimmel, für die der Begriff Aufklärung als Orientierungshilfe und globaler geistesgeschichtlicher Fixpunkt firmiert, bezeichnen die Überwindung des magischen Weltbildes. Die formale Synthesis von Identität und Nichtidentität, die den Schein einer Versöhnung suggeriert, erklärt in einem universalen Deduktionssystem (das in der Kantschen Herabsetzung der empirischen Dinge zu bloßen Erscheinungen gipfeln sollte) wesentliche Dimensionen des sozialen Lebens zu Akzidenzien, in der Absicht, Natur kommensurabel zu machen. In diesem abstrakten Ideenkleid hatte die Magie keinen Platz. Das mimetische Vermögen der Frauen, das sich der Natur über die Mechanismen der Verdoppelung, sympathetischen Angleichung und Wiederholung näherte, wurde unter das Besondere, Willkürliche und Akzidentelle subsumiert und ging als Bestandteil jener Naturverhältnisse, die nun der geregelten Beherrschung unterliegen sollten, unter. Im Gegensatz zu den Naturverhältnissen, nicht im Einklang mit ihnen sollte sich das neue Subjekt konstituieren.

> „Das magische Denken [...] kann nicht von der Abstraktion leben, [...] für sie [die Magier; S. B.] war die Natur nicht eine reine Idee, die die Gegensätze der Sympathie umfaßte, sondern eine klar umrissene Vorstellung von gewissen Eigen-

schaften. [...] Die magischen Riten lassen sich viel weniger leicht durch Anwendung abstrakter Gesetze erklären denn als Übertragung von Eigenschaften, deren Wirkungen und Gegenwirkungen vorweg bekannt sind."[49]

Als der Stoffwechselprozeß der Menschen mit der Natur in sein neues Stadium trat (darin ist das faktische Substrat für die neuen Formen und Inhalte der philosophischen Reflexion zu suchen), war die Zerstörung des alten Verhältnisses zur Natur, speziell des innigen Bündnisses der Frauen mit ihr, notwendig geworden. Die Individuen mußten an den neuen Zeit- und Arbeitsnormen ausgerichtet werden. Wenn es, wie Mauss schreibt, ein signifikantes Merkmal der magischen Naturaneignung war, daß zwischen dem Wunsch und dessen Realisierung keine Trennung bestand, so mußte sich nun zwischen das Bedürfnis und das Ziel die meßbare Arbeitsleistung als Preis für den Fortschritt schieben. Das magische Weltbild, das in letzter Instanz auf matristische Ursprünge verweist und das sein Untergrunddasein während der Jahrhunderte der Christianisierung behauptete, wurde mit dem Beginn der Manufakturperiode, dem Triumph der modernen Wissenschaft über die Theologie, eliminiert. Sein Totengräber aber war die Kirche (die den gleichen Prozeß mit dem Verlust ihrer ökonomischen und politischen Macht bezahlen sollte) – was die Morde an den Frauen betrifft, im wahrsten Sinne des Wortes. Zu dem Zeitpunkt, da die Frauen massenweise in die Folterkammern getrieben wurden, versuchte die Kirche zwar noch immer, die neuen Kräfte, die das geozentrische Weltsystem des Ptolemäus für obsolet erklärt hatten und in der Folge von Kopernikus „die Form der Welt und die Symmetrie ihrer Teile" aufdecken wollten, niederzuhalten, indirekt aber, gerade in bezug auf die Verfolgung der Hexen, deutete sich die spätere Arbeitsteilung bereits an: hier handelte die katholische Kirche objektiv schon im Interesse der zukünftigen weltlichen Macht. Zumindest waren die Interessen kongruent, wenngleich es der „protestantischen Ethik" vorbehalten war, das religiöse Über-Ich für die neuen Verhältnisse zu schaffen. Indes, auch die Protestanten standen den Hexen keineswegs ohne Mordlust gegenüber.

Zwar sind die gewaltsamen Umstrukturierungsprozesse, wie sie Marx für das ökonomisch weiterentwickelte England des 16. Jahrhunderts in seiner Analyse der „sogenannten ursprünglichen Akkumulation" beschreibt, nicht in jedem Punkt pauschal auf den gesamten europäischen Raum übertragbar; dennoch lassen sich für alle Bereiche, in denen die Hexenverfolgung wütete, für die Verelendung der unteren Bevölkerungsschichten ähnliche Strukturen nachweisen.

> „Die durch Auflösung der feudalen Gefolgschaften und durch stoßweise, gewaltsame Expropriation von Grund und Boden Verjagten, dies vogelfreie Proletariat konnte unmöglich ebenso rasch von der aufkommenden Manufaktur absorbiert werden, als es auf die Welt gesetzt ward. Andererseits konnten die plötzlich aus ihrer gewohnten Lebensbahn Herausgeschleuderten sich nicht ebenso plötzlich in die Disziplin des neuen Zustandes finden. Sie verwandelten sich massenhaft in Bettler, Räuber und Vagabunden."[50]

Die neuen Produktionstechniken – zum Beispiel die der manufakturellen Fertigung –, aber auch die in weiten Teilen Europas einsetzende Kommerzialisierung der Landwirtschaft[51] forderten von den Individuen andere Grunddispositionen. Die Beschreibung dieses Prozesses zwingt zu pauschalen Typisierungen. Das hat seinen Grund unter anderem darin, daß keine auf die Menschen vergangener Zeiten – z. B. auf die des 15. und 16. Jahrhunderts – anwendbaren Sozialisationstheorien zur Verfügung stehen.

Mit der wachsenden Entfremdung von der ersten Natur wuchs die Angst vor ihren Einwirkungen auf das soziale

Leben – und damit die Angst vor den Frauen, die schon qua biologischer Funktion immer wieder an die kreatürliche Herkunft der Menschen erinnerten. Im patriarchalischen Einvernehmen mobilisierten ansonsten divergierende Machtträger die brutalste Zwangsgewalt, um sich dieser Erinnerung zu entledigen. Es konnte ihnen, trotz des millionenfachen Mordes an den Frauen, nicht gelingen.

Wenngleich die Vernichtung der Frauen in archaischen und barbarischen Vorstellungen verwurzelt war, so handelt es sich andererseits um eine sehr rationell geplante und modern durchorganisierte Verfolgungskampagne, die, unterstützt durch die gestapoähnliche Planungsrationalität der Dominikaner, eine schauerliche Breitenwirkung und Systematik hatte.

> „Das Terrormittel der Hexenprozesse, das die verbündeten feudalen Rackets, als sie sich in Gefahr sahen, gegen die Bevölkerung anwandten, war zugleich die Feier und Bestätigung des Sieges der Männerherrschaft über vorzeitliche matriarchale und mimetische Entwicklungsstufen. Die Autodafés waren die heidnischen Freudenfeuer der Kirche, der Triumph der Natur in Form der selbsterhaltenden Vernunft zum Ruhme der Herrschaft über die Natur."[52]

Selbst in matristischer Zeit hatten die Frauen – wenn wir den Forschungsergebnissen z. B. von Bachofen, Morgan und, in neuerer Zeit, von Ernest Bornemann in diesem Punkt Glauben schenken wollen – nicht über die Männer „geherrscht". Sie hatten ihre Macht und ihre Kenntnisse auch in späterer Zeit nicht zur Herrschaft genutzt. So waren sie männlichen Herrschaftsansprüchen weitgehend schutzlos ausgeliefert. *Das Hexenpogrom kann als eine zweite Phase der patriarchalischen Machtergreifung zu Beginn des bürgerlichen Zeitalters gelten. Der „neue Mensch" des industrialisierten Zeitalters war der Mann. Das magisch-mythische Bild von der Frau blieb in bürgerlicher Zeit erhalten, aber sie galt in keiner Weise fürderhin als Subjekt der Naturaneignung, sondern als Objekt der Naturbeherrschung; als Bestandteil der ausgebeuteten Natur war die Angst vor der Rache der Natur an ihr Bild fixiert, ebenso wie die Sehnsucht nach der Versöhnung mit der Natur.*

Die Frauen waren an der „Unterdrückung der Natur" nicht beteiligt, sie wurden selber in diesen Unterdrückungszusammenhang gestellt. Die Hexe steht an jenem Schnittpunkt der historischen Entwicklung, an dem die Ausbeutung der Natur ihren systematischen Charakter erhielt. Sie fiel der notwendig fortschreitenden Naturbeherrschung und, damit einhergehend, dem Sieg der abstrakten Vernunft, der formalen Synthesis von Identität und Nichtidentität, zum Opfer. Sie verschwand in der Allgemeinheit der Begriffe, mit denen das moderne Denken die Natur organisierte. In der Realität entsprach diesem Vorgang ein überaus brutaler Prozeß faktischer Vernichtung von Millionen Frauen. In seinem Verlauf wurden die letzten Momente einer Koinzidenz von Ich und Natur, die den magischen Praktiken der Hexen inhärent gewesen waren, zerstört. Das mißverstandene, von Rousseau übernommene *retour à la nature,* das immer wieder in neuem ideologischem Gewand mobilisiert wird, ist Ausdruck der Betroffenheit, die diese Trennung noch heute bewirkt. Aufklärungskritik hat sich seitdem am Moment der gewaltsamen Subsumtion des Nichtidentischen unter den Begriff gestoßen und gegen optimistische Fortschrittsgläubigkeit einerseits und zivilisationsfeindlichen Kulturpessimismus andererseits die Dialektik der historischen Entwicklungen betont.

> „Ob die Menschen als geistige Lebewesen sich hätten konstituieren können, ohne daß Geist sich der Natur entgegensetzte, läßt aus der Perspektive dessen, was geworden ist, sich nicht mehr ausmachen."[53]

Die Kunst sollte die Erinnerung an die „verlorenen Paradiese" wachhalten; in der Sphäre der Erotik suchten die Menschen immer wieder die alte Einheit wiederzufinden.

Wie auch immer: Die Spekulation über einen möglicherweise anderen Geschichtsverlauf und über die Tragfähigkeit von Ersatzwelten sollte die Empörung nicht an das Gestern binden. Das Überleben der Hexe im Mythos mahnt die Frauen an etwas Aktuelles: an den notwendigen Widerstand heute.

III. Die Hexenmythologie – Die Metamorphosen der Hexe

„Der Ausschluß des Menschen aus der Natur hat das Exil der Hexe aus der bewohnten Welt zum Gegenstand", schreibt Roland Barthes im Vorwort zu Michelets Buch „Die Hexe".[54] Wo aber befindet sich dieses Exil, wo konnte die Hexe überleben?

> „Die Zeit in der Weise einer mehr oder weniger okkulten Essenz durchlaufend, leuchtete sie nur in den theophanischen Momenten der Geschichte: in der heiligen Johanna (eine sublimierte Form der Hexe) in der französischen Revolution."[55]

Die weise und die böse Frau hatten im spätmittelalterlichen Herrschaftsgefüge keinen sozialen Ort mehr. Die Angst vor der Wiederkehr vergangener matristischer Macht, deren blasser Widerschein noch in dem Wissen der Hexen über die Heilkräfte der Natur sichtbar gewesen war, schien mit dem großen Vernichtungsfeldzug gegen das weibliche Geschlecht gebannt. Der Dualismus von Körper und Geist, von Hexe und Heiliger setzte sich indes in der bürgerlichen Welt weiter durch. In den Gebrauchstypen Mutter und Prostituierte erhielt er seine institutionalisierte Form. Die Mutter und die Prostituierte waren in ein stabiles Sozialgefüge eingebettet; es bedurfte nicht mehr der äußeren Zwangsgewalt, sie zu zähmen. Aus der Heiligen, der Maria wurde säkularisiert die Hausfrau und Mutter (der man die Bewältigung eines großen Tugendkataloges zur Aufgabe machte), aus der Hexe wurde die Prostituierte und die Aufbegehrende. (Tritt nach Iwan Bloch die Prostituierte die Nachfolge an[56], so sind es nach Thomas Szasz die Wahnsinnigen[57] und nach Michelet die Intellektuellen.[58]) Beide waren ganz von dieser Welt und unter männlicher Kontrolle. Aber über diesen bürgerlichen Gebrauchstypen erhob sich eine ideologische Glocke der Weiblichkeitsbilder. Die Hexe und die Heilige wurden zum Mythos. Die Idolisierung und die Dämonisierung – zwei Seiten derselben Münze – der Weiblichkeit wurden zwar von der empirischen Frau abgetrennt und abgehoben – dennoch bestand der Verdacht fort, daß der Kontakt jeder Frau zu den alten dämonischen Mächten nicht ganz abgebrochen sei. Die Angst lauerte noch.

> „Die Darstellung der Kosmetik und der Körperpflege der italienischen Kurtisanen wäre unvollständig, wenn man nicht der eigentlichen Rolle gedächte, die Kurpfuschertum und Hexenwesen dabei spielten. [...] Es sind fast ausschließlich ehemalige Prostituierte und alte Kupplerinnen, die Kurtisanen in den magischen Künsten der Erotik unterrichteten und ihnen ärztliche Ratschläge oft recht abenteuerlicher Art erteilen."[59]

Mit der weitgehenden Ablösung des Hexenbildes von den empirischen Frauen entfernten sich die modernen Weiblichkeitsmythen immer mehr von der Realität. Das Exil der Hexe, von dem Barthes spricht, das sie nun schon in ihrer mythologischen Gestalt aufsuchte, lag außerhalb der empirischen Misere der Frauen. Die bevorzugten Orte waren die Poesie, der Traum, die Zwischenbereiche der nichtlegalisierten Erotik und der nichtkasernierten Phantasie. Für diesen Bereich mißlang die Domestikation der inneren Natur, in ihnen konnten die Hexe und ihre Schwestern überleben. Die furchterregenden Gestalten der alten Zeit, die die Literatur des Bürgertums zu neuem Leben erweckte – Dalilah, Judith, Salome, Medea... –, erscheinen von diesem Standpunkt aus als Rächerinnen für die blutige Vergangenheit der Hexen. Es handelt sich um von Männern erdachte Figuren, um Mythenproduktionen, an denen die Frauen keinen Anteil hatten, die aber dennoch ihre Geschichte betreffen.

> „Wollen die Frauen sich daranmachen, diese Geschichte selber zu erzählen, werden sie, so ist nun einmal die historische und kulturelle Entwicklung, die Männer im Formulieren der Mythen ablösen. Handelt es sich darum, diese Mythen am Beispiel der ‚weiblichsten' der Männer (Flaubert, Michelet) neu zu lesen, werden sich dabei notwendig andere Gesichtspunkte ergeben, eine neue Geschichtslektüre, gleichzeitig das Reale und das Imaginäre berücksichtigend, [...] für uns handelt es sich darum, die Geschichte dessen aufzuzeigen, was in uns an mündlicher Tradition verlorengegangen ist, an Legenden, an Mythen..."[60]

Die Jagd auf die Frauen war vorerst eingestellt, ins Haus verbannt, war ihr Aktionsradius sehr klein. Der Literatur und der Kunst dagegen in ihren „erhabenen" wie in ihren trivialen Formen wurden die Archetypen der Weiblichkeit zum großen Thema. Diese Archetypen – Ernst Bloch bezeichnet sie als „situationshafte Verdichtungskategorien vorzüglich im Bereich poetisch-abbildhafter Phantasie"[61] – treten in den Formen des Mythos, der Allegorie, der vielfältigen Symbolgestalten auf.

Stets dienten Frauenfiguren als Symbolträgerinnen bürgerlicher Macht, der revolutionären wie auch, später, der restaurativen: die Marianne, die Germania, die Britannia usw. Der Widerspruch zwischen der Machtrepräsentanz dieser Gestalten und dem völlig entmachteten Dasein der Frauen in der Realität ist eklatant. Er soll hier in den Zusammenhang mit der Doppelerscheinung der Frauen, in denen zugleich die rebellierende wie auch die beherrschte Natur gesehen wurde, gerückt werden. Die weibliche Allegorie erweist sich als ebenso ambivalent wie die Mythen der Weiblichkeit: einerseits geht „gerade in der Allegorie [...] die Fülle der poetisch arbeitenden Archetypen auf", andererseits sind sie rückwärtsgewandte Geschichtsruinen.[62] Diese Ambivalenz spiegelt sich im Schicksal der „Natura"-Allegorie. „Sie stellt nach antiker Auffassung eine wunderbar schöne sitzende Frau dar, die vor dem Busen eine Weltkugel hält, auf die sie aus ihren Brüsten Milch spritzt."[63]

Wolfgang Kemp, der Verbreitung und Beständigkeit dieser Allegorie untersucht hat, weist darauf hin, daß Mythologie und Allegorie der Natura im 15. Jahrhundert „zu einer öffentlichen Angelegenheit"[64] wurden. Schon einige Miniaturen des *Roman de la Rose* zeigen eine Natura-Figur, die auf einem Amboß kleine Menschen schmiedet. In der *Iconologia* des Cesare Ripa erscheint sie mit einem Geier, da nach altem Glauben dieses Tier nur in weiblicher Version vorkomme und des Männlichen zur Fortpflanzung nicht bedürfe. Die Figur der Natura verschmilzt in den verschiedenen Darstellungen mit der der Isis und der der Diana Ephesia, häufig ist sie auch ausgestattet mit Attributen der Sphinx-Gestalt. Isis galt als Erfinderin des Ackerbaus, der Medizin und der Schrift. Die Natura repräsentierte im allgemeinen das Prinzip der Fruchtbarkeit, der Naturbeherrschung und erschien als Nährerin der Erde. Zuweilen war ihr die Schlange beigesellt; aber anders als im Sündenfall-Motiv, in dem die Schlange als Komplizin des Bösen firmiert, war sie hier, mit dem Verweis auf eine entsprechende Stelle in Vergils *Aeneis*, Symbol menschlichen Lebensgeistes. Die Sphinx symbolisierte die unzugängliche Weisheit; bei Bacon wird sie zur Allegorie der Wissenschaften. (Selbstverständlich sind ihre Rätsel für den Aufklärer lösbar, dennoch bleibt die Gestalt als beunruhigendes ikonographisches Moment bestehen und wird auch später immer wieder thematisiert.)

Die Natura blieb bis in das 19. Jahrhundert hinein eine durchgängig positive Symbolgestalt; aber sie wurde schon während der Aufklärung mehr und mehr von ihrem ursprünglichen Bedeutungsumfang abgelöst und stand bald für die Formen der (männlichen) Naturbeherrschung und für den Vernunftgedanken. Die Göttin der Vernunft, wie sie in der Französischen Revolution eine große Rolle spielte, hatte ihre Gestalt. Sie stand inmitten der großen Massenfeste der Revolution. Auf alten Stichen entsprechen diese überdimensionalen Statuen bis ins Detail der oben angegebenen Beschreibung der Natura. Die Straßburger sangen eine Hymne auf die Natura.

Die Figurinen blieben erhalten, es vollzog sich aber ein Bedeutungswandel – standen sie einst für die Formen der weiblichen Naturaneignung, der Fruchtbarkeit, für die Macht der alten Göttin und damit für die Macht ihres Geschlechtes, so repräsentierten sie nunmehr männliche Herrschaft. Die bürgerliche Gesellschaft hat den Fundus weiblicher Allegorien als Symbolträgerinnen für so ziemlich alles beträchtlich aufgestockt. So finden wir im 19. Jahrhundert die Allegorie der Maschine, der Technik, der Elektrizität neben politischen Allegorien wie Freiheit, Revolution etc. Cecilia Rentmeister verweist angesichts des Widerspruchs zwischen der realen gesellschaftlichen Stellung der Frauen und der Vielzahl der weiblichen Allegorien auf ein Argument von E. Bornemann, nach dem das Patriarchat in einem Akt der Kompensation die Frau verehrt, um sich damit der Pflicht zu entledigen, ihr als lebendes Wesen Respekt zu bezeugen.

Wichtiger noch finde ich den Gedanken, daß sich offensichtlich die Frau als Trägerin ganz unterschiedlicher Symbolgehalte deshalb gut eignete, weil sie nicht sonderlich in das differenzierte arbeitsteilige System der Industrieproduktion integriert war.

„Industrie aber, in der herrschenden Ideologie mit den positiven Begriffen von Fortschritt und Reichtum (ebenfalls in Frauen personifiziert!) verbunden, kann und muß weiblich verkörpert werden: in der Frau als beliebig füllbarer Leerform passiver Repräsentanz, als verkörperndem Körper ohne Eigenexistenz, als Leerform für Ideale schlechthin."[65]

Indem die Allegorien des Industriezeitalters, verkörpert durch Frauengestalten, das Bezeichnete erstarren lassen und aus dem historischen Kontext heben, kann Technik wieder als bedrohliche Naturpotenz erscheinen. Über eine Allegorie der Maschine – eine an mänadische Vergangenheit gemahnende nackte Frau sitzt rittlings auf der riesigen Pleuelstange einer gigantischen Maschine, die winzige, zerstörte Männer ausspuckt – schreibt Eduard Fuchs:

„Symbol der unheimlichen geheimen Kraft der Maschine, die alles zermalmt, was ihr in die Räder kommt, was die Wege ihrer Kurbeln, Stangen und Riemen kreuzt, oder was gar sinnlos vermessen in ihre Speichen greift – das ist das Weib. Aber auch umgekehrt: Symbol des männerwürgenden Minotaurocharakters des Weibes ist die Maschine, die kalt und grausam ohne Rast und Ruh' Hekatomben von Männern opfert, als wären sie ein Nichts!"[66]

Dort, wo der technologische Fortschritt sich hinter dem Rücken derer entwickelt, die ihn initiierten, und sich gegen sie verselbständigt, steht für diese Bedrohung auch wieder die Frau, die an dem Prozeß von Anbeginn nicht teilhatte. Zerstörerische Technik erscheint als Naturkatastrophe, analog zur vermeintlich ungebrochenen Sinnlichkeit der Frau. Allegorie und Mythos behaupten Natur gegen den Widerstand des Geschichtsverlaufs. Die Verwunderung darüber, daß sich die weiblichen Allegorien von der Antike bis in das 19. Jahrhundert konstant erhalten haben, und darüber, daß die Allegorien des industriellen Zeitalters, die neu in den Kanon aufgenommen wurden, weiterhin durch

Frauengestalten transportiert wurden, obwohl sie Symbolgehalte repräsentierten, die mit der Alltagswelt der Frauen fast nichts zu tun hatten, schwächt sich ein wenig ab, wenn sich die Aufmerksamkeit nicht mehr nur auf die Inhalte, auf die Bedeutung, sondern auch auf Funktion und Form der Allegorie und des Mythos richtet. Weniger die allegorischen Inhalte haben jeweils etwas mit den Weiblichkeitssyndromen zu schaffen; die Verwandtschaft liegt mehr in der, wie Benjamin sagt, „Wendung von Geschichte in Natur, die Allegorischem zugrunde liegt“[67]. Überall dort, wo Geschichte zur „erstarrten Urlandschaft“ gerinnt – im Mythos, in der Allegorie –, bevölkern mächtige weibliche Figurinen das kulturelle Panoptikum. Waren in der Allegorie der Natura Bedeutung und Funktion einmal identisch, so verlor sich im Laufe der Zeit der innere Zusammenhang von Inhalt und Form – das „Weibliche“ überlebte nur formal.

Es soll in diesem Zusammenhang keinesfalls um die Fortsetzung der kunsttheoretischen Diskussion über Funktion und Stellenwert von Allegorie, Symbol und Mythos gehen, auch nicht um die motivgeschichtliche Aufarbeitung der verschiedenen Weiblichkeitsmythen und Allegorien, sondern einzig darum, einen Erklärungsansatz zu finden für die historische Resistenz eines Bildes von der fruchtbar-furchtbaren Frau, in dem die alten Isis/Demeter-Mythen mit den Hexenmythen und den modernen Weiblichkeitsmythen verschmelzen, im Medium einer auf das Weibliche applizierten Naturvorstellung.

Schon während der Verfolgung und Vernichtung der Hexen, die stets von dem Hinweis auf die verderblichen Einflüsse der Frauen auf die Naturereignisse begleitet war, fand dagegen die Allegorie der Natura/Diana/Isis/Sphinx – Sinnbilder der positiven Macht über die Natur – große Verbreitung. Diese Ambivalenz blieb erhalten, auch als die Vernichtungskampagne fast schon wieder vergessen war. Jene von Plutarch überlieferte Sockelinschrift der Isisstatue zu

Sais: „Ich bin alles, was ist, was gewesen ist und was sein wird. Kein sterblicher Mensch hat meinen Schleier aufgehoben", beschäftigte Dichter und Philosophen noch lange. Dem Jüngling in Schillers Gedicht *Das verschleierte Bild zu Sais* (1795) ergeht es schlecht, als er den Schleier, dem göttlichen Gebot zuwiderhandelnd, lüftet – er wird schwermütig. Goethe hatte ein leicht mokantes Verhältnis zu dieser Figur: „Bleibe das Geheimnis teuer!/Laß den Augen nicht gelüsten!/Sphinx Natur, ein Ungeheuer,/Schreckt sie dich mit hundert Brüsten."[68]

Dieses Monster kam in der Realität freilich nicht vor, wurde auch nicht auf Realität bezogen. Im revolutionären Aufgabenkatalog des Bürgertums war nicht einmal die Gleichstellung der Frau enthalten. Sie blieb als Objekt der Naturbeherrschung durch den Mann zurückgeworfen auf ihre biologischen Funktionen – etwa auf das Gebären, einen Akt, der als kreatürlich und archaisch gleichzeitig tabuiert und mystifiziert wurde. Für die empirische Frau beschrieb Rousseau die Regeln der Dressur:

> „Allein schon durch das Gesetz der Natur sind die Frauen ebenso wie die Kinder dem Urteil der Männer ausgesetzt [...] So muß sich die ganze Erziehung der Frauen im Hinblick auf die Männer vollziehen. Ihnen gefallen, ihnen nützlich sein, [...] sie großziehen, solange sie jung sind, als Männer für sie sorgen, [...] das sind die Pflichten der Frau zu allen Zeiten, das ist es, was man sie von Kindheit an lehren muß."[69]

An dieses Gesetz der Natur mochten die Romantiker nicht glauben. Die Frau, die über den Horizont ihrer restringierten häuslichen Rolle hinauswächst, lebt für sie näher an den Quellen der Natur – und das waren für die Romantiker auch die Quellen der Erkenntnis – als der Mann. „Natur" war ihnen nicht das Mindere, sondern das Prinzip universaler Göttlichkeit. Nur in der Versöhnung von Natur und Gesellschaft konnte die Totalität des Individuums wiedergewonnen werden, nur hier leuchtete das „Goldene Zeitalter“ auf. Die Welt des Bürgertums, der kapitalistischen Arbeitsteilung bedeutete für sie Zerstörung von Natur und Individualität. Die Vorstellung einer aktiv-produktiven Beherrschung der Welt im Zuge einer planmäßigen Ausbeutung der Natur war den Romantikern eine Illusion. Daher kann es nicht verwundern, daß das Weiblichkeitsbild der Romantik nicht in der bürgerlichen Diffamierungstradition stand. Realiter nahmen die Frauen, die dieser Kulturbewegung angehörten, auch eine wesentlich bedeutsamere Stellung ein als die anderer Kunstzirkel. Die Schlegelsche Behauptung,

> „daß die Frauen allein, die mitten im Schoß der menschlichen Gesellschaft Naturmenschen geblieben sind, den kindlichen Sinn haben, mit dem man die Gunst und die Gaben der Götter annehmen muß“[70],

ist der Affront gegen die Aufklärung, die das Individuum abstrakt als autonomes Subjekt gedacht und nur den Mann gemeint hatte, die für den Mann die Imperative von Pflicht und Leistung formulierte, die Frau aber in den Bereich der zu bearbeitenden Natur zurückversetzte. Auch der Romantik erscheint die Frau als Naturwesen; diese Vorstellung wird erneuert und idealisiert. Aber nicht nur sie soll Naturwesen sein, auch der Mann soll es werden. In diesem Punkt stand die Romantik gegen die Tradition.

> „Einem gelang es – er hob den Schleier der Göttin zu Sais –, aber was sah er? Er sah – Wunder des Wunders – sich selbst. Ein Günstling des Glücks sehnte sich, die unaussprechliche Natur zu umfassen. Er suchte den geheimnisvollen Aufenthalt der Isis.“[71]

Der Jüngling aus dem naturphilosophischen Romanfragment von Novalis' *Die Lehrlinge zu Sais* – dem es, wie zu sehen ist, besser erging als dem von Schiller erdachten –

kann die Isis nur finden durch die Unterstützung einer „wunderlichen Frau aus dem Walde“ (!), die wie weiland Paracelsus zuerst einmal das gelehrte Buch verbrennt. Nicht die instrumentelle, sezierende Vernunft weist ihm den Weg, sondern die Belebung und Beseelung der toten Natur in einem wechselseitigen Prozeß (ähnlich dem, auf dem die Hexenmagie einst beruhte) führt zum Ziel. Die Liebe und die Poesie sind nach Novalis die Medien dieser Magie, und so ist es auch vorrangig den Liebenden und den Poeten (nicht mehr so sehr den Frauen) vergönnt, mit den Gesetzen der Natur im Einklang zu leben, die alte Einheit wiederherzustellen, die Entfremdung aufzuheben und – wie der Jüngling, der den Schleier hob – zu sich selbst zu finden.

> „Noch früher findet man statt wissenschaftlicher Erklärungen, Märchen und Gedichte voll merkwürdiger bildlicher Züge, Menschen, Götter und Tiere als gemeinschaftliche Werkmeister, und hört auf die natürlichste Art der Welt beschreiben. [...] Wenn diese mehr das Flüchtige mit leichtem Sinn verfolgten, suchten jene mit scharfen Messerschnitten den inneren Bau und die Verhältnisse der Glieder zu erforschen. Unter ihren Händen starb die freundliche Natur und ließ nur tote zuckende Reste zurück, dagegen sie vom Dichter, wie durch geistvollen Wein noch mehr beseelt, die göttlichsten und muntersten Einfälle hören ließ“ [...][72]

In der Liebe und in der Poesie, jenen Verstecken der Hexe, erklingt die Klage über den Verlust der Einheit, für die die magische Hexe noch stand. Die Sehnsucht führte die Dichter zu den mythologischen Figuren, hinter denen sie sich heimlich verbarg, freilich ohne daß damit schon eine Anerkennung der empirischen Frauen verbunden war. Die Klage des Novalis steht allerdings nicht in dem Verdacht einer apologetischen Hinwendung zu einer – historisch genau fixierten – versunkenen Zeit, wie sie für den spätromantischen Mittelalterkult dann charakteristisch wurde.

„Die Definition des Novalis, derzufolge alle Philosophie Heimweh sei, behält recht nur, wenn dies Heimweh nicht im Phantasma eines verlorenen Ältesten aufgeht, sondern die Heimat, Natur selber als das dem Mythos erst Abgezwungene vorstellt."[73]

Dieses Heimweh, bei Novalis noch gebunden an die Göttin zu Sais, wenn auch abgelöst von der empirischen Frau – an der es sich bei Schlegel und Schleiermacher (in den frühen Schriften) noch orientierte –, ist metaphorisch formuliert und war theologisch gedacht. Später – bei einigen Vertretern der Spätromantik und der historischen Rechtsschule – verkam im dunkel-mythologischen Zusammenspiel der Begriffe Volk, Erde und Natur die romantische Verehrung der Frau zur Mutterschaftsideologie.

„Das Geschichtliche verband sich noch wachsend mit Archaischem und dieses mit Chthonischem, so daß das Geschichts-Innere bald wie Erd-Inneres selber dreinsah. Dies Truhengefühl, dies Inzestwesen des Eingehenwollens in den Mutterschoß Nacht und Vergangenheit kulminiert spät bei Bachofen, dem Lehrer des Mutterrechts, doch mit Grabliebe für die chthonische Demeter schlechthin."[74]

Die Aufklärungskritik der Romantik in ihren utopischen und regredierenden Momenten machte die Erforschung der alten Mythen (und damit die Wiederentdeckung der Matriarchate) möglich, sie setzte gleichzeitig deren utopische Potentiale frei – zum Teil gegen das Erkenntnisziel. Benjamin kennzeichnet diesen Widerspruch:

„Denn wenn auch das Gefühlsinteresse Bachofens sich dem Matriarchat zuneigte, so richtet sich sein historisches Interesse ganz auf Herkunft des Patriarchats, als dessen höchste Form er die christliche Spiritualität auffaßte."[75]

Diese christliche Spiritualität blieb Bachofens Mythenanalyse eigentümlich äußerlich, im Unterschied etwa zu den

Schriften von Joseph v. Görres, der die Hexenverfolgung, mit denen er sich in der *Christlichen Mystik* beschäftigt, nur mehr vom katholischen Standpunkt aus sehen kann. Die größte Breitenwirkung erzielte die romantische Forschung mit den *Gesammelten Volksmärchen* der Brüder Grimm. In ihnen – die Bearbeitung durch Wilhelm Grimm hat das Ihre getan – ist die Hexe durchgängig alt und böse, gelegentlich erscheint sie auch integriert in den bürgerlichen Familienverband, als Stiefmutter. Das böse Prinzip lauert auch hier in jeder Frau, es wird sogar formal suggeriert: Als Hänsel und Gretel, nachdem sie die Hexe verbrannt hatten, aus dem Wald kamen, ist die Stiefmutter tot.

Schon Bachofen hatte auf das untergründige Weiterleben gynaikratischer Vorstellungen und Bilder hingewiesen. Bilder und Mythen vergangener Zeiten und vergessener Seelen können nicht sterben, weil sie immer noch ein unerlöstes Wunsch- und Sehnsuchtsreservoir repräsentieren. Diese Sehnsucht ist allerdings für alle Zwecke ausbeutbar: „Auch der Faschismus bedarf des Totenkults einer frisierten Urzeit, um die Zukunft zu verstellen, die Barbarei zu begründen, die Revolution zu blockieren."[76]

Wenngleich auch der Faschismus von der Sehnsucht nach der Versöhnung mit der Natur profitierte, so desavouiert das den Rekurs auf mythische Bilder doch nicht generell.

> „Wäre Archetypisches völlig regressiv, gäbe es keine Archetypen, die selber nach der Utopie greifen, während die Utopie auf sie zurückgreift, dann gäbe es keine vorschreitende, dem Licht verpflichtete Dichtung mit alten Symbolen; Phantasie wäre ausschließlich Regressio. Sie müßten sich als progressiv bestimmte vor allen Bildern, auch Allegorien, Symbolen hüten, die aus dem alten mythischen Phantasiegrund stammen. [...] Ihre nächste Existenz haben Archetypen freilich allemal in menschlicher Geschichte; so weit nämlich Archetypen sind, was sie sein können: konzise Ornamente eines utopischen Gehalts. Utopische Funktion entreißt diesen

Teil der Vergangenheit, der Reaktion, auch den Mythos; jede dermaßen geschehende Umfunktionierung zeigt das Unabgegoltene an Archetypen bis zur Kenntlichkeit verändert."[77]

Das Denken, das sich gegen die leere Allgemeinheit der Abstrakta richtete, gegen die Diktatur des Allgemeinen über das Besondere (unter das Weibliches stets subsumiert wurde) – unabhängig davon, ob es sich der Irrationalität verschrieb oder in aufklärungskritischer Absicht antrat –, hat sich gern an den Mythen orientiert. Ernst Bloch macht daher den Vorschlag einer ideologiekritischen Unterscheidung zwischen dem progressiven und dem reaktionären Rückbezug auf Mythologisches. Erst der Umgang mit Mythen, Allegorien, Symbolen und alten Bildern, der sie aus der Archaik heraushebt und negierend auf die schlechte Realität bezieht, wird sie verlebendigen, indem er in ihnen nicht die festgefrorenen Symbolgehalte, sondern vor allem die kollektiven Wunschträume sieht und aktualisiert.

Trotz der Invariabilität, die die Archetypen der Weiblichkeit – Sphinx, Hexe, die Frau als gefährliches Sexualmonster – aufweisen, sollte diese Gleichförmigkeit, etwa in der Tendenz zur Ontologisierung und Substantialisierung des Weiblichen, nicht in den Erklärungsansatz selbst schon eingehen. Da die Frauen seit der Vernichtung matristischer Gesellschaftsformation unter männlicher Herrschaft stehen, gibt es tatsächlich eine invariante Struktur: die ihrer inferioren gesellschaftlichen Stellungen nämlich. Diese Struktur muß aber für jede historische Situation differenziert analysiert werden.

In den Archetypen Hexe, Sphinx, in den Weiblichkeitsmythologien, kulminiert die Stabilität dieser Unterdrükkungssituation, aber auch die Angst vor der fälligen Rache.

Innerhalb des geschlechtsspezifischen Herrschaftszusammenhangs hat sich die Situation der Frauen – wenn auch nicht grundlegend, so doch graduell – laufend verändert.

Die leibliche Vernichtung fand nur statt, als dieser Zusammenhang, wie es schien, durch die Hexen massiv bedroht war. Aber erst die Frauenbewegung stellte ihn prinzipiell in Frage. (Wir haben bislang keine Theorie des Patriarchats, die die Menschheitsgeschichte analog zu der Analyse der Klassenherrschaft von Menschen über Menschen auf die Formen der Herrschaft von Geschlecht über Geschlecht systematisch untersuchte.)

Die Tatsache aber, daß wir ähnliche Bilder, wie sie schon in der Frühzeit der Menschen entworfen wurden, etwa im Mittelalter wieder vorfinden und auch heute in den Kunstprodukten und Träumen aufspüren können, sollte nicht zu der vorschnellen Annahme einer anthropologischen Invarianz der männlichen und weiblichen Psyche, einer Ontologisierung des Geschlechterwiderspruchs verleiten. Diese Durchgängigkeit der Bilder ist eher in der Unabgegoltenheit der weiblichen Befreiung begründet, wenn dies auch zumeist der Intention derer, die diese Bilder innerhalb des männlich orientierten Kultursektors immer wieder herangezogen, diametral entgegensteht.

Weil aber auch die Töchter und Enkelinnen der Hexen sich nicht zu Bürgerinnen emanzipieren konnten, weil sie entweder unmündig, weitgehend rechtlos und unproduktiv in ihrer guten Stube saßen oder aber als Lohnabhängige unter die doppelte Unterjochung von Kapital und Ehemann gezwungen waren, weil sie „nicht an der Aneignung der Natur, so auch nicht an der Beherrschung der Natur und deren Konsequenz, der Herrschaft des Menschen über den Menschen“[78], teilnahmen, weil die Ideologie sie zum *homo biologicus* machte, konnte die Natürlichkeit und Unmittelbarkeit in ihnen literarisch glorifiziert werden, gleichsam als Umkehrung des bürgerlichen Vorurteils zu ihren Gunsten, konnten sie in der Romantik und anderen Kulturströmungen zur Allegorie einer Sehnsucht nach Unmittelbarkeit jenseits der Vermarktung, Restringierung und Atomisierung der Individuen werden. Es handelt sich allerdings um eine sehr artifizielle Sehnsucht nach dem „natürlichen" Leben vor dem „Sündenfall" der Kommerzialisierung des Verhältnisses zur Natur und der Menschen zueinander. Es schien, als wären zumindest einzelne Exemplare des weiblichen Geschlechts den bürgerlichen Sozialisationszwängen entronnen: in ihrer Schuldlosigkeit am Geschichtsverlauf, dessen passives Opfer sie waren.

> „Vermöge ihrer Distanz zum Produktionsprozeß hält sie [die Frau; S. B.] Züge fest, in denen der noch nicht ganz erfaßte, noch nicht ganz vergesellschaftete Mensch überlebt."[79]

In diesem Anachronismus des weiblichen Rollenbildes liegt ein Widerstandspotential; seine Disfunktionalität läßt utopisches Denken zu. Aber die vielfach beschworene Natürlichkeit der Frau ist nur zu einem Teil utopische Fiktion; auf der anderen Seite ist sie Bestandteil schlechter Realität. Die scheinbar so gegensätzlichen Bilder haben im Archetypus der Natura ihren Ursprung, von hier verläuft die Metamorphose auf der einen Seite von der Isis über die Hexe bis zu den modernen Medusen der Filmindustrie und auf der anderen Seite von der „Großen Mutter" über das bürgerliche Mutterbild zur unterwürfig angepaßten Hausfrau, deren Leistung nicht anerkannt wird, mit dem ewig schlechten Gewissen, wie es die Werbung vorführt. Dennoch:

> „Der Anachronismus hat eine spezifische Gewalt, die Gewalt des Bruchs, der Störung, der Veränderung, begrenzt allerdings auf imaginäre Verschiebungen. Alles spielt sich so ab, als ob die Widerstände der Vergangenheit in den Zeichen und Symptomen überlebten [...]"[80]

Die Interpretation dieser Zeichen und Symptome war bislang Sache der Männer – Idolatrie und Diffamierung nahmen hier ihren Anfang. Diese Ideologien, „immerhin durchlässige Filter für Mythen" (Catherine Clément), sind

Indizien für die Angst vor der Weiblichkeit, der bis heute die Liaison mit der Natur unterstellt wird. Während die einen in ihr die unberührte Natur, so, wie sie war, bevor sie zu einem Müllhaufen wurde, suchen, sehen die anderen in ihr die destruktiven Kräfte des anarchischen Eros.

> „Die Sinnlichkeit kam in der Geschichte der Zivilisation nur als Moment der gesellschaftlichen Destruktionsmittel vor. Die Normalität vermittelt sich noch immer über die Vernichtung von Sinnlichkeit, die Angst vor der Sexualität und die Aggression gegen die Sexualität. [...] Das Fleisch ist böse. Das Fleisch liiert sich mit Sucht nach Alkohol, Drogen, Orgien, Schwarzer Magie, kurz mit allem Bösen – und böse ist das, was die Funktionstüchtigkeit des Körpers stört, seine Anpassung an die Bedürfnisse des Apparates problematisch macht [...]“[81],

schreibt Karin Schrader-Klebert in einer Analyse des „Hexenfilms“ von Roman Polanski, *Rosemaries Baby,* und des Ritualmordes an Sharon Tate.

Die ideologische Sehnsucht nach dem „Zurück zur Natur“ läßt sich zumeist in der Schrebergartenidylle und in den Pseudosensationen des Massentourismus in die inszenierten Naturlandschaften kanalisieren. Derart kleinbürgerlich gezähmt, wird auch die Frau zum Ideal, verliert ihren Schrecken. Aber die Idyllen erweisen sich immer wieder als trügerisch. Die biologisch-naturhaften Momente der menschlichen Existenz sind nur scheinbar ganz aus dem männlichen Alltagsleben verdrängt worden. Das in Wirklichkeit unbewältigte Verhältnis zur inneren Natur wird auf die Frau projiziert. Für die Disfunktionalität der eigenen (männlichen) „Triebnatur“ muß die Frau auch noch büßen. Die institutionalisierte Verdrängung „naturwüchsiger“, an die kreatürliche Herkunft gemahnender Vorgänge: Geburt, Tod, Pflege der Hilflosen, sorgfältig hinter Anstaltsmauern verborgen, rationell verwaltet und aus dem Alltagsleben herausgehoben, wird durch die Frau, die für die biologische und soziale Reproduktion der Gattung zuständig ist, tendenziell bedroht. Die schwangere Frau im Straßenbild erscheint wie ein Relikt aus einer archaischen Welt. Die Hebamme hat selbst im hypermodernen, mit der neuesten Technik ausgestatteten Kreißsaal noch ihre wichtige Funktion.

> „Die mit Gewalt verbundene gesellschaftliche Aneignung der Natur dissoziiert sich von den Triebkräften dieser Aneignung. Das Verhältnis zu Zeugung, Geburt und Tod bleibt fingiertes Naturverhältnis."[82]

Diese Gewalt ist für die Geschlechtsideologie nicht das strukturelle Moment einer patriarchalischen Gesellschaft, sondern sie wird personalisiert. Als tragisch-komische Schlacht erscheint sie auf der Bühne des Welttheaters. Von Hans Sachs über Strindberg und Albee bis zu Bergmans *Szenen einer Ehe* versteckt sie sich hinter der Konstruktion eines immerwährenden Kampfes zwischen einem Mann und einer Frau. Zulässig ist die Darstellung dieser Gewalt aber offensichtlich nur als Einzelfall. Generalisiert gilt der Hinweis auf dieses Gewaltpotential als radikal feministisch. Aber nicht die Frauen haben den Kampf von Geschlecht gegen Geschlecht begonnen, und die offene Gewalt gegen Frauen, das bekundeten kürzlich Frauenkongresse in Brüssel und München, gehört auch nicht der Vergangenheit an. Bei den heute angewandten Foltermethoden gegen Frauen zum Beispiel in Chile[83] ist das sexual-sadistische Moment so hervorstechend, als wären die Folterknechte noch die gleichen wie die der Hexenprozesse.

Die Einschätzung der Frauen als gefährliche Naturwesen basiert auf ihrem weitgehenden Ausschluß aus der Produktionssphäre und aus den relevanten Bereichen des öffentlichen Lebens. Daran hat sich zwar in den letzten hundert Jahren einiges geändert, aber mit dem Resultat eines Rollenwiderspruchs: die Frau kann nun keiner Erwartung mehr völlig entsprechen, weder der Rolle der Mutter und Hausfrau, der fügsamen Sklavin, noch der der tüchtigen Karrierefrau. Nach wie vor zuständig für biologische Reproduktion, für Pflege und Erziehung der Kinder sowie Fürsorge jeglicher Art, vervielfacht sich ihre Belastung, versucht sie – zumeist wird sie dazu gezwungen –, allen Rollen gerecht zu werden. In dieser Ambivalenz des weiblichen Kultur- und Sozialcharakters liegen die Chancen und Potentiale der Frauenbewegung.

Lange Zeit reagierten die Frauen auf ihre bedrohliche Situation, auf die ihnen angetane Gewalt, die ihnen zugewiesene Existenzbestimmung als anachronistische Naturwesen entsprechend „naturhaft" – durch reglose angsterfüllte Mimikry: idiosynkratisch.

> „In der Idiosynkrasie entziehen sich einzelne Organe wieder der Herrschaft des Subjekts; selbständig gehorchen sie biologisch fundamentalen Reizen. [...] Für Augenblicke vollziehen sie die Angleichung an die umgebende unbewegte Natur. Indem aber das Bewegte dem Unbewegten, das entfaltetere Leben bloßer Natur sich nähert, entfremdet es sich ihr zugleich, denn unbewegte Natur, zu der, wie Daphne, Lebendiges in höchster Erregung zu werden trachtet, ist einzig der äußerlichsten, der räumlichen Beziehung fähig. Der Raum ist die absolute Entfremdung."[84]

Mimikry war immer ein Scheinschutz, die reglose Erstarrung machte die Frauen wehrlos gegen die ihnen zugemutete Gewalt. Aber der partielle Ausschluß aus dem zivilisatorischen Prozeß bewahrte sie auch vor den Schäden.

> „Die Strenge, mit welcher im Laufe der Jahrtausende die Herrschenden ihrem eigenen Nachwuchs wie den beherrschten Massen den Rückfall in mimetische Daseinsweisen abschnitten, angefangen vom religiösen Bildverbot über die soziale Ächtung von Schauspielern und Zigeunern bis zur Pädagogik, die den Kindern abgewöhnt, kindisch zu sein, ist

> die Bedingung der Zivilisation [...]. Alles Abgelenktsein, ja, alle Hingabe hat einen Zug von Mimikry. In der Verhärtung dagegen ist das Ich geschmiedet worden [...]. Anstelle der leiblichen Angleichung an Natur tritt die ‚Rekognition im Begriff', die Befassung des Verschiedenen unter Gleiches."[85]

Heute lösen sich die Frauen aus ihrer Erstarrung. Endlich. Dornröschen wacht wirklich auf, der Kuß des Prinzen hatte sie nur in einen neuerlichen verblödenden Dämmer versetzt. Idiosynkratisch reagierten die Frauen nur so lange, wie sie an die ihnen zugemuteten Existenzbestimmungen als pseudonatürliche Wesen selber glaubten. Heute, da sie ihr Schicksal aktiv in die Hand nehmen, die traditionellen Rollenzuweisungen negieren, die Spuren der eigenen Geschichte dechiffrieren, erwachen sie vollends aus dieser mimetischen Starre. Sie werden dabei der Versuchung widerstehen, die „weltgeschichtliche Niederlage des weiblichen Geschlechts" (Engels), deren theoretischer Ausdruck die Subsumtion der Frau unter den Begriff der Natur war, durch eben den Rekurs auf Natur gleichsam rückgängig machen zu wollen. Sie sind Wesen des 20. Jahrhunderts, sie können Autos reparieren, sie leisten (gezwungenermaßen) die schwerste, am schlechtesten bezahlte Arbeit in der Industrie, sie holen (mehr oder weniger gezwungenermaßen) für ihre Länder olympische Medaillen usw. Aber infolge ihrer anderen Geschichte, ihres Ausschlusses aus den wichtigen Sektoren der Herrschaft, der Produktion, infolge ihrer spezifischen sozialen Funktionen haben sich die Frauen tatsächlich nicht „verhärtet gegenüber den Formen der Hingabe", bewahrten sie Verhaltensmöglichkeiten, die sich der zweckrationalen Ausrichtung widersetzen. Daher werden die Frauen, obwohl sie nicht die Naturwesen sind, zu denen die Männer sie machen wollten, solange ihre Unterdrükkung währt, hexen.

Anmerkungen

1 Walter Benjamin, Über den Begriff der Geschichte, in: Gesammelte Schriften, Bd. I/2, Frankfurt a. M. 1974, S. 695.
2 Ebd., S. 691.
3 Ebd., S. 695.
4 Vgl. Herbert Marcuse, Triebstruktur und Gesellschaft, Frankfurt a. M. 1967.
5 Ebd., S. 24.
6 Will-Erich Peuckert, Ergänzendes Kapitel über das deutsche Hexenwesen, in: Julio Baroja, Die Hexe und ihre Welt, Stuttgart 1967, S. 291.
7 Ebd., S. 295.
8 M. Horkheimer und Th. W. Adorno, Dialektik der Aufklärung, Amsterdam 1947, S. 21.
9 Ernst Bloch, Das Prinzip Hoffnung, Bd. I, Frankfurt a. M. 1959, S. 181.
10 Herbert Marcuse, Triebstruktur und Gesellschaft, S. 159.
11 Klaus Heinrich, Parmenides und Jona. Vier Studien über das Verhältnis von Philosophie und Mythologie, Frankfurt a. M. 1966, S. 25.
12 Esther Harding, Frauen-Mysterien einst und jetzt, mit einem Geleitwort von C. G. Jung, Zürich MCMXLIX, S. 247.
13 Ebd., S. 248.
14 Ebd., S. 255.
15 Ebd., S. 290.
16 Ernst Bloch, Das Prinzip Hoffnung, Bd. I, S. 67.
17 Vgl. Roland Barthes, Mythen des Alltags, Frankfurt a. M. 1970.
18 Klaus Heinrich, Parmenides und Jona, S. 27.
19 Roland Barthes, Mythen des Alltags, S. 121.
20 Egon Friedell, Kulturgeschichte der Neuzeit, München 1931, S. 332.
21 Hoffman R. Hays, Dämon Frau, Düsseldorf 1969, S. 300.
22 Ernest Jones, Der Alptraum in seiner Beziehung zu gewissen Formen des mittelalterlichen Aberglaubens, Leipzig und Wien 1912, S. 106.
23 Ebd., S. 105.
24 Herbert Marcuse, Triebstruktur und Gesellschaft, S. 227.
25 Ebd., S. 160.
26 Horkheimer und Adorno, Dialektik der Aufklärung (Mensch und Tier), S. 298.
27 Vgl. ebd., S. 13 ff.
28 Max Horkheimer, Zur Kritik der instrumentellen Vernunft, Frankfurt a. M. 1964, S. 94.
29 Dialektik der Aufklärung, S. 19 f.
30 Jules Michelet, Die Hexe, München 1974, S. 84.
31 Peter Bulthaupt, Zur gesellschaftlichen Funktion der Naturwissenschaften, Frankfurt a. M. 1973, S. 84.
32 Marcel Mauss, Soziologie und Anthropologie, I: Theorie der Magie, München 1974, S. 43.
33 Dialektik der Aufklärung, S. 27.

34 Marcel Mauss, Theorie der Magie, S. 62.
35 Ebd., S. 152.
36 Karl-Heinz Deschner, Das Kreuz mit der Kirche, Düsseldorf/Wien 1974, S. 25.
37 Marcel Mauss, Theorie der Magie, S. 62.
38 Max Scheler, Vom Umsturz der Werte, Bd. I, Leipzig 1923, S. 308.
39 Vgl. Robert von Ranke-Graves, Griechische Mythologie, Bd. I, Reinbek 1960, S. 13 ff.
40 Anton Mayer, Erdmutter und Hexe, München 1936, S. 46.
41 Vgl. Margaret A. Murray, The Witchcult in Western Europe, Oxford 1921.
42 Jules Michelet, Die Hexe, S. 19.
43 Vgl. Ingrid Strobl, Wir Hexen, in: Neues Forum, Mai/Juni 1976, Heft 269/270.
44 Vgl. Ernest Jones, Der Alptraum..., a. a. O.
45 Anton Mayer, Erdmutter und Hexe, S. 62 f.
46 Horkheimer und Adorno, Dialektik der Aufklärung, S. 133.
47 Marcel Mauss, Theorie der Magie, S. 173.
48 Jules Michelet, Die Hexe, S. 181.
49 Marcel Mauss, Theorie der Magie, S. 108.
50 Karl Marx, Die sogenannte ursprüngliche Akkumulation, in: Das Kapital, Bd. I, Berlin 1962, S. 761 f.
51 Vgl. Barrington Moore, Soziale Ursprünge von Diktatur und Demokratie, Frankfurt a. M. 1969.
52 Horkheimer und Adorno, Dialektik der Aufklärung, S. 299.
53 Karl-Heinz Haag, Philosophischer Idealismus, Frankfurt a. M. 1967, S. 16.
54 Roland Barthes, Vorwort zu: Jules Michelet, Die Hexe, S. 7.
55 Ebd., S. 8.
56 Vgl. Iwan Bloch, Die Prostituierte, Bd. II, Berlin 1912.
57 Vgl. Thomas Szasz, Die Fabrikation des Wahnsinns, Olten 1974.
58 Vgl. Jules Michelet, Die Hexe.
59 Iwan Bloch, Die Prostituierte, Bd. II, S. 111.
60 Catherine Clément, Hexe und Hysterikerin, in: Alternative, 19, H. 108/109, 1976, S. 151.
61 Ernst Bloch, Das Prinzip Hoffnung, Bd. I, S. 184.
62 Vgl. Walter Benjamin, Ursprung des deutschen Trauerspiels, in: Gesammelte Schriften I. 1.
63 Wolfgang Kemp, Ikonographische Studien zur Geschichte und Verbreitung einer Allegorie, Diss. Tübingen 1973, S. 18.
64 Ebd., S. 15.
65 Cecilia Rentmeister, Berufsverbot für Musen, in: Ästhetik und Kommunikation, Heft Nr. 25, September 1976.
66 Eduard Fuchs, Die Frau in der Karikatur, München 1906, S. 174 (zitiert nach C. Rentmeister).
67 Walter Benjamin, Ursprung des deutschen Trauerspiels, S. 358.
68 Johann Wolfgang Goethe, Werke, Bd. 4, Weimar 1910, S. 137.
69 J. Jacques Rousseau, Émile oder Über die Erziehung, Stuttgart 1970, S. 733.

70 Friedrich Schlegel, Lucinde, Frankfurt a. M. 1964, S. 61.
71 Novalis, Aufzeichnungen zu den Lehrlingen zu Sais, in: Werke und Briefe, München 1968, S. 139.
72 Die Lehrlinge zu Sais, S. 110.
73 Horkheimer und Adorno, Dialektik der Aufklärung, S. 97.
74 Ernst Bloch, Das Prinzip Hoffnung, Bd. I, S. 152.
75 Walter Benjamin, Johann Jakob Bachofen, in: Materialien zu Bachofen „Das Mutterrecht", Frankfurt a. M. 1975, S. 70.
76 Ernst Bloch, Das Prinzip Hoffnung, Bd. I, S. 70.
77 Ebd., S. 187.
78 Karin Schrader-Klebert, Die kulturelle Revolution der Frau, in: Kursbuch 17, Frankfurt a. M. 1969, S. 5.
79 Theodor W. Adorno, Prismen, Kulturkritik und Gesellschaft, Frankfurt a. M. 1955, S. 93.
80 Catherine Clément, Hexe und Hysterikerin, S. 154.
81 Karin Schrader-Klebert, Verbrechen und Ritual, in: Ästhetik und Gewalt, Gütersloh 1970, S. 120.
82 Ebd., S. 90.
83 UN-Report über die Verletzung der Menschenrechte in Chile, Dokumentation des Evangelischen Pressedienstes, Frankfurt a. M., Mai 1976 (eine von vielen gleich schrecklichen Aussagen): „Eine junge Frau berichtete, daß sie 30 Tage inhaftiert war, ausgezogen, auf den Boden geworfen und am ganzen Körper geschlagen wurde. Verschiedene Gegenstände wurden in ihre Geschlechtsteile gesteckt. Sie wurde dann angezogen zu anderen Gefolterten gebracht und weiter geschlagen; da sie nicht aufstehen konnte, schüttete man kaltes Wasser über sie und schlug sie nieder. Ihr wurde gesagt, daß sie erschossen werden würde. Sie wurde bewußtlos geschlagen, wiederbelebt, man verband ihre Augen, schlug sie und befragte sie erneut. Sie wurde mit anderen Frauen zusammen an einen Ort gebracht, wieder abgeholt, nackt ausgezogen, Elektroden wurden an ihren Brüsten befestigt, an ihren Ellenbogen, an den Geschlechtsteilen und bis hinunter zu den Füßen. Sehr junge Mädchen mußten zuschauen. Sie wurde auf einen Transport geschickt, erneut über Bomben und Waffen befragt und bis zur Bewußtlosigkeit gefoltert. Diese Zeugin brachte man mit einem Auto aus dem Gefängnis und warf sie auf die Straße. Sie ist deutlich sowohl geistig als auch körperlich geschädigt."
84 Horkheimer und Adorno, Dialektik der Aufklärung, S. 212.
85 Ebd., S. 213.

Monica Blöcker

Frauenzauber – Zauberfrauen

Femina fax Sathane, fetens rosa, dulce venenum,
Semper prona rei, quæ prohibetur ei.[1]

Daß die Frauen unter den Teufelsdienern eine besondere Rolle gespielt haben, ist allgemein bekannt. Man muß nur an die Zeit „der großen Hexenverfolgung“ und die Misogynie des *Hexenhammers* erinnern[2], um das Ausmaß ihrer Bedrohung anzudeuten. Ist es aber wirklich allein der abgründige Frauenhaß der zum Zölibat verpflichteten Inquisitoren, der diese an den Antisemitismus mahnende Verfemung einer bestimmten Menschengruppe erzeugte und über Jahrhunderte hinweg trug? Oder wird die Schuld bei bestimmten Kirchenmännern gesucht, um von einer drohenden Möglichkeit unserer christlich geprägten Kultur, die uns alle etwas angehen würde, abzulenken? Wirken bei der Einengung des Blickfeldes vielleicht sogar Mechanismen weiter, die den armen Frauen zum Verhängnis geworden sind? Eine genaue Untersuchung des Problemkreises im frühen Mittelalter, als sich das Netz der Verdächtigungen allmählich immer dichter zusammenzog und die Bestrafung von Sakrilegien immer grausamer wurde, soll die Frage klären helfen. Sie wird gleichzeitig neues Licht auf das Phänomen der Zauberei werfen, das noch heute eine Faszination ausübt, die ebenfalls zu analysieren wäre. Da jene Epoche sehr anschaulich dachte, bringen uns nicht abstrakte Erwägungen, sondern Erzählungen auf die richtige Spur.

Notker Balbulus schilderte in den *Gesta Karoli Magni,* einem Werk, das die Denkweise der ausgehenden Karolingerzeit ungemein lebendig zum Ausdruck bringt, unter den Bischofsgeschichten eine Verführung.[3] Ein Bischof von unvergleichlicher Heiligkeit habe in unvorsichtiger Selbstsicherheit, wie wenn er schon nichts mehr von dem weiblichen Geschlecht wüßte, jungen Nönnlein wie betagten Priestern erlaubt, wegen des Unterrichts in seiner Nähe zu weilen. Als er aber am Osterfeste nach dem Gottesdienst, den er bis nach Mitternacht hinauszog, Elsässer Sigolsheimer zu reichlich genossen und zusammen mit diesem sehr starken Falerner[4] das Antlitz und die buhlerischen Gebärden einer sehr schönen Frau allzu widerstandslos auf sich hatte wirken lassen, habe er sie, als sich die anderen zurückgezogen hatten, an sein Bett gerufen und sich mit ihr auf beklagenswerte Weise unzüchtig vergangen.

Das erbauliche Ende der Geschichte, auf das es dem Erzähler in erster Linie ankam, lassen wir weg, denn hier interessieren bloß Bild und Rolle der Frau. Notkers Botschaft ist klar: Vertrauter Umgang mit jungen Frauen, auch wenn sie das Keuschheitsgelübde abgelegt haben, ist gefährlich; sogar der heiligste Bischof kann in einem schwachen Moment ihrem Sex-Appeal erliegen.

Auf den theologischen Horizont verweist der St.Galler Mönch durch seine auffallende Formulierung des Themas.[5] Über die *„incauta securitas"*, die unvorsichtige Selbstsicherheit, und ihr Gegenteil, Furcht und Zittern vor Versuchung während des Erdenlebens, spricht Gregor der Große in den *Moralia in Job,* Buch 20, Kap. 2, 8[6] in einem mit Bibelzitaten untermauerten eindringlichen Diskurs.

Geschichten von betörenden Frauen, von Liebeszauber sind selbstverständlich, sogar noch heute, ein gängiges literarisches Motiv. Schon in den *Vitae patrum* gibt es Legenden, die mehr dem antiken Roman als exemplarischer Lebensbeschreibung verpflichtet sind.[7] Aber auch Topoi müssen nicht unbedingt Leerformeln sein, sondern können immer wieder verwendet werden, weil sie eine urtümliche Erfahrung beschreiben. Beim Frauenzauber bestätigt dies eine Bemerkung S. Freuds in einem Brief an C. G. Jung, der sich über eine Studentin, die ihn verführen wollte, beklagt hatte: „Das ‚großartigste' Naturschauspiel bietet die Fähigkeit dieser Frauen, alle erdenklichen psychischen Vollkommenheiten als Reize aufzubringen, bis sie ihren Zweck erreicht haben. Wenn das geschehen ist oder das Gegenteil gesichert, dann kann man über die veränderte Konstellation nur staunen."[8] Anpassungen an die Mentalität der Zeit zeigen, daß die Muster nicht als tote Versatzstücke betrachtet, sondern jeweils neu gestaltet worden sind.

Abb. 3: Weibliche Eitelkeit und Verführungskunst – ein Werk des Teufels (Holzschnitt v. 1498)

Die literarische Tradition, der er verpflichtet ist, hat Notker dem Kenner mit der Wendung *„incauta securitas"* signalisiert. In den *Dialogi*, der zweiten weitverbreiteten Schrift Gregors des Großen, ist ein gedankliches Vorbild für die Erzählung der *Gesta Karoli* zu finden.[9] Die Gestalt der Frau tritt dort zwar in den Hintergrund, und der Bischof wird vor dem Fehltritt bewahrt. Dafür führt der Kirchenvater in einem eindrücklichen Nachtstück vor Augen, daß die Verlockung das Werk der bösen Geister ist.

Bildhaft vergegenwärtigt wird die enge Verbindung der Verführerin mit dem Teufel dagegen in einer früheren Geschichte der *Dialoge,* bei einer Heimsuchung des heiligen Benedikt.[10] Die Szene war so berühmt, daß sie plastisch dargestellt worden ist.[11] Auf das warnende Auftreten eines kleinen schwarzen Vogels[12], einer Amsel, folgt die Anfechtung. Wörtlich heißt es: „Er hatte nämlich einmal eine Frau gesehen, die der böse Geist ihm nun vor die Augen seiner Seele führte. Mit einem so großen Feuer setzte der den Sinn des Gottesdieners bei ihrem Anblick in Brand, daß er die Liebesflamme in seiner Brust kaum fassen konnte und, durch die Lust bewegt, beinahe schon daran dachte, die Einöde zu verlassen."

Plötzlich dank der göttlichen Gnade wieder zur Besinnung gekommen, habe er sich nackt in Brennesseln und Dorngebüsch gestürzt, um seine Glut durch körperliche Schmerzen zu ersticken. Bei diesem jedem Benediktinermönch vertrauten Beispiel wird der Frauenzauber ausdrücklich als Teufelstrug angekündigt.

Die prägnante Urform des Motivs schuf Athanasios in der *Vita des heiligen Antonius.*[13] Nach mißlungenen Versuchen, den Eremiten auf schlechte Gedanken zu bringen, soll es der erbärmliche Teufel gar auf sich genommen haben, sich in der Nacht in eine Frau zu verwandeln und sie auf jede Weise zu imitieren, bloß um Antonius zu betören. Aber jener habe durch den Gedanken an Christus die Feuersglut gelöscht. Hier schlüpft der Böse selbst in die berückende Gestalt, da Verführungskünste offenbar etwas genuin Weibliches sind.

Gegenüber dem heiligen Pachomius, von dem ein ähnliches Erlebnis überliefert worden ist, äußerte die Schöne, sie habe von Gott die Erlaubnis erhalten, jeden, den sie wolle, zu versuchen. Als der Heilige sich erkundigte, wer sie sei, antwortete sie: „Ich bin die Kraft des Teufels und hülle die Sterblichen in das Dunkel todbringenden Verlangens ein."[14]

Beim Vergleich der vier Exempla fällt auf, daß die mönchischen Asketen das Blendwerk Satans durchschaut und ihm erfolgreich Widerstand geleistet haben, während Notkers Bischof „von unvergleichlicher Heiligkeit" der Versuchung erlegen ist. Auf weitere ähnliche Beispiele soll verzichtet werden.[15] Natürlich gab es auch männliche Verführer; vor allem Liebhaber von Nonnen wurden als besessen von einem *amoris daemon* oder als Teufelsdiener bezeichnet.[16] Frauenzauber – Zauberfrauen: Auf den ersten Blick scheint der Kern des Problems einfach zu sein. Die Ängste der Männer vor ihrer eigenen Willensschwäche riefen nach Abwehrmaßnahmen.[17] Um ihren Charme zu zerstören, wurden die Frauen verteufelt. Höllenphantasien machen immun gegen Liebeszauber. Wir haben keinen Grund, die suggestiven Bilder der kirchlichen Schriftsteller zu belächeln oder ihre ständige Wiederholung gar als eine Art von Gehirnwäsche zu verurteilen. Das mittelalterliche Vorgehen war harmlos im Vergleich zu den Desensibilisierungsmethoden der Behavioristen.[18]

Die psychologisierende Erklärung, so vertraut sie tönt, genügt jedoch nicht, um den Komplex zu erfassen. Weltanschauliche Momente, die mit Aussagen der Bibel begründet worden sind, soziokulturelle Differenzen zwischen der schreibenden Geistlichkeit und den Frauen, aber auch antifeministische Impulse, die handfesten Interessen entsprangen, müssen berücksichtigt werden. Das Material, das sich anbietet, beschränkt sich nicht auf Imaginationen; Realitäten werden sich bald in den Vordergrund drängen. An der vielschichtigen Erscheinung der Zauberin wird sichtbar werden, wie sich Wirklichkeit und Phantasie zu einer gefühlsbeladenen brisanten Vorstellung verschränkt haben. Zuerst soll das Phänomen der Betörung weiter analysiert werden. Hinter den berückenden Frauen taucht die archetypische Figur der verführten Verführerin, Eva, auf[19], die mittelalterlichen Autoren ständig präsent war.[20] Eva besitzt in der symbolischen Auslegung noch andere, auch positive Aspekte, die jedoch in diesem Zusammenhang kaum beachtet zu werden brauchen.[21] Nur die Gleichsetzung in übertragenem Sinne mit *caro*, Fleisch, gehört zu demselben Deutungsmuster.[22] Nach der Schöpfungsgeschichte, die in unserem Kulturkreis jedes Kind kennt, verleitet Eva auf Aufforderung der Schlange Adam zur Übertretung des Gebotes ihres Schöpfers. Die Vertreibung aus dem Paradies erklärt die Unvollkommenheit der Welt und die Beschwerlichkeit des Menschenlebens. Wer ist schuld daran? Mit aggressivem Pathos mahnt Tertullian die Frau in *De habitu muliebri,* daß sie als Evastochter die Pforte des Teufels, die Entsieglerin jenes Baumes, die erste Brecherin des göttlichen Gesetzes sei, und betont, ihr Verdienst sei der Tod, weswegen sogar der Sohn Gottes sterben mußte.[23] Kurz und bündig sagt Maximus von Turin in einer Predigt: Die Ursache allen Übels ist das Weib.[24] Die Formel fand Anklang; ihr Echo hallt durch die Jahrhunderte.[25] Mittelalterliches Denken war jedoch nie eindimensional. Sogar streng asketisch gesinnte Mönche konnten auf die Entlastung des Mannes verzichten. Odo von Cluny etwa rügte in den *Collationes* Adams Hinweis auf sein Weib als billige Ausrede.[26]

Schon früh und nicht nur in christlichen Kreisen, auch bei Philo von Alexandrien und bei den Gnostikern wurde die Sexualität direkt mit dem Sündenfall verknüpft.[27] Sexuelle

Begierde konnte als etwas für Männer höchst Bedrohliches, als Dämon Asmodaeus, der gebannt werden mußte, erfahren werden.[28] Augustinus führt im 14. Buch von *De civitate Dei* breit aus, daß die Libido eine Strafe für den Ungehorsam bilde.[29] Da die Wollust sich nicht willentlich lenken lasse, werde sie als beschämend empfunden.[30] Das Ausgeliefertsein an den Trieb irritierte den intellektuellen Mann, der Herr über sich selbst sein wollte. Durch Selbstbeherrschung glaubte er, den Zustand der Unschuld im Paradies wiedererlangen und die Welt mit ihrem Mangel, Elend und ihrer Not überwinden zu können. Die säkularisierte Ausprägung des Postulats rechtfertigt Herrschaft. Bezwingt der Mann sich selbst, kann er, als Herr mit seinem Knecht dialektisch verbunden, sich die Erde unterwerfen. Im Chor späterer Textzeugen sticht die Stimme des Fulgentius von Ruspe heraus, der keinen Zweifel mehr daran gelassen hat, daß durch die Libido bei der Zeugung die Erbsünde auf die Nachkommenschaft übertragen werde.[31] Gregor der Große stellte im *Libellus responsionum* Ehe und Kinderzeugung zwar als gottgewollt hin, die fleischliche Lust verurteilte er jedoch als Sünde.[32] Andere kirchliche Autoren wählten starke Metaphern, um ihr Publikum zu beeindrucken. Erzbischof Hinkmar von Reims hämmerte in seinem Gutachten *De divortio Lotharii et Tetbergae* ein, daß *„etiam ferreas mentes libido domat"*, und führte als Beispiele für ihre verderbliche Macht, die weder die Lumpen der Armen scheue noch den Purpur der Könige fürchte, den heiligen David, den weisen Salomo und den starken Simson an.[33] Landulf der Ältere ließ in einer Rede in der *Historia Mediolanensis* den heiligen Chrysanthus zitieren, der gesagt haben soll: „Die Wollust ist ein wildes Tier, das im Dickicht dieser Welt durch das Fleisch und den Teufel angestachelt wird, die Seelen zu verschlingen."[34] Die Lustfeindlichkeit des Klerus zeigt sich am deutlichsten in den häufigen Geboten zur Enthaltsamkeit – so etwa an Sonn- und Feiertagen, in der Fastenzeit und vor der Kommunion –, die Eheleuten auferlegt worden ist.[35] Wer sie übertrat, den traf göttliche Strafe.[36]

Nahe lag die Folgerung, Frauen nur positiv zu beurteilen, wenn sie ihre Geschlechtlichkeit völlig unterdrückten, ja verabscheuten oder höchstens passiv ihrem Mann gefällig waren. Ambrosius, der in seinem *Kommentar zu Lukas* ebenfalls davon ausging, daß *„peccatum a mulieribus coepit"*, räumte mit Hinweis auf das Vorbild Maria ein, daß Frauen, die ihre Weiblichkeit ablegen, auch Gutes bewirken können.[37] Das immense Schrifttum, das die Keuschheit propagierte, kann und braucht hier nicht detailliert aufgeführt zu werden.

Nicht nur der Sündenfall und die Vertreibung aus dem Paradies, auch noch andere biblische Geschichten erinnerten an die Gefährlichkeit verführerischer Frauen. Erwähnt soll nur noch weniges werden. Der rätselhafte Anfang des 6. Kapitels der Genesis, wo von der Verbindung der Söhne Gottes mit den Menschentöchtern erzählt wird, unterstrich die verderbliche Anziehungskraft weiblicher Schönheit.[38] Salomos Warnungen vor der fremden Frau, der Ehebrecherin, wurden gerne aufgegriffen.[39] Bei der christlichen Abwertung sinnlicher Liebe konnte das Hohelied mit seinem erotischen Frauenlob nur noch in spirituellem Sinne verstanden werden.[40] Sogar die in ihrer Naivität gewinnende Rede über die Macht der Frauen im 3. Buch Esra, das nicht zum Kanon gehört, aber trotzdem geschätzt worden ist, wurde als Warnung angeführt.[41]

Bei der Frage nach der Verbreitung der Frauenfeindlichkeit, die sich stellt, ist nicht zu vergessen, daß alle misogyn gefärbten Aussagen von Geistlichen stammen. Laien pflegten sich damals nicht schriftlich zu solchen Problemen zu äußern. Sie empfanden wohl noch anders. Wie der Gedanke an weibliche Sexualität auf sie wirken konnte, belegt etwa eine Anekdote Liudprands von Cremona. Auf die vehemente Bitte einer Frau, ihren gefangenen Gatten nicht, wie beschlossen, zu entmannen, reagierten die Krieger mit Gelächter, der Freilassung des unversehrten Mannes und der Rückgabe des geraubten Viehs.[42]

Den Gegenpol zu dem klerikalen Antifeminismus bildet die höfische Liebe mit ihrem Kult der *domina*.[43] Doch gab es schon früher, selten zwar, Liebesgedichte, die ohne jedes ängstliche Zögern zärtliche Hingabe ausdrückten.[44] In einer Handschrift aus der ersten Hälfte des 10. Jahrhunderts ist das innige Lied *„Deus amet puellam"* überliefert.[45] Zu den *Carmina Cantabrigiensia* gehören ebenfalls Liebeslieder, die jedoch in der Cambridger Handschrift bezeichnenderweise zum Teil von einem Zensor getilgt worden sind.[46] Die Intensität des Gefühls, die in dieser Lyrik[47] trotz vorgegebener Bilder zu spüren ist, macht die heftige Reaktion der zum Zölibat verpflichteten Geistlichen verständlich.

Notker läßt denn auch seinen heiligen Bischof straucheln. Hinter seiner Erzählung steckt wohl mehr, als der erste Eindruck vermittelt.[48] Wie ein dunkles Leitmotiv durchzieht die Beschuldigung hochgestellter Frauen, die sich politisch betätigten, sich mit ihrem Ratgeber, einem einflußreichen Adeligen oder Bischof sexuell eingelassen zu haben, die frühmittelalterliche Geschichte.[49] Es beginnt mit Fredegunde, der Merowingerkönigin, die nach dem *Liber historiae Francorum* ihren Mann ermorden ließ, weil er ihr Verhältnis mit dem Majordomus Landericus entdeckt hatte.[50] Gregor von Tours, der in der *Historia Francorum* Chilperich als den Nero und Herodes seiner Zeit bezeichnet und Fredegunde als Zauberin so schwarz wie möglich gemalt hat, kennt die Mär noch nicht. Er kolportiert bloß Gerüchte über ehebrecherische Beziehungen der Königin zu Bischof Berthram von Bordeaux, gibt eine Anklage nach der Ermordung Chilperichs, die ohne Folgen blieb, wieder und berichtet von einem Reinigungseid der Fredegunde, der beweisen sollte, daß ihr einziger überlebender Sohn vom König gezeugt worden sei.[51] Auch die schöne Welfin Judith, die zweite Gemahlin Kaiser Ludwigs des Frommen, wurde von erbitterten Feinden des Ehebruchs verdächtigt. Herzog Bernhard von Septimanien soll nicht nur das Bett seines Herrn entehrt, sondern ihn selbst dazu noch verzaubert haben.[52] In einem Scheidungsprozeß mußte Theutberga, die Gattin König Lothars II., gar gestehen, sie sei als Mädchen von ihrem Bruder, dem Kleriker Hukbert, zu perversem Geschlechtsverkehr gezwungen worden.[53] Richgardis, die Gemahlin Kaiser Karls III., für den Notker seine *Gesta Karoli* verfaßt hat, wurde im Jahre 887 angeklagt, zu intim mit Bischof Liutward von Vercelli verkehrt zu haben. Die Anklage führte zum Sturz des Erzkaplans, zur Scheidung und zum Eintritt der Kaiserin, die ihre Unschuld beteuert hatte, in ein Kloster.[54] Die Gattin Kaiser Arnulfs, Uota, wurde einer schändlichen Verbindung bezichtigt;[55] Emma, Gemahlin des westfränkischen Königs Lothar, der Unzucht mit Bischof Adalbero von Laon verdächtigt.[56] Ein Gottesurteil offenbarte, daß eine nahe Verwandte Ottos des Großen von einem Konrad, der sie als seine geheime Geliebte bezeichnet hatte, verleumdet worden war.[57] Wegen ihrer Freundschaft zu Bischof Abraham von Freising wurde Judith, die Witwe Herzog Heinrichs von Bayern, von bösen Zungen verunglimpft.[58] Sogar die heilige Kunegunde mußte nach der Legende ihre Jungfräulichkeit durch einen Gang über glühende Pflugscharen beweisen.[59] Die Reihe ließe sich fortsetzen.

In all diesen Fällen handelt es sich höchst wahrscheinlich um Verleumdungen. Die Beschuldigten wären sonst kaum mehr oder weniger ungeschoren davongekommen. Die üble Nachrede diente in erster Linie politischen Zwecken:[60] der Kaltstellung eigenwilliger Fürstinnen, dem Kampf gegen mächtige Höflinge, der Ermöglichung einer Scheidung oder der Ausschaltung von Erben. Die Aufnahme in eine Heiligenlegende deutet jedoch an, daß es kein kühl berechnetes Vorgehen war, sondern daß ein Knäuel ambivalenter Gefühle mitwirkten. Schon das biblische Muster, die Geschichte der Susanna, legt offen dar, wie rasch unerfüllte Liebe in Haß und falsche Anklagen umschlagen kann.[61]

Nicht immer waren die Frauen unschuldige Opfer böser Lästermäuler. Selbstbewußte Damen konnten die Initiative ergreifen und ihr Schicksal als Ehefrau selbst zu lenken versuchen. So hat etwa Bertha, die Tochter König Konrads von Burgund, nach dem Tode ihres Gatten, des mächtigen Grafen Odo von Blois, König Robert von Frankreich zu ihrem Beschützer gewählt, sich mit ihren Heiratsplänen an Gerbert von Aurillac, damals Erzbischof von Reims, gewandt und trotz des Widerstandes der Geistlichkeit die Eheschließung durchgesetzt.[62] Sie scheiterte an der Kinderlosigkeit dieser Verbindung.[63]

Allen Warnungen zum Trotz erlagen dem Frauenzauber auch Geistliche. Ekkehart IV. von St. Gallen berichtet etwa in den *Casus sancti Galli*[64] von einer Jugendsünde Bischof Salomons III. von Konstanz, eines Schülers und Freundes Notkers. Den Fehltritt, dem eine Tochter entsprang, sollen er und seine Geliebte stark bereut haben. Echte Reue ist ja bei Notker ebenfalls das einzige Mittel, um Vergebung für den Sündenfall zu erlangen.

Die Schuldgefühle konnten und sollten sich bei schweren Vergehen bis zum Wahn steigern, wie ein vieldeutiges Exempel aus Odos *Collationes* zeigt.[65] Der spätere Abt von Cluny führte als abschreckendes Beispiel gegen Luxuria, das Laster der Unzucht, an: „Ein gewisser Hukbert von Sens sah nachts zwei Frauen neben sich stehen. Da er wahrnahm, daß es nicht dieselben seien, die zu kommen pflegten, erkannte er, daß es Phantasiegebilde seien. Wer da war, eilte herbei; aber niemand außer ihm selbst sah die Frauen. Daher floh er in die Kirche, doch fand er auch sie voll von eingebildeten Frauen. Unter ihnen saß eine gleichsam als Königin. Sie befahl, ihn zu packen und auszupeitschen. Als er, nach dem Evangelienbuch greifend, sich bekreuzigen wollte und es nicht konnte, sagte sie: Es ist zu spät, du bist mir schon übergeben." Es läuteten die Glocken; die Nachbarn liefen herbei. Auf den Boden stürzend, wurde er gepeitscht, wobei er schreiend rief, was er sah, was er fühlte. Als dies geraume Zeit geschehen und die Phantasien geschwunden waren, sahen die, welche draußen standen, die abziehende Schar der Frauen über die Brücke schreiten. Jener starb wenig später. Odo fügte nach der Nennung seines Gewährsmannes einen verallgemeinernden Spruch an: „Wer also auch immer durch die süße Umarmung einer Dirne erfreut wird, reicht seiner Seele die Bitterkeit solchen Wermuts."

Der gelehrte Mönch kannte selbstverständlich die verschiedenen Varianten möglicher Verführung. Auch das Bild der rächenden Frauenschar mit ihrer Königin scheint der Tradition verhaftet zu sein. Um den Verfall der Religiosität anprangern zu können, hat Odo in den *Collationes*[66] eine Vision des heiligen Pachomius gekürzt nacherzählt. Der Teufel in Gestalt eines wunderschönen Weibes prophezeite dem Mönchsvater den Niedergang der Glaubensstärke seiner Nachfolger. Die Erscheinung, die sich selbst als *„virtus diaboli"* bezeichnet hat, charakterisierte sich in der Vorlage noch genauer, indem sie beifügte: „Und mir ist der ganze Schwarm der bösen Geister unterworfen."[67] Eine weibliche Herrin der Dämonen kennen also schon die *Vitae patrum*.[68] Ob der lasterhafte Hukbert in seinem Wahn ein überliefertes Hirngespinst als real erlebte oder ob Odo Bildungsgut einfließen ließ, muß offenbleiben.

Die Vorstellung von der Rache der Frauen ist jedoch nicht als bloße Männerphantasie abzutun. Bonifatius beschrieb in dem Mahnbrief an König Aethelbald von Mercien die Strafe der Sachsen für Hurerei.[69] Er schilderte ausführlich, wie bisweilen ein Trupp von Frauen die Schuldige auspeitschte und in einem grausamen Spießrutenlauf durch die Gegend jagte, bis sie tot oder halbtot zusammenbrach,

„um den übrigen Angst vor Ehebruch und Unzucht einzuflößen". Auch den schuldigen Mann konnte blutige Vergeltung treffen.[70]

Frauen, die zaubern

Noch unheimlicher machte die weibliche Anziehungskraft die Überzeugung, daß bei Verliebtheit Magie[71] im Spiel sein könne. Die Angst war begründet. Die Wirksamkeit magischer Praktiken paßte ins Weltbild mittelalterlicher Autoren; Zweifler blieben Ausnahmen.[72] Bischof Gerbald von Lüttich ordnete Anfang des 9. Jahrhunderts an, daß Frauen, die abtrieben oder zauberten, um von ihren Männern heißer geliebt zu werden, aufgespürt und vor ihn gebracht werden sollten.[73] Erzbischof Hinkmar von Reims beantwortete in der 15. *Interrogatio* von *„De divortio Lotharii et Tetbergae"* die Frage, ob es wahr sein könne, daß gewisse Frauen durch ihre Zauberei zwischen Ehegatten unversöhnlichen Haß oder unaussprechliche Liebe zwischen Mann und Frau erregen können, unter Verweis auf Teufelswerk positiv.[74] Er schilderte konkrete Fälle aus der Praxis von Exorzisten, deren Behandlungsmethode an die Psychoanalyse erinnert, brachte Belege aus den Kirchenvätern und gab als theoretischen Rahmen eine metaphysische Erklärung. Die „so ungeheuren, durch Magie vollbrachten Greuel teuflischen Wirkens" deutete er eschatologisch als Vorzeichen der nahen Ankunft des Antichrist.[75] Rather von Verona erwähnte in einer Predigt Leute, die sich durch Zauberei so gebunden fühlen, daß sie sich auf keine Weise zu einer Besserung aufzuschwingen vermögen.[76] Noch in der Mitte des 11. Jahrhunderts wandte sich Guiberts von Nogent Mutter anscheinend ohne Gewissensbisse an eine kundige alte Frau, um ihre durch böse Künste gestörte Ehe zu retten.[77] Aus der Zwischenzeit könnten noch zahlreiche weitere Einzelbeispiele über den Glauben an die Wirksamkeit der Zauberei und von Abwehrhandlungen Betroffener angeführt werden. Da sie jedoch nur zufällige Einblicke in die verfemte Unterwelt, in ein durch das Christentum vehement abgelehntes Brauchtum[78] gewähren, lassen wir sie vorläufig beiseite und wenden uns einer systematischen Sammlung zu.

Bischof Burchard von Worms hat mit einem Blick für bedeutungsvolle Details die gängigen Zauberpraktiken im Fragenkatalog für Gewissenserforschung durch den Bußpriester des *Corrector sive medicus* aufgezeichnet.[79] Am Schluß enthält der Katalog ein Paket spezieller Fragen für Frauen, was ihn für unser Thema besonders wertvoll macht. Der *Corrector* bildet das 19. Buch des Dekrets, der Kirchenrechtssammlung, die Burchard in den Jahren 1008–1012 geschaffen hat.[80] Bei der weiten Verbreitung und dem Einfluß der Sammlung[81] sind die normativen Bestimmungen des Sündenregisters als Moralkodex jener Übergangszeit zu betrachten. Die suggestiven Fragen konnten auch, um einen Gedanken von Pacianus von Barcelona oder eine These von Michel Foucault aufzugreifen, auf Unbekanntes aufmerksam machen und reizen, es auszuprobieren.[82] Ohne das Gewicht der Tradition, etwa der Beichtfragen in Reginos von Prüm Sendhandbuch[83], einer anderen Gesamtvorlage[84] oder einzelner übernommener Bußbestimmungen zu unterschätzen, lassen sich die *Interrogationes* in ihrer systematischen Gliederung doch als geistiges Produkt von Burchard bezeichnen. Der Bischof von Worms hat bei seiner Bearbeitung des Stoffes offensichtlich die realen Verhältnisse in seiner Umgebung berücksichtigt.[85] Auf die Vereinheitlichung des Materials hat er verzichtet, wie die unterschiedlichen Bußansätze für vergleichbare Vergehen belegen. Die konkrete Kasuistik ergibt ein ungemein lebendiges Bild der frühmittelalterlichen Unsitten im Rheinland.[86] Die zusätzlichen Fragen für Frauen sind, wie der einleitende Satz beweist[87], von Burchard bewußt separat dem

Hauptharst von 152 Fragen für beide Geschlechter angehängt worden. Der Bischof wollte an die Frauen nicht ungewöhnlich strenge Maßstäbe anlegen, sondern dem Bußpriester mit der Systematik die Aufgabe erleichtern.[88] Bei der Behandlung des Ehebruchs fällt sogar auf, daß er dieselben Sanktionen für Mann wie Frau vorgeschrieben hat.[89]

Was sind typisch weibliche Sünden? Zwei große Bereiche des Verbotenen, die sich teilweise überschneiden, Sexualität und Zauberei, schälen sich heraus. Von den 42 *Interrogationes* befassen sich fünf mit sexuellen Handlungen, die der Selbstbefriedigung dienen[90], eine mit Prostitution[91], sechs mit Empfängnisverhütung, Abtreibung und Kindermord[92]. Daran schließt sich eine nach Giftmord an.[93] Drei Fragen nach Vernachlässigung von Kindern, die zu deren Tod führt, berühren denselben Themenkreis.[94] Mit Zauberei – förderlichem oder schädlichem Liebeszauber[95], einem Stärkungstrank[96] und verschiedenartigen magischen Praktiken[97] –, mit einem heidnischen Brauch[98] und mit Aberglauben über das nächtliche Treiben von Hexen[99] beschäftigen sich insgesamt neunzehn Kapitel. Nach der Nichtbeachtung christlicher Vorschriften und Sitten wird dagegen nur siebenmal gefragt[100]; daß es sich um läßliche Sünden handelt, zeigen die geringen Strafen an. Um das Bild zu vervollständigen, müssen noch die verstreuten Stücke in dem vorangehenden Hauptteil einbezogen werden, in denen ausdrücklich Frauen angesprochen werden. Alle fünf betreffen ebenfalls das Gebiet des Aberglaubens und der Zauberei.[101]

Während bei den Frauen offensichtlich das Hauptgewicht auf magische Bräuche und Irrglauben gelegt wird, beziehen sich bei der ersten Gruppe von 152 Fragen an beide Geschlechter nur 28 Stück, d. h. etwa ein Fünftel, auf diesen Komplex.[102] Sie werden knapp übertroffen von der Anzahl der Artikel zu dem Thema Mord und Totschlag.[103] Mit 41 Nummern nimmt hier die Unzucht in allen möglichen Spielarten, innerhalb und außerhalb der Ehe, den größten Raum ein.[104]

Um den Sinn der Zauberpraktiken der Frauen, aber auch ihre Verteufelung[105] verstehen zu können, ist es notwendig, ihren Bereich, die angewandte Methode und die Wirkungsweise abzuklären. Eine magische Handlung dient jeweils einem bestimmten Zweck, der in den Fragen des Bußkatalogs meist klar angegeben wird. Die Zaubereien der Frauen bezweckten Erregung der Liebesglut beim eigenen Gatten oder Schwächung der Potenz eines Mannes[106], Stärkung des eigenen Mannes durch einen Trank[107], Beeinflussung des Gottesurteils, Raub von Milch und Honig beim Nachbarn, Schädigung von Küken, Ferkeln oder anderen Jungtieren beim Betreten irgendeines Hofes, Beeinträchtigung von Gesundheit und Leben eines Mitchristen, Abgewöhnen von Kindergeschrei, Verunmöglichung der Wiederkehr von Toten, Erzeugung von Regen[108] und Verwirrung oder Schutz von Webarbeiten[109]. Mit Ausnahme vielleicht der Störung des *iudicium Dei*[110] beziehen sich alle Maßnahmen auf den Lebensbereich einer Bäuerin. Beim Vergleich mit ungefähr gleichzeitigen angelsächsischen Beschwörungsformeln und Rezepten[111] fällt auf, daß weder Schwangerschaft noch Geburt berührt werden. War dieses Gebiet damals noch mehr oder weniger dem Einfluß des Klerus entzogen?

Liebe und Tod scheinen die beiden wichtigsten Sphären gewesen zu sein, auf die eine Frau mittels magischer Praktiken einwirken wollte, was den Gegebenheiten in anderen Kulturen entspricht.[112] Beide rufen starke Gefühle hervor – leidenschaftliche Zuneigung, aber auch Haß, Trauer und Angst –, die nach einem Ausdruck verlangen. Genau wie die Kommunikation mit den Toten scheint die Verständigung mit dem Sexualpartner nur indirekt möglich gewesen zu sein. Über Erotik konnte offenbar in einer Gesellschaft, die offiziell jegliche Lust als Sünde verurteilt hat, kaum gesprochen werden. Schon gar nicht durften Frauen ihre sexuellen Wünsche äußern.[113] Im Frühmittelalter halfen sie sich mit Zaubern. Bestätigen die vier positiven Liebeszauber die

These? Der Text lautet: „Hast du von dem Samen deines Mannes gekostet, damit er wegen deines teuflischen Tuns stärker in Liebe zu dir erglühe? Wenn du es getan hast, sollst du während sieben Jahren an den vorgeschriebenen Tagen Buße tun."[114] „Hast du getan, was gewisse Frauen zu tun pflegen? Sie nehmen einen lebendigen Fisch, stecken ihn in ihre Scheide und halten ihn da so lange, bis er tot ist. Nachdem sie den Fisch gekocht oder gebraten haben, geben sie ihn ihren Gatten zu essen. Sie tun es, damit sie um so stärker in Liebe zu ihnen erglühen. Wenn du es getan hast, sollst du während zwei Jahren an den vorgeschriebenen Tagen büßen".[115] „Hast du getan, was gewisse Frauen zu tun pflegen? Sie beugen sich nach vorn und befehlen, nachdem sie den Hintern entblößt haben, daß auf dem nackten Gesäß Brot zubereitet werde. Gebacken geben sie es ihren Gatten zu essen. Dies tun sie, damit sie um so stärker in Liebe zu ihnen erglühen. Wenn du es getan hast, sollst du während zwei Jahren an den vorgeschriebenen Tagen büßen."[116] „Hast du getan, was gewisse Frauen zu tun pflegen? Sie nehmen ihr Menstrualblut, mischen es unter Speise oder Trank und geben es ihren Männern zu essen oder zu trinken, damit sie mehr von ihnen geliebt werden. Wenn du es getan hast, sollst du während fünf Jahren an den vorgeschriebenen Tagen büßen."[117]

Kennzeichen aller vier Rezepte ist der Wille der Frauen, ihren Mann in sich verliebt zu machen, ihn zu erregen. Das Vorhaben setzten sie selbständig, ohne Hilfe einer professionellen Hexe, in die Tat um.[118] Die tradierten Gesten und Ingredienzien bestärkten durch die Kraft ihrer Symbolik die Überzeugung von einer objektiven Wirkung. Der Zauber besaß schon deshalb einen greifbaren Effekt, weil er der Akteurin durch rituelle Tätigkeit zur Entladung der aufgestauten Leidenschaften verhalf. Energien, die ungenutzt geblieben waren, konnten verströmen. Eingestimmt auf Liebe oder überzeugt vom Erfolg der Rache an einem treulosen

Mann, begegnete die Zauberin ihrem Geliebten mit neuem Selbstvertrauen, leuchtend in erotischem Hochgefühl. Sie erlebte die erwartete Reaktion, denn der Partner pflegt auf eine veränderte Einstellung entsprechend zu antworten.

Magie als Sprache. Schon Augustinus hat Mittel und Wege der Zauberer als Zeichensystem aufgefaßt, als Code zur Verständigung mit den bösen Geistern.[119] Die vier Liebeszauber legen nahe, daß es sich eher um ein Selbstgespräch oder um eine Rede unter Vertrauten handelt, denn Dämonen treten dabei nicht auf. Nicht einmal die dämonologisch geschulten Theologen wiesen auf Mittler hin. Die Frauen, „vom Teufel geritten", handelten selbständig und wirkten direkt. Obwohl in manchen Fällen das Einverständnis des eigenen Mannes benötigt wurde, bildete doch der Austausch der Erfahrungen unter ihresgleichen die Grundlage des gefürchteten Tuns.

Daß sich die Frauen bei solchen Praktiken gegenseitig halfen, legt nicht nur die komplizierte Herstellung aphrodisischer Brote nahe, sondern bezeugt auch eine Geschichte des Petrus Damiani. Als Einleitung zu einem Eucharistiewunder berichtete er von einer eifersüchtigen Frau, die ihren Mann des Ehebruchs verdächtigt habe. Sie habe bei einer Nachbarin Rat gesucht, wie sie ihn zurückgewinnen könne. Diese, nach dem Kirchenmann ein Höllenbraten, soll ihr geraten haben, bei der Kommunion die Hostie sorgsam zurückzubehalten, um sie später ihrem Gatten mit gewissen Zaubersprüchen darzureichen.[120]

Am eindrücklichsten tritt das gemeinsame Handeln der Frauen in der Schilderung des Regenzaubers hervor. Der vieldeutige Vorgang, der sowohl Historikern als auch Anthropologen und Volkskundlern Stoff geliefert hat[121], soll hier nur als Zeugnis für weibliche Zauberkunst angeführt werden: „Hast du getan, was gewisse Frauen zu tun pflegen? Wenn sie keinen Regen haben und ihn brauchten, versammeln sie mehrere Mädchen. Eine kleine Jungfrau stellen sie sich gleichsam als Führerin voran. Sie entkleiden sie und führen sie so entblößt aus dem Dorf hinaus an einen Ort, wo sie die Pflanze ‚jusquiamus', die auf deutsch Bilsenkraut heißt, finden.[122] Sie veranlassen die nackte Jungfrau, das Kraut mit dem kleinen Finger der rechten Hand auszurupfen. Nachdem es mit der Wurzel ausgerupft worden ist, lassen sie es mit einem Band an den kleinsten Zehen des rechten Fußes binden. Die Mädchen, von denen jedes eine Rute in den Händen hält, führen die Jungfrau, die das Kraut nachzieht, mit sich in den nächsten Fluß hinein. Mit ihren Ruten besprengen sie die Jungfrau mit Wasser. So hoffen sie, durch ihre Beschwörungen Regen zu bekommen. Danach führen sie die nackte Jungfrau, die ihre Schritte in der Art eines Krebses versetzt, sie an den Händen haltend, vom Fluß in das Dorf zurück. Wenn du es getan oder zugestimmt hast, sollst du zwanzig Tage bei Brot und Wasser büßen."[123]

Kleine Mädchen lernten hier in spielerisch-ernstem Ritual, daß sie zu den Frauen, die für Fruchtbarkeit zu sorgen hatten, gehörten. Daß *„unam parvulam virginem"*, wohl ein Mädchen vor der Pubertät, als Anführerin ausgewählt worden ist, deutet übrigens auf eine gewisse sexuelle Ungebundenheit der Dorfjugend hin. Zu beachten ist die Nennung des Bilsenkrauts, einer schmerzstillenden halluzinogenen Pflanze. Ihre starke Wirkung wurde offenbar als Zauber interpetiert. Sie erschien daher als geeignetes zusätzliches Mittel, um das Naturgeschehen zu beeinflussen.

Nicht immer vereinte eine Notgemeinschaft die Frauen eines Dorfes zum rituellen Prozedere. Schwere Spannungen und feindliche Gefühle sind hinter den verschiedenen Formen des Schadenzaubers oder des vorsorglichen Gegenzaubers zu erkennen. Konfliktlösung wird wiederum mit bedeutungsvollen Handlungen, nicht im Austausch von Worten gesucht. Was für eine verheerende Wirkung solche Praktiken auf Mitglieder eines eng zusammenlebenden Verbandes, in dem jeder ungewöhnliche Schritt, jede auffällige

Geste bekannt wurde, haben konnte, haben uns Ethnologen gelehrt.[124]

Vom Umgang mit bösen Geistern ist bloß in den *Interrogationes,* die sich mit dem Treiben der Nachtfahren, der Hexen, beschäftigen, direkt oder indirekt die Rede.[125] Auffallenderweise läßt Burchard in allen vier Fällen den Bußpriester nicht nach wirklichen Greueltaten, sondern nach dem Glauben an solche Vorkommnisse fragen und ihn mit Strafe belegen. Nach der aufklärerischen Tradition, der er folgt, liegen dem Aberglauben trügerische Traumbilder, die der Teufel den Frauen eingegeben habe, zugrunde. Gleichzeitig weisen die Anklage des nach rückwärts gerichteten Satansdienstes und die Namen der Göttin darauf hin, daß es sich bei dem Glauben an nächtliches Umhertreiben von Frauenscharen um Überreste von Heidentum handelt. Diese knappen Angaben sollen hier genügen, denn das komplexe Problem des sog. „*Canon episcopi*"[126] und seines Nachlebens erforderte eine eigene Untersuchung.

Im Guten wie im Bösen haben die Frauen, an die sich Burchards Fragenkatalog richtete, kritische Situationen selbst gemeistert. Die magischen Praktiken lassen sich in der Welt der Fehde als eine Form weiblicher Selbsthilfe charakterisieren, die mindestens so legitim war wie die zahllosen Fälschungen aller Art jener Epoche.[127] Ein probates Mittel, um eine Bindung zu festigen, hatten sie nötig, wie eine beiläufige Bemerkung Hinkmars von Reims über die häufigen Klagen von Frauen über Jünglinge, die ihnen die Treue versprochen und sie unter Hohngelächter verlassen hätten, belegt.[128] Unabhängigkeit kennzeichnet auch die verpönte sexuelle Aktivität der Frauen und ihre Geburtenregelung. Durch seine Verbote erstrebte der Klerus die allmähliche Christianisierung des Sexualverhaltens und ländlichen Brauchtums. Vor allem aber versuchte er, Einfluß auf den persönlichsten Bereich der Frauen zu gewinnen. Sein Ziel bedeutete Entmündigung des weiblichen Geschlechts, denn ausgeschaltet vom Lehramt, hatten die Frauen nichts zu den Regeln, nach denen sie leben sollten, zu sagen. Bezeichnend ist, daß so großes Gewicht auf die verschiedenen Arten von Liebeszauber gelegt worden ist. Erst wenn die lockenden Versucherinnen genau so wie die eigenen Triebe unter Kontrolle standen, fühlten sich die Männer in Sicherheit. Ihre eigenen Phantasien jedoch konnten sie nie ganz unterdrükken.

Um darzustellen, was für eine praktische Waffe solche Anschuldigungen sein konnten und welche Funktionen sie erfüllten, sollen zwei konkrete Beispiele, eine Affäre von höchster politischer Bedeutung aus der Karolingerzeit und eine Geschichte von faulem Zauber aus dem 11. Jahrhundert, analysiert werden. Bei der Bewertung des vielschichtigen Phänomens ist zu beachten, daß im frühen Mittelalter zwar unter anderem Zeichen beobachtet, Zauberrituale ausgeführt und Beschwörungen gemurmelt worden sind, daß aber nicht jede Beschuldigung auf Tatsachen beruhte.[129] Oft war der Ankläger sogar stärker an das magische Denken gebunden als der Angeklagte. Bei der zweideutigen Ausgangslage muß der Historiker fordern, daß jeder einzelne Fall genau geprüft und keine Pauschalurteile abgegeben werden. Auf der Hand liegt, daß unbegründete Hexereianklagen desto beliebter wurden, je weiter sich die Bevölkerung von der Kultur, in der die Zauberpraktiken wurzelten, entfernte. Die Praxis hatte sich gewandelt, war christianisiert[130] und zugleich aus etwas Vertrautem zu etwas Anrüchigem geworden. Ehrfurchtsvolle Scheu wie Angst vor direkter Vergeltung waren geschwunden. Höchst selten erwies sich eine solche Verdächtigung als Bumerang. Daß heftige Aggressionen, besonders gegen Frauen, dabei abreagiert worden sind, erkennt jeder, der einen Blick in den *Hexenhammer* wirft. Die Dämonologie, die mit großem intellektuellem Aufwand schon von den Kirchenvätern ausgearbeitet worden war[131], ergab ein tragendes theoretisches Fundament für die seltsamsten Verdächtigungen. Eingebaut war die dialektische Auflösung jedes Widerspruchs, so daß sogar die Schöpfer eines solchen Gerüchtes bald selbst daran glaubten.

Schwere Konflikte lösten im Frankenreich die Versuche der Kaiserin Judith aus, ihrem der Kinderstube entwachsenen Sohn Karl ein Herrschaftsgebiet zuweisen zu lassen[132], wodurch sie gleichzeitig die eigene Machtstellung und den Aufstieg ihrer Familie sicherte.[133] Die Opposition war vehement. Warnzeichen für den Kaiser enthalten schon die Akten der Synode von Paris vom 6. Juni 829[134], etwa zwei Monate, bevor mit Karls Ausstattung der Stein überhaupt ins Rollen kam.[135] Dort ist bei der Aufzählung von Missetaten der Bösen die Zauberei in den Mittelpunkt gerückt worden. Auffallenderweise erscheint als Wirkung der Liebestränke diesmal nicht Stärkung der Begierde, sondern Verwirrung der Sinne, so daß die Betroffenen von den meisten als verrückt angeschaut werden, während sie die eigene Schmach nicht fühlen.[136] Nun ist unbegreifliche Nachsicht seiner jungen Frau gegenüber der Kern aller Vorwürfe gegen Ludwig den Frommen. Nachlässigkeit im Erkennen des Bösen in seiner Umgebung warf ihm Agobard von Lyon in seinen Streitschriften aus dem Jahre 833 vor. Zwar dachte der kritische Bischof nicht an Magie, sondern wußte, daß die Verführungskünste der schönen Judith, *„quae totius mali causa erat“*, genügten, um dem Gemahl den Kopf zu verdrehen.[137] Mit der Behauptung, der Vater sei durch *„praestigia“* der Urteilskraft beraubt, gelang es nach dem Astronomus den Verschwörern, Pippin auf ihre Seite zu ziehen.[138] Von der späteren Schwarzmalerei des Paschasius Radbert im zweiten Buch des *Epitaphium Arsenii*, wo er die Pfalz zu Aachen als Hort aller nur erdenklichen Zauberkünste beschrieben und die Verblendung des Herrschers herausgestrichen hat, ganz zu schweigen.[139] Auf der Pariser Synode scheint der Boden für die Kampagne gegen die Kaiserin Judith vorbereitet worden zu sein. Nach der Ernennung des Markgrafen Bernhard von Septimanien zum Kämmerer[140] verdichteten sich die Gerüchte vom Ehebruch der attraktiven Fürstin. Sie stellten eine ernsthafte Bedrohung für das einflußreiche Zweigespann[141] dar. Judith konnte von den Aufständischen gezwungen werden, den Schleier zu nehmen und sich in das Kloster Sainte-Croix in Poitiers zurückzuziehen. Nachdem Ludwig der Fromme seine Macht wiedererlangt und die Gemahlin zurückgerufen hatte, mußte sie sich, wie der Astronomus berichtet, „*legali praescripto more*“ von den Vorwürfen reinigen.[142] Bernhard, der sich der Gefahr durch Flucht nach Barcelona entzogen hatte, war, um seine Ehre wiederherzustellen, zu einem Gottesurteil in einem Zweikampf bereit. Als niemand die Anklage vertreten wollte, leistete er ebenfalls einen Reinigungseid.[143] Die Vorrangstellung am Hofe aber hatte er endgültig verloren. Das Gerede von Zauberei hat mindestens ein Todesopfer in der Familie des Herzogs von Septimanien gefordert. Gerberga, die Schwester Bernhards, Nonne in Chalon-sur-Saône, wurde im Jahre 834, als die Stadt in Lothars Hände fiel, als Hexe im Fluß ertränkt.[144] Thegan macht die interessante Bemerkung, daß sie nach dem Urteil der Gattinnen von Lothars nichtswürdigen Ratgebern hingerichtet worden sei.

Weitaus am eindrücklichsten schilderte Paschasius Radbert, ein treuer Bewunderer Walas, des Hauptes der Reichseinheitspartei, anfangs der fünfziger Jahre das verruchte Treiben am Hofe.[145] Seine breit angelegte Zauberszene tönt viel zu literarisch, um ein genaues Abbild realer Vorgänge zu sein; sie läßt aber die Funktion solchen Horrors klar erkennen. Die Gegner wurden angeschwärzt, um die eigene Handlungsweise in um so hellerem Lichte erstrahlen zu lassen. Bei einem so unerhörten Unternehmen wie einem Aufstand der Söhne gegen den Vater, den gesalbten Herrscher, durfte es, sollte es moralisch verantwortet werden können, nicht nur um Besitzstandwahrung oder andere Machtfragen gehen, sondern es mußte das Wohl des Volkes und des Landes, der Bestand des Reiches auf dem Spiele stehen. Bezichtigung des Ehebruchs und Anklage auf Umsturz mit Hilfe von Zauberei hob die Auseinandersetzung von der politischen Bühne auf die höhere Ebene des Glaubens, was das Eingreifen der Geistlichkeit nicht nur entschuldigte, sondern ihr geradezu zur Pflicht machte. Gleichzeitig wurde durch das teuflische Blendwerk erklärt, warum der Kaiser seine Verirrung trotz des Zuspruchs der früheren geistlichen Berater nicht einsehen wollte, sie nicht einsehen konnte, warum er gegen seinen eigenen Willen gerettet werden mußte. Die Versammlung von Wahrsagerinnen und Hellsehern, von Traumdeutern und Zauberern jeder Art am Hofe rief das gefürchtete Kommen des Antichrist in Erinnerung.[146] Nun, da Schein und Sein sich nicht mehr deutlich unterscheiden lassen, ist die Zeit der letzten schweren Prüfung angebrochen. Wer gegen die Mächte der Finsternis ankämpft, wer die Pfalz von Buhlerei und Magie reinigt, ist auf alle Fälle gerechtfertigt. Daß es Paschasius Radbert in erster Linie um Rechtfertigung und um Unterdrückung aller Zweifel auch im eigenen Lager ging, zeigt die Aufforderung eines Gesprächspartners, noch genauer zu berichten, *„ut Arsenius noster magis excusabilis videatur"*.[147]

Wiederum, wie bei der Bußpraxis, hat sich herausgestellt, daß der Rückgriff auf Zauberei vor allem dem Klerus diente. Er gab ihm die Möglichkeit, einzugreifen, ein gewichtiges Wort mitzureden in Angelegenheiten, die nicht von vornherein zu seinem Einflußbereich gehörten. Entgegen kam ihm dabei die Empfänglichkeit der Laien für diese zwielichtigen Erscheinungen.[148]

Was hinter der skurrilen Geschichte steckt, die uns Landulf der Ältere, ein geschworener Gegner der Pataria, von Olivias Gaukelei nach der Ermordung Arialds, eines Anführers der Bewegung, im Jahre 1066 über dreißig Jahre später erzählt, ist leicht zu erraten.[149] Landulf wollte die mirakulöse Auffindung des Leichnams am Ufer des Tessin, die Andreas von Strumi in seiner *Vita Arialdi* ausführlich geschildert hatte[150], als falsches Wunder entlarven. Domna Olivia, die Nichte des Erzbischofs Wido[151], die am Lago Maggiore residierte, wurde daher bei ihm zu einer gelehrten Magierin, die sich „auf die Wissenschaft aller bösen Künste, vor allem aber der Beschwörungen“ stützte. Die freudige Nachricht von dem Erscheinen des Körpers Arialds in einem Boot, die nach Andreas im Morgengrauen durch das Lager der Mailänder lief, gestaltete Landulf um zu dem nächtlichen Ruf eines Trugbildes, den Olivia inszeniert hatte, um die Leichtgläubigen zu täuschen, so daß sie am Ufer des Tessin den halbverfaulten Leichnam einer Frau bargen.

Daß hinter dem gelungenen Täuschungsmanöver Satan selbst steckte, mußte Landulf nicht ausdrücklich sagen. Jedem kundigen Leser leuchtete das unmittelbar ein. Warum aber ließ er eine Frau als Zauberkünstlerin auftreten? Eine Grundherrin wie Olivia, die über Schergen verfügte und Priestern Befehle gab, hatte ihren angestammten Platz in der Gesellschaft verlassen und zog Haßgefühle auf sich. Ihre Dämonisierung, zu der Landulf wohl die Hexe von En-Dor inspirierte[152], gefiel Freund wie Feind.[153] Ein populäres Wunder war damals offenbar nicht durch rationale Argumentation zu widerlegen, sondern nur durch Verteufelung zu negieren.

Unabhängigen Frauen, die selbständig handelten, war zu mißtrauen. Sie boten sich dem Teufel in ihrer Einfalt als vornehmste Gehilfen geradezu an. Besonders gefährdet waren sie, wenn sie sich nicht dem Urteil geistlicher Berater unterwarfen. Von alters her wird den Frauen daher ein Hang zu Ketzereien und ein bedeutender Einfluß auf sie zugeschrieben. Ungemein eindrücklich schilderte etwa Rodulf Glaber Mitte des 11. Jahrhunderts das Auftreten der Burgherrin des Ketzernestes Monteforte mit einer Gefolgschaft schwärzester Gesellen.[154]

Die Vision der schwarzen Begleiterschar führt zurück ins Reich der Imagination. Gerade weil die Sexualität von der Geistlichkeit unterdrückt worden ist, traten in Phantasien und Träumen immer neue Gestalten weiblicher Verführungskunst auf. Sie wurden als Realitäten erlebt, da zwischen innerer Vorstellung und äußerer Wahrnehmung damals noch nicht so klar wie heute unterschieden worden ist. Umgekehrt wurden Phänomene der Außenwelt in übersinnlicher Form erfaßt.

Dem antiken Versuch der Entmythologisierung, dem Euhemerismus, schlossen sich die Kirchenväter an, da er in ihr Konzept der Bekämpfung des Heidentums paßte. Venus etwa wurde als mannstolle Kokotte entlarvt;[155] die Sirenen als gewöhnliche Dirnen, die durch die Süße ihres Gesanges Seeleute anlockten, hingestellt. Zugleich galten sie als Symbol der fleischlichen Lust.[156] Das bildhafte Denken ließ sich jedoch nicht mit gelehrten Erklärungsversuchen und Allegorien abtöten. Alte Figuren lebten in neuem Gewande wieder auf.

So registriert Burchard von Worms in den Beichtfragen den Glauben an Waldfrauen, körperliche Wesen, die sich, wenn sie wollen, ihren Liebhabern zeigen und sich mit ihnen ergötzen, und wiederum, wenn sie wollen, sich verbergen und verschwinden.[157] Durch das zweimalige *„quando voluerint"* wird die Initiative der Erscheinungen hervorgehoben. Den Feen verwandt[158], sind die *„agrestes feminae quas sylvaticas vocant"*[159], Ahnfrauen der Melusine, der rauhen Else und der Wanda, die später in Genealogien und Dichtungen herumgeistern.[160]

Doch hier interessiert nicht das Nach-, sondern das Vorleben der wilden Frauen. In einer spätmerowingischen Homilie wird der Glaube der Bauern an Frauen erwähnt, die Hexen seien und Kindern und Vieh schaden könnten, oder die Elfen oder Wassernixen oder Zauberfrauen *(geniscae)* seien.[161] Hinkmar von Reims vermischte Fabelwesen und lebende Menschen, als er in seinem Überblick über Zaubereien in *„De divortio Lotharii et Tetbergae"* auf *„a lamiis sive genichialibus feminis debilitati"*[162] aufmerksam machte. Der Name *lamiae* erinnert an antike Schreckgespenster[163]; mit den *„genichiales feminae"* meinte der Erzbischof wohl die *„geniscae"*, aber er benutzte unwillkürlich die damals übliche Bezeichnung für Mägde in den Frauenarbeitshäusern.[164] Die Wortwahl enthüllt den Wunsch, die sexuellen Beziehungen zu den Arbeiterinnen zu dämonisieren. Ein Abgrund tut sich auf, der an die späteren Hexenverfolgungen denken läßt. Das männliche Pendant, bei Hinkmar *dusii* genannt, verweist auf den zwiespältigen Glauben an *incubi,* der schon von Augustinus in *De civitate Dei* als erwiesen betrachtet und von Isidor von Sevilla in den *Etymologien* propagiert worden ist.[165] Jordanes hat gar in den *Getica* berichtet, daß die Hunnen nach einer alten Sage der Verbindung von Zauberinnen und unreinen Geistern entstammten.[166] Diese Art von Diffamierung entsprach also schon damals einem gängigen Denkmuster. Der Erzbischof von Reims sah in solchen Partnerschaften teuflische Einbildungen, die durch Exorzismen und katholische Gegengifte zu heilen seien.[167] Wenig später, um das Jahr 900, erscheint in einer hessischen Urkunde die Grenzbestimmung *„ad domum wildero wibo"*.[168]

Nach dem dritten der Ende des 10. Jahrhunderts aufgezeichneten Wunder des heiligen Swinthun erlebte ein Bürger von Winchester nach einem Mittagsschlaf im Freien drei Schwestern am Flußufer als rachesüchtige Dämonen. In ihrer Pechschwärze mahnten die beiden ersten, zwei Wassernixen, an Höllengeister. Als er sich mit ihnen nicht einlassen wollte, erschien die dritte, eine weißgekleidete Riesin, auf der Anhöhe. Der Fliehende wurde von einem von ihr ausgesandten Windstoß getroffen, der ihn umwarf und lähmte.[169]

Hinter der antiken Verkleidung der Erscheinungen als Furien spukt der Mittagsdämon herum.[170] Der Inhalt der Halluzination hat seine Bedeutung, habe die drohenden Frauengestalten nun der Bürger wahrgenommen oder erst der Hagiograph geschaffen. Ein christianisiertes Gegenstück bildet in der Vita des heiligen Egwin die Vision eines Schweinehirten, der in dem dichten Gestrüpp plötzlich eine strahlende Jungfrau mit einem Buch und mit zwei Begleiterinnen erblickt haben soll, was schließlich zur Gründung der Abtei Evesham führte.[171] In beiden Fällen deutet die Dreiheit auf die Abstammung der übersinnlichen Frauen von Feen hin.[172]

Die Begegnung mit lockenden Wesen der Wildnis, außerhalb der gesellschaftlichen Normen, konnte nach den Sittenwächtern nur Unheil bringen. Wer sich ihnen ergab, verlor seine Lebenskraft; wer Widerstand leistete, wurde mit Schmerzen geschlagen, beispielsweise von einem Hexenschuß getroffen. Bloß nach der Volkssage brachten die Zauberfrauen Glück, Reichtum und Kindersegen, freilich nur so lange ihre wahre Natur nicht entdeckt und bloßgestellt worden war.[173] Hatte der misogyne Prediger nicht recht, als er alles Übel in der Welt auf das Weib zurückführte? Von seinem Standpunkt aus sicher, denn Geistliche, die sich durch Triebverzicht für den Gottesdienst zu qualifizieren hatten,[174] deren privilegierte Stellung dadurch gerechtfertigt wurde, konnten nur ein negatives Verhältnis zu sinnlichen Frauen entwickeln. Zugleich erwies sich die Abwertung und strenge Regelung der Sexualität als ideale Waffe im Kampf um die Macht. Da die natürliche Neigung allen Ermahnungen zum Trotz immer wieder durchbrach, war ständig mit einem zumindest latenten Schuldbewußtsein zu rechnen. Daher konnten immer detailliertere Sündenbekenntnisse verlangt und alle Aphrodisiaka als Zaubermittel verketzert werden. Die allzu strenge Unterdrückung der Triebe rief jedoch Gegenkräfte hervor.[175]

Als erste begannen sich die Frauen zur Wehr zu setzen. Im *Ruodlieb*, dem originellen Versroman aus dem letzten Drittel des 11. Jahrhunderts[176], wendet sich die Ehebrecherin scharf gegen ihren Buhlen, der sich durch sie verlockt darstellen will, und ruft aus: „O Treulosester, warum lügst du so über mich? Du ahmst Adam nach, der die Schuld auf Eva abgeschoben hat."[177] Da die junge Frau trotz ihres Vergehens wegen der echten Reue und freiwilligen Buße, die sie auf sich nimmt, eine vorbildliche Figur ist, hat der Ausspruch positiven Wert. Ihre Rechtfertigung wird erkauft durch die Zerstörung der verführerischen Gestalt.

Gerade weil die Frauen nicht mehr bloß Lustobjekte, und zwar verbotene, oder Mütter und Arbeitskräfte waren, sondern sich zu artikulieren begannen, brachen die Gegensätze in aller Schärfe auf. Neben dem Minnesang breitete sich ein bissiger Antifeminismus aus[178], neben dem Schutz, den die Stadt den Wehrlosen, besonders den Frauen, verschaffte[179], kam es zur Verfolgung von Außenseitern, seien es nun Ketzer oder Hexen. Machtkampf war nicht nur die jahrzehntelange Auseinandersetzung zwischen Kaiser und Papst, sondern auch der Antagonismus zwischen dem Wunsch nach erfülltem Leben hier und jetzt und mönchischer Askeseforderung. Die Denkmuster des Frühmittelalters wirkten weiter, zuerst noch dominierend, später im verborgenen. Dank ihres Zaubers blieben die Frauen unberechenbar und ließen sich nie völlig beherrschen.

Anmerkungen

1 H. Walther, Proverbia Sententiaeque Latinitatis Medii Aevi, Göttingen 1963–1967, nr. 9049; vgl. Salimbene, Cronica, ed. O. Holder-Egger, MG SS 32, 1905–1913, p. 132 sq. und Anm. 7.

2 Zauberinnen werden schon in der Synode von Pavia des Jahres 850 als *„diaboli ministras"* bezeichnet: Synodus Papiensis 23, ed. A. Boretius/V. Krause, MG Capit. II, 1897, nr. 228, p. 122. Jakob Sprenger/Heinrich Institoris, Malleus Maleficarum, z. B. I, qu. 6, Frankfurt a. M. 1600, p. 90–104. – Vgl. etwa J. Hansen, Zauberwahn, Inquisition und Hexenprozeß im Mittelalter und die Entstehung der großen Hexenverfolgung, Hist. Bibliothek 12, München/Leipzig 1900; J. Caro Baroja, Die Hexen und ihre Welt, hg. von W.-E. Peuckert, Stuttgart 1967; N. Cohn, Europe's Inner Demons, London 1975, bes. p. 248 sqq.

3 Notker Balbulus, Gesta Karoli Magni I 22, ed. H. F. Haefele, MG SS rer. Germ., n.s. 12, 1962, p. 29–31. Zur Übersetzung vgl. R. Rau, Quellen zur karolingischen Reichsgeschichte, Bd. 3, Freiherr-vom-Stein-Gedächtnisausgabe, Darmstadt 1964, p. 355.

4 Vgl. Eph 5, 18: *Et nolite inebriari vino, in quo est luxuria*; aufgenommen beispielsweise im Poenitentiale Valicellanum I, ed. H. J. Schmitz, Die Bußbücher und die Bußdisciplin der Kirche, 2 Bde., 1883–1898, Nachdruck Graz 1958, I, p. 242 sq. Vgl. auch Hieronymus, Ep. 22 ad Eustochium 8, ed. I. Hilberg, CSEL 54, 1910, p. 154 sq.

5 Haefele, p. 29, Anm. 5; am Ende des Kapitels erwähnt der Autor nochmals die *„cautelam ... vane securitatis"*, ebd., p. 31.

6 PL 76, col. 139 sqq. Der Gedankengang wird im nächsten Kapitel fortgesetzt.

7 Vgl. etwa die Passio SS. Crysanthi et Dariae martyrum Romae I, 4–14, AA SS, Oct. t. XI, 1864, p. 471–476. Breit ausgemalt wurde das Motiv in der Vita des Eremiten Martinianus: AA SS, Febr. t. II, p. 666–671; dazu: Bibliotheca Sanctorum VIII (1967) s. v. Martiniano (R. Janin).

8 S. Freud – C. G. Jung, Briefwechsel, ed. W. McGuire/W. Sauerländer, Frankfurt a. M. 1974, p. 252 sqq.

9 Gregorius M., Dialogi III, 7, ed. U. Moricca, Fonti per la storia d'Italia, Roma 1924, p. 148–151; Th. Siegrist, Herrscherbild und Weltsicht bei Notker Balbulus, Diss. Zürich 1963, p. 43–45.

10 Gregorius M., Dialogi II, 2, ed. Moricca, p. 78 sq. Gesteigert ist das Muster im Reigentanz der sieben nackten Mädchen, wodurch der böse Florentius Benedikts Mönche auf Abwege, *„ad perversitatem libidinis"* führen wollte, ebd., II, 8, p. 92.

11 Ch. Frugoni, L'iconographie de la femme au cours des Xe-XIIe siècles, in: La femme dans la société des Xe-XIIIe siècles, Colloque à Poitiers 1976, CCM 20. (1977), p. 183: Auf einem Kapitell in Vézelay tragen Frau wie Teufel die Inschrift *„diabolus"*.

12 In Athanasios, Vita S. Antonii 6 PG 26, col. 849 sq., offenbart sich ein schwarzer Knabe als Geist der Unzucht. Schwarz ist auch die Farbe der Huren

und der gefallenen Jungfrauen in der Visio Pauli, § 38, 39, ed. E. Hennecke/W. Schneemelcher, Neutestamentliche Apokryphen in deutscher Übersetzung, Tübingen [3]1964, p. 556; lat. Texte, ed. Th. Silverstein, Visio Sancti Pauli, Studies and Documents IV, London 1935, p. 157, 174 sqq., dazu: p. 28, 41; Th. Silverstein, The Vision of Saint Paul: new links and pattern in the Western tradition, Archives d'histoire doctrinale et littéraire du moyen-âge 34 (1959), p. 231, 241, 245.

13 Athanasios, Vita St. Antonii 5: PG 26, col. 848; anonyme lat. Übersetzung, 5, 5, ed. G. J. M. Bartelink, Fondazione Lorenzo Valla 1974, p. 16. Zum *„transfigurare"* der anonymen Version vgl. 2 Kor 11, 14. Evagrius' Text, PL 73, col. 129CD, ist weniger genau. Wörtliche Anklänge finden sich in Vita Pachomii abbatis Tabennensis 9: PL 73, col. 235AB.

14 In der gekürzten Fassung des Odo von Cluny, Collationes II, 35: PL 133, col. 581 sq. Vorlage: Vita S. Pachomii abbatis Tabannensis 49: PL 73, col. 267–269.

15 C. H. Loomis, White Magic, An Introduction to the Folklore of Christian Legend, The Medieval Academy of America, Publ. 52, Cambridge/Mass. 1948, p. 77 und Anm. 140; H. Günter, Psychologie der Legende, Freiburg i. Br. 1949, p. 333 u. a.; K. Thraede, Frau als Versuchung und Gefahr, RAC VIII (1972) s. v. Frau, col. 258–260. In den Exemplasammlungen des Hoch- und Spätmittelalters gibt es Beispiele verschiedenster Art.

16 Hieronymus, Vita S. Hilaonis eremitae 21: PL 23, col. 39C. Bonifatius warnt König Aethelbald von Mercien, ep. 73, ed. M. Tangl, MG Epp. sel. 1, 1916, p. 150: „*... te ipsum per luxoriam servum maligno spiritui constituas*".

17 Was verständlich ist, wenn Mt 5, 28 ernst genommen wird. J. Leclercq, Un témoin de l'antiféminisme au moyen-âge, Revue bénédictine 80, 1970, p. 307. Vgl. W. Lederer, The Fear of Women, New York/London 1968.

18 J. L. Singer, Imagery and Daydream Methods in Psychotherapy and Behavior Modification, Personality and Psychopathology 14, Academic Press 1974, VI: Behavior Modification Uses of Imagery: Desensitization and Aversive Techniques, p. 123–148, vgl. p. 239 sqq.

19 Gen 3, 1–6; Eccli. 25; 2 Kor. 11, 13; 1 Tim 2, 14; aufgenommen etwa von Hieronymus, Adversus Jovinianum I, 27: PL 23, col. 260B. Allg.: K. Thraede, RAC VIII (1972) s.v. Frau, col. 256 sq.

20 Z. B. Paschasius Radbert, Epitaphium Arsenii II, ed. E. Dümmler, Abh. d. königl. Akad. d. Wiss. zu Berlin, Phil.-hist. Kl., 1900/II, p. 88: „*... mala et persuasio feminae, que primum decepit parentem*", oder Hinkmar von Reims, De divortio Lotharii et Tetbergae, Interrogatio XV, ed. Sirmond, p. 653: PL 125, col. 716D, oder Milo von St-Amand, *De sobrietate* 2, V, v. 212, ed. L. Traube, MG Poetae 3, 1896, p. 651, oder Odo von Cluny, Vita S. Geraldi Auriliacensis comitis I, 9: PL 133, col. 648AB.

21 Vgl. Isidor von Sevilla, Etymologiae VII, 6, 5–6. Alle anderen Deutungen, etwa Eva als Urmutter, als Präfiguration der Kirche, als Antityp Marias werden hier nur am Rande vermerkt. H. de Lubac, Exégèse médiévale II/2, Paris 1964, p. 138; E. Guldan, Eva und Maria. Eine Antithese als Bildmotiv, Graz/Köln 1966; H. Schade, Der „Traum Adams" – das „Große Geheimnis" (Ephes. 5,

32) von Liebe und Tod und die Erkenntnis des Guten und Bösen in der mittelalterlichen Kunst, in: Die Mächte des Guten und Bösen, ed. A. Zimmermann, Miscellanea Medievalia 11, Berlin/New York 1977, p. 453–488; vgl. F. Ohly, Schriften zur mittelalterlichen Bedeutungsforschung, Darmstadt 1977, p. 43, 322.

22 Augustinus, Enarrationes in psalmos XLVIII, s. I, 6, ed. E. Dekkers/I. Fraipont, CC SL 38, 1956, p. 556; Gregorius M., Libellus responsionum, nach Beda Venerabilis, Historia ecclesiastica gentis Anglorum I, 27, VIIII, ed. B. Colgrave/R. A. B. Mynors, Oxford Medieval Texts, Oxford 1969, p. 100; Gregorius M., Registrum epistolarum XI, 56a, VIIII, ed. L. M. Hartmann, MG Epp. 2, 1899, p. 343: „*Eva velut caro delectata est, Adam vero velut spiritus consensit*"; ders., Regula pastoralis III, 29: PL 77, col. 109B, übernommen beispielsweise von Hrabanus Maurus, In Genesim I, 15: PL 107, col. 491 AB.

23 Tertullianus, De cultu feminarum, La toilette des femmes I, 1, 1.2, ed. M. Turcan, Sources chrétiennes 173, 1971, p. 42–44.

24 Maximus Ep. Taurinensis, Sermo, La, 3, ed. A. Mutzenbecher, CC SL 23, 1962, p. 203: „*...quod est omnium malorum causa,... mulier*", vgl. auch Sermo LXXVI, 1, p. 317. – K. Thraede, RAC VIII (1972) s. v. Fau, col. 257.

25 Vgl. etwa Agobard von Lyon, Libri pro filiis et contra Iudith uxorem Ludovici pii, ed. G. Waitz, MG SS 15/1, 1887, p. 277. Oder beispielsweise das Gedicht „De victoria Amoris" mit der Anfangszeile „*Femina cunctorum caput est inventa malorum*", das Ende des 11. Jahrhunderts Marbod von Rennes zugeschickt worden ist: ed. W. Bulst, Carmina Leodiensia VII, Sitz.ber. d. Heidelberger Akad. d. Wissenschaften, Philos.-hist. Kl., 1975/1, Heidelberg 1975, p. 17.

26 I, 29: PL 133, col. 539B.

27 P. Browe, Beiträge zur Sexualethik des Mittelalters, Breslauer Studien zur hist. Theologie 23, Breslau 1932, p. 37 sq., 74, 134; LThK III, 1959, s. v. Erbsünde; J. Groß, Entstehungsgeschichte des Erbsündendogmas, Von der Bibel bis Augustinus, Geschichte des Erbsündendogmas 1, München/Basel 1960; H. Rondet, Le péché originel dans la tradition, Bull. de littérature ecclés. 66, 1965, p. 241–271; 67, 1966, p. 115–148; 68, 1967, p. 20–43; A. und W. Leibbrand, Formen des Eros 1: Vom antiken Mythos bis zum Hexenglauben, Orbis academicus, Sonderbd. 3/1, Freiburg i. Br. 1972, p. 462–594; J. Bugge, Virginitas: an Essay in the History of a Medieval Ideal, Archives internationales d'histoire des idées, s. m., 17, Den Haag 1975, p. 5–29.

28 Tob 3, 7–10; 6, 14–22; 8, 2 sqq.

29 Augustinus, De civitate Dei XIV, 16–26, ed. B. Dombart/A. Kalb, CC SL 48, 1955, p. 438–450; XIV, 23, p. 415: „*...libido..., quae peccato inoboedientiae retributa est...*"; ders., Enchiridion ad Laurentium de fide et spe et caritate VIII, 26, ed. E. Evans, CC SL 46, 1969, p. 63, wo er in dem gleichen Gedankengang schon die Erbsünde erwähnt.

30 Augustinus, De civitate Dei, ebd., bes. aber XIV, 17, ed. Dombart/Kalb, p. 439: *Merito huius libidinis maxime pudet, merito et ipsa membra, quae suo quodam, ut ita dixerim, iure, non omni modo ad arbitrium nostrum movet aut non movet, pudenda dicuntur, quod ante peccatum hominis non fuerunt"*; vgl.

De Genesi ad litteram XI, 32, ed. I. Zycha, CSEL 28, 1894, p. 366, zitiert von Beda Venerabilis, In Genesim I, 3, 7, ed. Ch.W. Jones, CCSL 118A, 1967, p. 62: „*Anima rationalis bestialem motum in membris suae carnis erubuit eique incussit pudorem, non solum quia hoc ibi sentiebat ubi numquam antea tale aliquid senserat, verum etiam quod ille pudendus motus de praecepti transgressione veniebat.*" Vgl. K. Thraede, Augustin-Texte aus dem Themenkreis „Frau", „Gesellschaft" und „Gleichheit" I, JAC 22, 1979, p. 70–97. Den Gegensatz zur Ratio betonte ähnlich noch Thomas von Aquin, vgl. Browe, Beiträge, p. 73 sq. und Anm. 153.

31 Fulgentius von Ruspe, De fide ad Petrum seu de regula fidei 16, ed. J. Fraipont, CC SL 91A, 1968, p. 721; Browe, Beiträge, p. 37 sq. und Anm. 10, p. 65. Allg.: J. Groß, Entwicklungsgeschichte des Erbsündendogmas im nachaugustinischen Altertum und in der Vorscholastik (5.–11. Jh.), Geschichte des Erbsündendogmas 2, München/Basel 1963.

32 Beda Venerabilis, Historia ecclesiastica I, 27, VIII, ed. Colgrave/Mynors, p. 88–98; Gregorius M., Registrum epistolarum XI, 56a, VIII, ed. Hartmann, p. 338–342. Der Gedanke ist vorgebildet in Tob 6, 22. Später z. B. Jonas von Orléans, De institutione laicali II, 1: PL 106, col. 167; Concilium Parisiense a. 829, III, 2 (69), ed. A. Werminghoff, MG Conc. II/2, 1908, p. 670 sq.; C. S. Lewis, The Allegory of Love, London [6]1951, arbeitete p. 14 sqq. heraus, daß im Mittelalter die sinnliche Liebe auch zur eigenen Gattin schuldig machte, und zitiert p. 15 Petrus Lombardus: „*omnis ardentior amator propriae uxoris adulter est*".

33 Interrogatio XIV: PL 125, col. 715C; die Sentenz bringt er schon in Interrogatio XII, ebd., col. 693D. Dahinter steckt wohl Hieronymus, vgl. ep. 22 ad Eustochium 29, 5, ed. Hilberg, p. 188.

34 Landulf Senior, Historia Mediolanensis III, 23, ed. A. Cutolo, RIS, n. e., t. IV/II, 1942, p. 110, wortwörtlich aus der Passio SS. Crysanthi et Dariae I, 6, AA SS, Oct. t. XI, p. 472, wo der Gedanke mit der Figur Josefs erläutert und die Metapher mehrmals verwendet wird, so auch abgewandelt: „*Libido enim erat bestia maligna, per quam contra eum diabolus et mulier luctabantur*". Odo von Cluny, Collationes II, 12: PL 133, col. 559C, schreibt die bildhafte Wendung wohl deshalb dem um seinen Sohn trauernden Patriarchen Jakob zu. Vgl. auch Walther, Proverbia, nr. 234, 12366a, 15146, 23743 u. a.

35 Dazu während der Menstruation und eine bestimmte Zeit vor und nach der Niederkunft. Vgl. z. B. Caesarius von Arles, Sermo XLIV: „*De castitate etiam cum uxoribus servanda…* ", ed. G. Morin, CC SL 103, 1953, p. 195–200; Browe, Beiträge, p. 36–79.

36 Caesarius, Sermo XLIV, 7, ed. Morin, p. 199: „*Nam qui uxorem suam in profluvio positam agnoverit, aut in die dominico aut in alia qualibet sollemnitate se continere noluerit, qui tunc concepti fuerint, aut leprosi aut epileptici aut forte etiam daemoniosi nascuntur. Denique quicumque leprosi sunt… maxime de rusticis, qui se continere non sapiunt, nasci solent*"; Browe, Beiträge, p. 47 sq., 77. Vgl. Anm. 63.

37 Ambrosius, Exp. Evang. sec. Lucam II, 28, ed. M. Adriaen, CC SL 14, 1957, p. 43.

38 Gen 6, 1–4; dazu Augustinus, De civitate Dei XV, 22–23, ed. Dombart/Kalb II, p. 487–492.

39 Spr 2, 16–22; 5, 3–8; 6, 24 sqq.; 9, 13–18 u. a.; vgl. Sir 7, 27–29. Schon von Hieronymus wurde Salomo als Kronzeuge gegen die unersättlichen Töchter des Teufels verwendet: Adversus Jovinianum I, 28: PL 23, col. 259 C–262 A.

40 F. Ohly, Hohelied-Studien, Schriften d. wiss. Ges. an d. J.-W.-Goethe-Universität Frankfurt a. M., Geisteswiss. Reihe, Nr. 1, Wiesbaden 1958.

41 3 Esra 4, 13 sqq., ed. R. Weber, Biblia sacra iuxta Vulgatam versionem 2, Stuttgart 1969, p. 1916 sq.: „*Si (homines) congregaverint aurum et argentum et omnem rem speciosam, et viderint mulierem unam bono habitu et bona specie, omnia haec relinquentes in eam intendunt et aperto ore conspiciunt, et eam eligunt magis quam aurum et argentum et omnem rem speciosam*...“ Vgl. LThK s. v. Esras; Ps.-Bernhard, Epistola, ed. Leclercq, Un témoin, p. 309.

42 Liudprand von Cremona, Antapodosis IV, 10, ed. J. Becker, MG SS rer. Germ., 1915, p. 108 sq. Vgl. auch den Schwank über die laszive Gattin: Modus Liebinc, Carmina Cantabrigiensia, ed. K. Strecker, MG SS rer. germ., 1926, ar. 14, p. 41–44.

43 Was für eine Herausforderung des Klerus mit seinen Kategorien von Schuld und Sühne sie bedeutete, erhellt die Gegenüberstellung beider Wertsysteme, vgl. unten. Den Sittenwandel beschrieb Guibert von Nogent in einem berühmten Passus, De vita sua I, 12, ed. G. Bourgin, Collection de textes, Paris 1907, p. 38 sq.; dazu: E.-R. Labande, L'art de Guibert de Nogent, in: Economies et sociétés au moyen-âge, Mélanges offerts à Edouard Perroy, Publ. de la Sorbonne, Série-Etudes 5, Paris 1973, p. 621 sq. Ähnlich schon Thietmar von Merseburg, Chronik VIII, 3, ed. R. Holtzmann, MG SS rer. Germ. n. s., 1935, p. 494–496. Allg.: Y. Lefèvre, La femme au moyen-âge en France dans la vie littéraire et spirituelle, in: Histoire mondiale de la femme, ed. P. Grimal, t. 2, Paris 1966, p. 79–134.

44 P. Dronke, Medieval Latin and the Rise of European Love-Lyric, 2 ts., Oxford 1965–66; J. Szövérffy, Weltliche Dichtungen des lateinischen Mittelalters, Ein Handbuch I, Berlin 1970, p. 39–55. Bedeutsam ist in dem Zusammenhang das Verbot, „winileodos“ zu schreiben und zu versenden, in dem Edikt vom 23. März 789, ed. A. Boretius, MG Capit. I, 1883, nr. 23 § 19, p. 63; dazu: Szövérffy, Weltliche Dichtungen I, p. 499 sq.

45 Ed. K. Strecker/N. Fickermann, MG Poetae V/2, 1939, p. 553; mit Übers. ed. H. Kusch, Einführung in das lat. Mittelalter, Bd. 1, Dichtung, Berlin 1957, p. 224 sq.; P. Dronke, Medieval Latin I, p. 264–271; Szövérffy, Weltliche Dichtungen I, p. 39 sq.

46 Carmina Cantabrigiensia, ed. K. Strecker, MG SS rer. Germ., 1926, nr. 27, p. 69–73; nr. 28, p. 74–77; nr. 39, p. 94 sq.; nr. 40, p. 95; nr. 48, p. 105–107; nr. 49, p. 107 sq. und „*Nam languens amore tuo*“, p. 42 im Anmerkungsapparat. Zur Tilgung der nr. 27, 28, 39 und 49 vgl. p. VIII und XXIII; Dronke, Medieval Latin I, p. 271–281, II, p. 353–356, 552.

47 Vgl. etwa noch aus dem 11. Jahrhundert „*Foebus abierat*“, ed. Dronke, Medieval Latin II, p. 334–341, dazu: P. Dronke, Learned Lyric and Popular Ballad in the Early Middle Ages, Studi Medievali, Serie terza 17 (1976), p. 1–40. Vgl. auch die fünf Amatoria der Carmina Leodiensia, ed. Bulst

(Anm. 25), p. 9, 13, 14 sq., 16 und 17. Gewisse erotische Zeilen von *„Aeole rex fortis"*, ed. Bulst, ebd., I, p. 9, sind ebenfalls beinahe unleserlich gemacht worden.

48 Vgl. die anregende Studie von H. Löwe, Das Karlsbuch Notkers von St. Gallen und sein zeitgeschichtlicher Hintergrund, SZG 20, 1970, p. 269–302.

49 Die folgende Zusammenstellung erhebt keinen Anspruch auf Vollständigkeit. Das Thema wäre eine eigene Untersuchung wert.

50 Liber historiae Francorum 35, ed. B. Krusch, MG SS rer. Merov. II, 1888, p. 302–304.

51 Gregor von Tours, Historia Francorum V, 47, ed. B. Krusch/W. Levison, MG SS rer. Merov. I/12, 1951, p. 257; VI, 46, ebd., p. 319 sq.; VII, 7, ebd., p. 329 sq.; VII, 14, ebd., p. 335; VII, 21, ebd., p. 339 sq.; VIII, 9, ebd., p. 376; X, 19, ebd., p. 510.

52 Agobard von Lyon, Libri pro filiis, ed. Waitz, p. 275–279; Paschasius Radbert, Epitaphium Arsenii II, 7–9 sqq., ed. Dümmler, p. 67–73 sqq.; Astronomus, Vita Hludowici imperatoris 44–46, ed. G. H. Pertz, MG SS 2, 1829, p. 632–634; vgl. auch Thegan, Vita Hludowici imperatoris 36–38, ed. Pertz, ebd., p. 597 sq.; Annales Bertiniani a. 831, ed. F. Grat/J. Vielliard/S. Clémencet, Société d'histoire de France, Paris 1964, p. 4; noch später, mit falschem Datum und undifferenziert: Regino von Prüm, Chronik, a. 838, ed. F. Kurze, MG SS rer. Germ., 1890, p. 74.

53 Acta de Theutberga regina emmissa, 860–865, ed. A. Boretius/V. Krause, MG Capit. II, 1897, p. 463–469; Hinkmar von Reims, De divortio Lotharii et Tetbergae: PL 125, col. 623–772; Annales Bertiniani, a. 860, ed. Grat/Vielliard/Clémencet, p. 82–84; vgl. auch Regino von Prüm, Chronik, a. 856, a. 864, ed. Kurze, p. 77, 80–82; J. Devisse, Hincmar, Archevêque de Reims, 845–882, Travaux d'histoire ethico-politique XXIX, Genève 1975–76, t. 1, p. 369–429, 439–453 u. a.; S. Konecny, Die Frauen des karolingischen Königshauses, Diss. Univ. Wien 132, Wien 1976, p. 103–117.

54 Regino von Prüm, Chronik, a. 887, ed. Kurze, p. 127; Konecny, Die Frauen, p. 147 sq.

55 Annales Fuldenses, a. 899, ed. F. Kurze, MG SS rer. Germ., 1891, p. 132; Konecny, Die Frauen, p. 148.

56 Richer, Historiae III, 66, ed. R. Latouche, Les classiques de l'histoire de France au moyen-âge, Paris 1937, t. 2, p. 80; Gerbert von Reims, ep. 31, 97, 98, ed. F. Weigle, MG, Die Briefe der deutschen Kaiserzeit 2, 1966, p. 54–57, 126 sq., 127 sq.; Adémar de Chabannes, Chronique III 30, ed. J. Chavanon, Collection de textes, Paris 1897, p. 150; R. T. Coolidge, Adalbero, Bishop of Laon, in: Studies in Medieval and Renaissance History II (1965), p. 4, 19–31, 33 sq., 37; Konecny, Die Frauen, p. 149 sq.

57 Adalbert spricht in der Continuatio Reginonis, a. 950, ed. Kurze, p. 164, von einer *„neptis"* des Königs; Thietmar von Merseburg, Chronik II, 39, ed. Holtzmann, p. 87 sq., schreibt die Geschichte Liutgard, Ottos Tochter aus erster Ehe, zu.

58 Thietmar von Merseburg, Chronik II, 41, ed. Holtzmann, p. 90.

59 Vita S. Cunegundis 2: PL 140, col. 207; Kanonisationsbulle Innozenz' III.

vom 3. April 1200: ebd., col. 221CD. Bibliotheca Sanctorum, s.v. Cunegonda, IV, 1964 (G. D. Gordini).
60 Konecny, Die Frauen, p. 97.
61 Dan 13, 1–64.
62 Richer, Historiae III, 108, ed. Latouche, t. 2, p. 328–330; J. Dhondt, Sept femmes et un trio de rois, Contributions à l'histoire économique et sociale III (1964–65), p. 41 sqq.; Lexikon des Mittelalters I, 1980, s.v. Bertha, 2 (K. F. Werner).
63 Petrus Damiani schreibt ihnen später in einer Exemplasammlung, ep. II, 15, 6: PL 145, col. 580CD, ein entenköpfiges Kind zu. Vgl. Ex historiae Francorum fragmento (v. anfangs des 12. Jhs.), RHGF X, 1760, p. 211. Mißgeburten als Strafe für unerlaubte sexuelle Beziehungen scheint ein gängiges Motiv gewesen zu sein: z. B. Odo, Collationes III, 21: PL 133, col. 605; Browe, Beiträge, p. 48, 77.
64 Ekkehart IV., Casus sancti Galli 29, ed. G. Meyer von Knonau, Mitt. z. vaterl. Geschichte, NF 5/6, St. Gallen 1877, p. 112–115. Notker selbst spielt in dem 6. Briefgedicht auf die Liebe an: ed. P. von Winterfeld, MG Poetae IV/1, 1899, p. 345; W. von den Steinen, Notker der Dichter und seine geistige Welt, Editionsband, 1948, p. 139. ders., Notkers des Dichters Formelbuch, SZG 25, 1945, p. 482 sq. – Vgl. auch etwa aus derselben Epoche die Anklage des Poltergeistes in den Annales Fuldenses, a. 858, ed. Kurze, p. 52, oder den Urteilsspruch der Synode von Douzy aus dem Jahre 874 wegen des Verhältnisses der Nonne Duda mit dem Priester Huntbert: Mansi, Sacrorum conciliorum ... collectio, t. 17, 1772, col. 288–298; C. J. von Hefele/H. Leclercq, Histoire des conciles IV/2, Paris 1911, p. 638 sq.
65 Odo von Cluny, Collationes III, 19: PL 133, col. 604 sq. Zu den Schuldgefühlen vgl. Odo, Collationes II, 26: ebd., col. 571 A.
66 II, 35: PL 133, col. 581 sq. Siehe Anm. 14.
67 Vita S. Pachomii 49: PL 73, col. 267: *„Ego sum diaboli virtus, et mihi est caterva daemonum tota subjecta."* Daß Odo in den weiblichen Rächerinnen böse Geister sieht, sagt er ausdrücklich Collationes III, 22: PL 133, col. 606C: *„Et hi quos per luxuriam daemoni traditos diximus"*, was sich auf den Ausspruch der Königin, III, 19: ebd., col. 604 D, bezieht.
68 In der Vita S. Symphoriani 3, AA SS, Aug. t. 4, p. 496 C, kommt eine mater daemonum Berecynthia vor. An anderer Stelle, 4, 8, ebd., p. 496 D, F, wird sie als dea mater bezeichnet. – Vgl. dazu den sog. *Canon episcopi*, erstmals verzeichnet in Regino von Prüm, De synodalibus causis II, 371, ed. F. G. A. Wasserschleben, Leipzig 1840, p. 354–356.
69 Bonifatius, ep. 73, ed. Tangl, p. 150.
70 Das eindrücklichste Beispiel, das ich kenne, stammt aus einer etwas späteren Zeit, aus der zweiten Hälfte des 12. Jahrhunderts. Genau wird es von G. Constable, Aelred of Rievaulx and the nun of Watton: an episode in the early history of the Gilbertine order, in: Medieval Women, ed. D. Baker, Studies in Church History, Subsidia 1, Oxford 1978, p. 205–226, untersucht. Nur glaube ich, daß bei dem Wutausbruch der Nonnen neben der Rache für die Entehrung (Constable, p. 217) auch die Angst um das Weiterbestehen ihrer Gemeinschaft eine Rolle gespielt hat.

71 Ausgewählte Literatur: W. Boudriot, Die altgermanische Religion in der amtlichen kirchlichen Literatur des Abendlandes vom 5. bis 11. Jahrhundert, Unters. z. allg. Religionsgesch. 2, Bonn 1928; E. Blum, Das staatliche und kirchliche Recht des Frankenreichs in seiner Stellung zum Dämonen-, Zauber- und Hexenwesen, Görres-Gesellschaft, Sektion f. Rechts- und Staatswiss. 72, Paderborn 1936; E. Kiessling, Zauberei in den germanischen Volksrechten, Beiträge z. mittelalterl., neueren und allg. Geschichte 17, Jena 1941; G. Storms, Anglo-Saxon Magic, The Hague 1948; H. Homann, Der Indiculus superstitionum et paganiarum und verwandte Denkmäler, Diss., Göttingen 1955; M. Th. D'Alverny, Survivance de la magie antique, in: Antike und Orient im Mittelalter, Miscellanea Medievalia 1, Berlin 1962, p. 154–178; J. B. Russell, Witchcraft in the Middle Ages, Ithaca/London 1972, p. 1–100; P. Riché, La Magie à l'époque carolingienne, in: Académie des inscriptions et belles lettres, comptes rendus, 1973, p. 127–138; R. Manselli, Simbolismo e magia nell'alto medioevo, in: Simboli e simbologia dell'alto medioevo, Settimana di studio 23, Spoleto 1976, p. 293–329; ders., Le premesse medioevali della caccia alle streghe, in: M. Romanello, La stregoneria in Europa (1450–1650), Bologna 1978, p. 39–62; D. Harmening, Superstitio, Überlieferungs- und theoriegeschichtliche Untersuchungen zur kirchlich-theologischen Aberglaubensliteratur des Mittelalters, Berlin 1979; M. Blöcker, Ein Zauberprozeß im Jahre 1028, SZG 29, 1979, p. 533–555. Vgl. auch oben Anm. 2 und unten Anm. 129. – Meinen Blick geschärft haben Werke großer Ethnologen wie E. E. Evans-Prischard und C. Lévi-Strauss, außerdem die Aufsätze der Sammelbände: Magie und Religion, Beiträge zu einer Theorie der Magie, ed. L. Petzoldt, Wege der Forschung 337, Darmstadt 1978; Magie, Die sozialwissenschaftliche Kontroverse über das Verstehen fremden Denkens, ed. H. G. Kippenberg/B. Luchesi, Suhrkamp Theorie, Frankfurt a. M. 1978. Anregend fand ich auch: J. Favret Saada, Die Wörter, der Zauber, der Tod. Der Hexenglaube im Hainland von Westfrankreich, Frankfurt a. M. 1979.

72 Das berühmteste Beispiel eines Zweiflers ist zu jener Zeit Agobard von Lyon, so im *Liber contra insulsam vulgi opinionem de grandine et tonitruis* 16, ed. L. van Acker, CC CM 52, 1981, p. 3–15.

73 Gerbald von Lüttich, 2. Statuten, 10, ed. C. de Clercq, La législation religieuse franque de Clovis à Charlemagne, Louvain/Paris 1936, p. 360: „*... mulieres quae ... aliquas divinationes faciunt propter hoc ut a maritis suis maiorem amorem habeant*". Schadenzauber von Frauen: Carta Senonica 22, ed. K. Zeumer, MG Formulae, 1886, p. 194 sq.

74 Ed. I. Sirmond, Hincmari archiepiscopi Remensis opera, t. 1, Paris 1645, p. 653–662: PL 125, col. 716–725. Devisse, Hincmar I, p. 377 sqq. – Vgl. auch Hrabanus Maurus, ep. 31, ed. E. Dümmler, MG Epp. 5, 1899, p. 460 sq., und Synodus Papiensis von 850, 23, ed. Boretius/Krause, p. 122. Siehe unten Anm. 136 und Anm. 161, 164, 166. – Den Liebeszauber eines Mannes beschreibt nach antikem Muster Anselm von Besate: K. Manitius, Magie und Rhetorik bei Anselm von Besate, DA 12, 1956, p. 52–72.

75 Ed. Sirmond, p. 655: PL 125, col. 718A. So auch Paschasius Radbert, Epitaphium Arsenii II, 9, ed. Dümmler, p. 72, später vor allem Adso von Montier-en-

Der, De ortu et tempore Antichristi, ed. D. Verhelst, CC CM 45, 1976, p. 24; dazu: H. D. Rauh, Das Bild des Antichrist im Mittelalter: Von Tyconius zum Deutschen Symbolismus, Beiträge z. Gesch. d. Philosophie u. Theologie des Mittelalters, NF. 9, Münster/Westf. 1979, p. 156 sq.

76 Rather von Verona, Sermo II de quadragesima, 22, ed. P. L. D. Reich, CC CM 46, 1976, p. 74: „... *qui novimus quosdam prava consuetudine, quosdam sacramento, quosdam etiam maleficiis aut quibusdam aliis, ut pretundunt, inevitabilibus causis ita obligatos, ut erigi ad emendationem nullo modo valeant*".

77 Guibert von Nogent, De vita sua I, 12, ed. Bourgin, p. 36–42.

78 Vgl. etwa die Konfrontation des Missionars Korbinian mit einer Heilerin in Arbeo, Vita Corbiniani episcopi 29, ed. B. Krusch, MG SS rer. Germ., 1920, p. 221 sq.

79 Burchard von Worms, Dekret XIX, 5: PL 140, col. 971–976; Schmitz, Die Bußbücher II, p. 442–452, unter dem Titel: Poenitentiale Ecclesiarum Germaniae. Beim Zitieren folge ich seiner Kapiteleinteilung. Auszugsweise übersetzt von C. Vogel, Le pécheur et la pénitence au moyen-âge, Paris 1969, p. 105–113.

80 Burchard von Worms, Dekret, PL 140, col. 537–1058. Ausgewählte neuere Literatur: Schmitz, Die Bußbücher I, p. 762 sqq.; II, p. 381 sqq.; P. Fournier, Etudes critiques sur le Décret de Burchard de Worms, Nouv. rev. hist. de droit fr. et étr. 34, 1910, p. 41–112, 213–221, 289–331, 564–584; ders., Le Décret de Buchard de Worms, RHE 12, 1911, p. 451–473, 670–694; P. Fournier/G. Le Bras, Histoire des collections canoniques en Occident, Paris 1931, I, p. 364–421; M. Kerner, Studien zum Dekret des Bischofs Burchard von Worms, Diss. TH Aachen 1969; H. Fuhrmann, Einfluß und Verbreitung der pseudoisidorischen Fälschungen, MG, Schriften 24, Stuttgart 1972–74, II, p. 442 sqq.; G. Fransen, Le Décret de Burchard de Worms, Valeur du texte de l'édition, ZSSRG, Kan. Abt. 94, 1977, p. 1–19.

81 Fournier, Le Décret, p. 687–694; Fournier/Le Bras, Histoire I, p. 414 sqq.; O. Meyer, Überlieferung und Verbreitung des Dekrets des Bischofs Burchard von Worms, ZSSRG, Kan. Abt. 24, 1935, p. 141–183; G. Fransen, Burchard de Worms: Quête de manuscrits, Traditio 26 (1970), p. 446 sq.; Fuhrmann, Einfluß und Verbreitung II, p. 450 sqq.; P. Brommer, Kurzformen des Dekrets Bischof Burchards von Worms, Jb. f. westdt. Landesgesch. 1, 1975, p. 23; M. Kerner/F. Kerff./P. Pokorny/K. G. Schon/H. Tills, Textidentifikation und Provenienzanalyse im Decretum Burchardi, in: Mélanges G. Fransen II, Studia Gratiana 20, 1976, p. 19 sq.

82 Pacianus, Paraenesis I, 2, 3, ed. L. R. Fernández, San Paciano, Obras, Biblioteca de Autores Barceloneses, Barcelona 1958, p. 136; ähnliche Bedenken äußern Theodulf von Orléans Statuta X (65), ed. de Clerq, La législation religieuse franque, p. 345, und Hinkmar von Reims, De divortio XV, ed. Sirmond, p. 655: PL 125, col. 718A; M. Foucault, Histoire de la sexualité, I: La volonté de savoir, Paris 1976. Vgl. Harmening, Superstitio, p. 13, 72 sq. Vermutlich hängt die Geheimhaltung der Bußbücher damit zusammen: Schmitz, Die Bußbücher I, p. 143.

83 De synodalibus causis I, 304, ed. Wasserschleben, p. 142–146; E. Diede-

rich, Das Dekret des Bischofs Burchard von Worms, Beiträge zur Geschichte seiner Quellen, Diss. Breslau 1908, p. 60–67, sieht hier keinen Einfluß von Regino; dagegen wendet sich mit Recht Fournier, Etudes critiques, p. 100 sq., 214 sqq.

84 Zu dieser Frage vertraten gegensätzliche Positionen: Schmitz, Die Bußbücher II, p. 385 sqq., der ein fertiges Buch als Burchards Quelle annahm, was er mit dem von den Ballerini übernommenen Titel „Poenitentiale Ecclesiarum Germaniae" in seiner Ausgabe unterstrichen hat, und Fournier, Etudes critiques, p. 213–221; ders., Le Décret, p. 689, Anm. 1; Fournier/Le Bras, Histoire I, p. 369 sq., 414; der darin ein geistiges Produkt Burchards sah. Vgl. weiter A. Garcia y Garcia, Canonistica Hispanica (II), Traditio 23, 1967, p. 504 sq.; Fuhrmann, Einfluß und Verbreitung II, p. 452, Anm. 75, weniger vorsichtig als Garcia y Garcia, neigte eher zu Schmitz, während C. Vogel, Les „Libri paenitentiales", Typologie des sources 27, Turnhout 1978, p. 88 sq., entschieden für Fournier eintrat.

85 In Burchards Beichtfragen ist meiner Ansicht nach nicht bloß mitgeschlepptes Traditionsgut zu sehen, sondern lebendige Wirklichkeit spiegelt sich darin. Fournier, Etudes critiques, p. 101; ders., Le Décret, p. 688 sq.; Fournier/Le Bras, Histoire I, p. 419 sq., zustimmend zitiert von Fuhrmann, Einfluß und Verbreitung II, p. 449 sq.; M. Hain, Burchard von Worms (–1025) und der Volksglaube seiner Zeit, Hess. Blätter für Volkskunde 47, 1956, p. 39–50; C. Vogel, Pratiques superstitieuses au début du XIe siècle d'après le Corrector sive medicus de Burchard, évêque de Worms (965–1025), in: Etudes de civilisation médiévale (IXe-XIIe), Mélanges René Labande, Poitiers o. J. (1975), p. 751–761.

86 Vgl. Diskussion nach R. Mansellis Vortrag über Vie familiale et éthique sexuelle dans les pénitentiels, in: Famille et parenté dans l'Occident médiéval, ed. G. Duby/J. Le Goff, Collection de l'Ecole franç. de Rome 30, Rome 1977, p. 379 sqq.

87 PL 140, col. 971 CD: *„Quamvis hae praedicatae interrogationes feminis et viris sint communes, tamen hae sequentes specialiter ad feminas pertinent."* Bei Schmitz, Die Bußbücher II, p. 442, nur als Textvariante aufgeführt.

88 Auch darin folgte er einer Tradition, die er ausbaute. Eine viel einfachere *„Inquisitio de mulieribus"* ist schon im Poenitentiale Casinense, ed. Schmitz, Die Bußbücher I, p. 411, zu finden; vgl. dazu ebd., I, p. 394.

89 XIX, 5, 44: PL 140, col. 958 AB; Schmitz, Die Bußbücher II, p. 419; Fournier, Le Décret, p. 685; Fournier/Le Bras, Histoire I, p. 412.

90 XIX, 5, 154–158: PL 140, col. 971 D–972 B; Schmitz, Die Bußbücher II, p. 443–444.

91 XIX, 5, 184: PL 140, col. 975 BC; Schmitz, Die Bußbücher II, p. 449 sq.

92 XIX, 5, 159–164: PL 140, col. 972 BC–973 A; Schmitz, Die Bußbücher II, p. 444–445.

93 XIX, 5, 165: PL 140, col. 973 A; Schmitz, Die Bußbücher II, p. 445.

94 XIX, 5, 174, 182, 183: PL 140, col. 974 B, 975 AB; Schmitz, Die Bußbücher II, p. 447, 449.

95 XIX, 5, 166, 172, 173, 176, 186, 193: PL 140, col. 973 AB, 974 AB, 974 C, 975 D, 976 BC; Schmitz, Die Bußbücher II, p. 445, 447, 448, 450, 451.

96 XIX, 5, 177: PL 140, col. 974C; Schmitz, Die Bußbücher II, p. 448.
97 XIX, 5, 167–169, 175, 179–181, 185, 194: PL 140, col. 973BC, 974BC, 974CD–975A, 975CD, 976CD; Schmitz, Die Bußbücher II, p. 445 sq., 447, 448 sq., 450, 452.
98 XIX, 5, 153: PL 140, col. 971D; Schmitz, Die Bußbücher II, p. 443.
99 XIX, 5, 170, 171: PL 140, col. 973CD–974A; Schmitz, Die Bußbücher II, p. 446 sq.
100 XIX, 5, 178, 187–192: PL 140, col. 974C, 975D–976B; Schmitz, Die Bußbücher II, p. 448, 450 sq.
101 XIX, 5, 64, 69, 70, 90, 96: PL 140, col. 961B, 961D – 962A, 963CD–964AB, 964D–965A; Schmitz, Die Bußbücher II, p. 424, 425, 429, 431 sq. – XIX, 5, 95: PL 140, col. 964D; Schmitz, Die Bußbücher II, p. 430, betrifft vermutlich auch in erster Linie Frauen.
102 XIX, 5, 60–70, 90–92, 94–99, 101–104, 149–152: PL 140, col. 960C–962A, 963CD–964BC, 964CD–965B, 965B–965D, 970D–971C; Schmitz, Die Bußbücher II, p. 422–425, 429 sq., 430–431, 431–432, 441–442 sq.
103 XIX, 5, 1–30: PL 140, col. 851C–856A; Schmitz, Die Bußbücher II, p. 409–415 sq.
104 XIX, 5, 41–57, 105–126, 133, 134: PL 140, col. 957D–960A, 965D–968D, 969B; Schmitz, Die Bußbücher II, p. 418–422, 432–437, 438 sq.
105 XIX, 5, 166: „*propter tua diabolica facta*"; XIX, 5, 175: „*diabolicis adimpletae disciplinis*"; XIX, 5, 180: „*instinctu diaboli*"; XIX, 5, 181: „*diaboli audacia repletae*" u. a.
106 Siehe oben Anm. 95. Allg. zum Liebeszauber noch: XIX, 5, 69: PL 140, col. 961 sq.; Schmitz, Die Bußbücher II, p. 425.
107 Siehe oben Anm. 96. Vgl. Regino von Prüm, De synodalibus causis II, 369, ed. Wasserschleben, p. 354. Wie eng Magie und Medizin in jener Zeit zusammenhingen, hebt hervor und veranschaulicht Storms, Anglo-Saxon Magic, passim, bes. p. 39; vgl. M. Blöcker, Zur Häresie im 11. Jahrhundert, SZK 73, 1979, p. 205 und Anm. 47.
108 Vgl. oben Anm. 97; dazu kommt noch XIX, 5, 96 (Anm. 101). Die Abwehr der Wiedergänger ist nur in XIX, 5, 180 ausdrücklich erwähnt. Bei den Begräbnisbräuchen von XIX, 5, 181 und 185 ist kein Zweck genannt; bei XIX, 25, 96 wird von „*quadam sanitate*" gesprochen. Zu den lebendigen Toten vgl. Thietmar von Merseburg, Chronik I, 11–13, ed. Holtzmann, p. 16–20.
109 XIX. 5, 64; vgl. Anm. 101.
110 Ist der Zauber beim Gottesurteil nur zufällig in das Paket von Fragen an Frauen geraten, etwa weil er bei Regino von Prüm, De synodalibus causis I, 304, ed. Wasserschleben, p. 145, in einer Interrogatio zusammen mit Empfängnisverhütung, versuchtem Giftmord und Liebeszauber steht? Im Toledaner Manuskript bildet er das letzte Stück; Garcia y Garcia, Canonistica Hispanica, p. 504. Vgl. Blöcker, Ein Zauberprozeß, p. 550 und Anm. 91.
111 Storms, Anglo-Saxon Magic, Nr. 10 (Against miscarriage), p. 196–203; Nr. 43 (The Sator formula, for childbirth), p. 281 sq.; Nr. 45 (For a woman big

ith child), p. 283. Vgl. auch R. Heim, Incantamenta magica graeca latina, Jahrbücher für class. Philologie 19. Suppl., 1893, p. 550, 553, 564.

112 Vgl. etwa L. Blau, Das altjüdische Zauberwesen, Budapest 1898, p. 18, 23–26, oder etwa J. Annequin, Recherches sur l'action magique et ses représentations (Ier et IIe siècles après J. C.), Centre de recherches d'histoire ancienne 8, Paris 1973, p. 88.

113 Was weit über das Mittelalter hinaus gültig blieb. Noch S. Freud hat in den „Bemerkungen über die Übertragungsliebe", Studienausgabe, Ergänzungsband, Frankfurt a. M. 1975, p. 217–230, betont, daß nicht das grobsinnliche Verlangen der Patientin die Versuchung darstelle. „Dies wirkt ja eher abstoßend und ruft alle Toleranz auf, um es als natürliches Phänomen gelten zu lassen", schreibt er.

114 XIX, 5, 166: PL 140, col. 973AB; Schmitz, Die Bußbücher II, p. 445; übers. von Vogel, Le pécheur, p. 107. – Alter Brauch. U. a. schon mit gleicher Strafe aufgeführt bei Regino von Prüm, De synodalibus causis I, 304, ed. Wasserschleben, p. 145; Poenitentiale Valicellanum I, 90, ed. Schmitz, Die Bußbücher I, p. 314. Vgl. auch Regino, De synodalibus causis II, 369, 370, ed. Wasserschleben, p. 354, und Burchard, Dekret XIX, 152: PL 140, col. 1012 sq. – Nach einer interessanten Variante des St. Galler Textes (9. Jh.) der Visio Pauli, ed. Silverstein, p. 141, leiden aufgehängt in der Hölle Männer und Frauen, die *„comedentes propter viros proprios et propter sua virilia (sic!); et ideo indeficienter persoluunt propriam penam"*.

115 XIX, 5, 172: PL 140, col. 974 A; Schmitz, Die Bußbücher II, p. 447; übers. von Vogel, Le pécheur, p. 108; von dems., Pratiques superstitieuses, p. 755. – Fisch als Aphrodisiakum: A. Abt, Die Apologie des Apuleius von Madaura und die antike Zauberei, Religionsgesch. Versuche und Vorarbeiten IV/2, Gießen 1908, p. 66–70, mit Zitat von Burchard; HDA II, 1929/30, s.v. Fisch. bes. col. 1537; RAC VII (1969) s.v., bes. col. 1011–1013: Fisch im antiken Zauberwesen (J. Engemann); Manselli, Simbolismo e magia, p. 308.

116 XIX, 5, 173: PL 140, col. 974AB; Schmitz, Die Bußbücher II, p. 447; übers. von Vogel, Le pécheur, p. 108; ders., Pratiques superstitieuses, p. 755; Manselli, Simbolismo e magia, p. 309 sq.

117 XIX, 5, 176: PL 140, col. 974C; Schmitz, Die Bußbücher II, p. 448; übers. von Vogel, Le pécheur, p. 109; ders., Pratiques superstitieuses, p. 756 mit Anm. 9. – Regino von Prüm, De synodalibus causis II, 369, ed. Wasserschleben, p. 354; „De menstruo sanguine" zitiert richtig „abanus ad Heribaldum" (vgl. Hrabanus Maurus, ep. 56, cap. 30, ed. E. Dümmler, MG Epp. V, 1899, p. 512 sq.); Burchard, Dekret XIX, 152: PL 140, col 1012 sq., mit falscher Herkunftsangabe; Browe, Beiträge, p. 1; Manselli, Simbolismo e magia, p. 309. – Menstrualblut als Liebeszauber ist noch anfangs des 14. Jahrhunderts als Volksbrauch bezeugt: E. Le Roy Ladurie, Montaillou, village occitan de 1294 à 1324, Paris 1975, pp. 62, 275.

118 Dagegen ist es in Finnians Bußbuch aus dem 6. Jahrhundert, c. 19 (ed. L. Bieler, The Irish Penitentials, Scriptores Latini Hiberniae 5, Dublin 1963, p. 78), nicht klar, ob ein zaubernder Kleriker oder eine Hexe einen Zauber (trank) *„pro inlecebroso amore"* verabreicht. Einem Heiltrank

gleicht das Mittel gegen Impotenz mit Zauberspruch, vom Mann selbst angewendet, in cod. St. Gallen 751 (9. Jh.), ed. Heim, Incantamenta magica, p. 563.
119 Augustinus, De doctrina christiana II, 74–95, ed. G. M. Green, CSEL 80, 1963, p. 55–61. Zur antiken Tradition vgl. Abt, Die Apologie des Apuleius von Madaura, p. 44 sqq.; RE, s.v. Mageia, col. 343 sq.; Lexikon des Mittelalters, s.v. Aberglauben (D. Harmening). Genau analysiert von Harmening, Superstitio, p. 110, 116 sq., 236, 298, 303–308 sqq., 318.
120 „Verchristlichung“ des Liebeszaubers! Blasphemie! Eine folgenschwere Entwicklung kündet sich hier an. – Petrus Damiani, Ep. II, 15: PL 145, col. 572 sq.; P. Browe, Die Eucharistie als Zaubermittel im Mittelalter, Archiv für Kulturgeschichte 20 (1930), p. 134–137; ders., Die eucharistischen Wunder des Mittelalters, Breslauer Studien zur hist. Theologie, NF. 4, Breslau 1938, p. 119.
121 J. Grimm, Deutsche Mythologie, 4. Ausg. v. E. H. Meyer, 3 Bde., Berlin 1875–1878, I, p. 493 sq., II, p. 1002; W. Mannhardt, Der Baumkultus der Germanen und ihrer Nachbarstämme, Wald und Feldkulte I, Berlin 1875, p. 327 sqq., bes. p. 330 sq.; A. Franz, Die kirchlichen Benediktionen im Mittelalter, Freiburg i. Br. 1909, II, p. 17 sq.; G. Gesemann, Regenzauber in Deutschland, Diss. Braunschweig 1913, p. 10–22; J. A. Mac Culloch, Medieval Faith and Fable, London 1932, p. 23; J. T. McNeill, Folk-Paganism in the Penitentials, The Journal of Religion 13, 1933, p. 465; HDA VII (1935/36) s.v. Regen, col. 581 sq.; A. Runeberg , Witches, Demons and Fertility Magic, Analysis of their Significance and Mutual Relations in West-European Folk Religion, Societas Scientiarum Fennica, Comm. Humanarum Litt. XIV/4, Helsingfors 1947, p. 190; Hain, Burchard von Worms, p. 44; Manselli, Simbolismo e magia, p. 314 sq., mit Anm. 34; A. J. Gurjewitsch, Das Weltbild des mittelalterlichen Menschen, Dresden 1978, p. 379 sq.; Harmening, Superstitio, p. 218.
122 RE, 17. Hbbd., 1914, s.v. [griech.] (Stadler); HDA I, 1927, s.v. Bilsenkraut (Marzell); A. Delatte, Herbarius, Recherches sur le cérémonial usité chez les anciens pour la cueillette des simples et des plantes magiques, 3e éd., Acad. Royale de Belgique, Classe de lettres, mémoires LIV/4, Bruxelles 1961, p. 77, 78 sq., 180; RGA, 2. Aufl., III, 1978, s.v. Bilsenkraut; R. E. Schulthes/A. Hofmann, Pflanzen der Götter, Bern 1980, p. 13, 26, 45, 66 sq., 86–88.
123 XIX, 5, 194: PL 140, col. 976CD; Schmitz, Die Bußbücher II, p. 452; übers. von Vogel, Le pécheur, p. 112 sq.; ders., Pratiques superstitieuses, p. 757 sq. mit Anm. 13. Volkskundliche Zeugnisse: N. Kuret, Frauenbünde und maskierte Frauen mit besonderer Berücksichtigung des südslawischen Raumes, Schweiz. Archiv f. Volkskunde 68/69 (1972/73), p. 346 sq.: Brauch der „Regenmädchen“.
124 Literaturhinweise oben Anm. 71. Vgl. auch C. Lévi-Strauss, Strukturale Anthropologie, Frankfurt a. M. 1967, 9. Kap.: Der Zauberer und seine Magie, p. 183 sqq.
125 Ausführlichstes Stück: XIX, 5, 90: PL 140, col. 963 sq.; Schmitz, Die Bußbücher II, p. 429, gekürzte Fassung des *Canon episcopi* (vgl. Anm. 126), XIX, 5, 70: PL 140, col. 962A; Schmitz, Die Bußbücher II, p. 425; XIX, 5, 170 und 171: PL 140, col. 973 sq.; Schmitz, Die Bußbücher II, p. 446 sq. Vogel, Pratiques superstitieuses, p. 753–755.

126 Erster Textzeuge des *Canon episcopi* ist Regino von Prüm, De synodalibus causis II, 371, ed. Wasserschleben, p. 354–356. Initia canonum, ed. M. Fornasari, MIE, Subsidia I, Firenze 1972, I, E/337, p. 33. Burchard hat Reginos Text mit geringfügigen Änderungen in Dekret X, 1: PL 140, col. 831–833, gebracht; vgl. auch X, 29 (2. Teil): PL 140, col. 837BC; weitere Stellen oben Anm. 125.

127 H. Fuhrmann, Über Fälschungen im Mittelalter, in: Einfluß und Verbreitung (wie Anm. 80) I, p. 64–136.

128 Hinkmar von Reims, De divortio Lotharii et Tetbergae, Interrogatio XIV: PL 125, col. 715C: „*... et ad nos saepe feminae veniunt, reclamantes, quod juvenculi eis suam fidem promiserint, easque derisas reliquerint*".

129 N. Cohn, Europe's Inner Demons (Anm. 2); Blöcker, Ein Zauberprozeß im Jahre 1028 (Anm. 71).

130 Vgl. oben Anm. 120.

131 LThK III, 1959, s.v. Dämonologie (K. Rahner); RAC IX (1976) s.v. Geister: C. Christlich, I. Neues Testament, col. 688–700 (E. Schweizer); II. Griech. Väter, col. 700–715 (A. Kallis); III. Apologeten und lat. Väter, col. 715–761 (P. G. van der Nat); IV. Volksglaube, col. 761–797 (C. D. G. Müller).

132 B. Simson, Jahrbücher des fränkischen Reiches unter Ludwig dem Frommen, 2 Bde., Leipzig 1874–76, I, p. 325 sqq.; L. Halphen, Charlemagne et l'Empire carolingien, L'Evolution de l'Humanité 33, Paris 1947, p. 269 sqq.; Fichtenau, Das karolingische Imperium, p. 252 sqq.; F. L. Ganshof, Am Vorabend der ersten Krise der Regierung Ludwigs des Frommen. Die Jahre 828 und 829, Frühmittelalterliche Studien 6 (1972), p. 39–54; Konecny, Die Frauen, p. 97 sq.; K. Bund, Thronsturz und Herrscherabsetzung im Frühmittelalter, Bonner hist. Forschungen, Bonn 1979, p. 398–405 sqq.

133 P. Stafford, Sons and mothers: family politics in the early middle ages, in: Medieval Women, ed. D. Baker, Studies in Church History, Subsidia 1, Oxford 1978, p. 79–100 über Judith, p. 88 sq.

134 Concilium Parisiense, a. 829, III, c. 2 (69), ed. Werminghoff, MG Conc. II/2, p. 669; wortwörtlich wiederholt in der „Episcoporum ad Hludowicum imperatorem relatio" vom August 829, c. 54 (Mitte), MG Capit. II, p. 44 sq. Simson, Jahrbücher I, p. 339, Anm. 3, sah darin keinen speziellen Wink für den Kaiser, während Fr. von Bezold, Kaiserin Judith und ihr Dichter Walahfrid Strabo, HZ 130, 1924, p. 419 sqq., den Text auf Judith bezogen hat, worin ihm Fichtenau, Das karolingische Imperium, p. 268, folgte.

135 BM2, 868 a. K. Brunner, Oppositionelle Gruppen im Karolingerreich, Veröffentlichungen des Instituts für österr. Geschichtsforschung 25, Wien 1979, p. 109.

136 MG Conc. II/2, p. 669: „*Dubium etenim non est, sicut multis est notum, quod a quibusdam praestigiis atque diabolicis inlusionibus ita mentes quorundam inficiantur poculis amatoriis, cibis vel filacteriis, ut in insaniam versi a plerisque iudicentur, dum proprias non sentiunt contumelias.*" Parallelen: Gregor von Tours, Historia Francorum X, 8, ed. Krusch-Levison, p. 490; Hinkmar von Reims, De divortio, Interrogatio XV, ed. Sirmond, p. 654: PL 125, col. 717D; nach den Annales Bertiniani, a. 862, ed. Grat/Vielliard/Clémencet, p. 93 sq., soll Lothar, wie man sagte, „*maleficis artibus dementatus*", aus blin-

der Liebe zu seiner Kebse Waldrada gehandelt haben (dazu Devisse, Hincmar I, p. 440); im 10. Jahrhundert fragte sich Liudprand von Cremona, Antapodosis V, 32, ed. Becker, p. 150 sq., ob Willa Zaubersprüche oder die Schwäche Berengars geholfen hätten, als er sich freiwillig wieder unter das Ehejoch beugte. – Das Muster geprägt haben die Verse aus Vergils Aeneis V, 487 sqq.: *„haec se carminibus promittit solvere mentes...“*, die oft zitiert worden sind, so etwa von Augustinus, De civitate Dei XXI, 6, ed. Dombart/Kalb, p. 768, und Isidor, Etymologiae VIII, IX, 6. Vgl. auch Lex Visigothorum III, 4, 13, ed. K. Zeumer, MG Leg. nat. germ. I, 1902, p. 152.

137 Agobard von Lyon, Libri pro filiis, ed. Waitz, passim. Zum Zitat, p. 277, vgl. oben Anm. 25; vgl. ferner p. 275: *„cuius instigacionibus mutata est mens rectoris“*; E. Boshof, Erzbischof Agobard von Lyon, Leben und Werk, Diss. Kölner hist. Abhandlungen 17, Köln 1969, p. 228 sqq., 241 sqq.

138 Vita Hludowici 44, MG SS 2, p. 633; Isidor, Etymologiae VIII, IX, 33: „Dictum autem praestigium, quod praestringat aciem oculorum.“

139 Paschasius Radbert, Epitaphium Arsenii II, 8 und bes. 9, ed. Dümmler, p. 68 sqq.; vgl. noch II, 17, p. 88: *„Heu, quae et qualis tunc fuit fascinatio et mentis obcecatio, quae talem et tantum virum, inter tot temptationes et pericula, inter tot scandala sic decepit, ut numquam revocari potuerit, neque ullis mederi scripturarum sanctarum consiliis!“*

140 In keiner Quelle, die Bernhards Berufung meldet – weder in den Reichsannalen noch beim Astronomus, bei Nithard oder den *Annales Fuldenses*, nicht einmal im *Epitaphium Arsenii* des Paschasius Radbert –, steht im Gegensatz zur Literatur (Simson, Jahrbücher, p. 330; Fichtenau, Das karolingische Imperium, p. 257, nennt ihn ihren Schwager, was nicht nachweisbar ist), daß Judith bei seiner Ernennung die Hand im Spiel hatte. BM2, 868 a.

141 Zur institutionalisierten Zusammenarbeit von Königin und Kämmerer: Hinkmar von Reims, De ordine palatii 22, ed. V. Krause, MG Fontes iuris Germ. 3, 1894, p. 17; zur dort an erster Stelle angeführten *„honestas palatii“* vgl. Agobard von Lyon, Libri pro filiis I, 5, ed. Waitz, p. 276.

142 Vita Hludowici 46, MG SS 2, p. 634. Ähnlich die Annales Bertiniani, a. 831, ed. Grat/Vielliard/Clémencet, p. 4; Nithard, Historiae I, 4, ed. E. Müller, MG SS rer. Germ., 1907, p. 7, chronologisch falsch eingereiht. Thegan, der betont hat, daß alles Verleumdungen gewesen seien, erzählte nichts von einem Reinigungseid der Judith: Vita Hludowici 37, MG SS 2, p. 598. Vgl. auch die erbauliche Schilderung der Annales Mettenses, MG SS 1, p. 336, von Judiths vorbildlichem Leben im Kloster.

143 Thegan, Vita Hludowici 38, MG SS 2, p. 598; Astronomus, Vita Hludowici 46, MG SS 2, p. 634: Annales Bertiniani, a. 831, ed. Grat/Vielliard/Clémencet, p. 4. – Simson, Jahrbücher II, p. 13; BM2, 895 a; Fichtenau, Das karolingische Imperium, p. 274.

144 Thegan, Vita Hludowici 52, MG SS 2, p. 601; Astronomus, Vita Hludowici 52, MG SS 2, p. 639; Nithard, Historiae I, 5, ed. Müller, p. 7 sq.; Annales Bertiniani, a. 834, ed. Grat/Vielliard/Clémencet, p. 14; Dhuoda, Liber Manualis X (5), ed. P. Riché, Sources chrétiennes 225, Paris 1975, p. 354: *„Nomina defunctorum... Gariberga...“* – Hansen, Zauberwahn, p. 114 sq.; Fichtenau,

Das karolingische Imperium, p. 269; J. Wollasch, Eine adlige Familie des frühen Mittelalters, Archiv für Kulturgesch. 39, 1957, p. 168, 182–184; Riché, La magie à l'époque carolingienne, p. 131.

145 Epitaphium Arsenii II, 8 sqq., ed. Dümmler, p. 68 sqq. Über Zauberei bes. II, 9, ebd., p. 71–73.

146 Epitaphium Arsenii II, 9, ed. Dümmler, p. 72.

147 Epitaphium Arsenii II, 9, ed. Dümmler, p. 73. Arsenius ist Walas Deckname. L. Weinrich, Wala, Graf, Mönch und Rebell. Die Biographie eines Karolingers, Historische Studien 386, Lübeck/Hamburg 1963; W. Wehlen, Geschichtsschreibung und Staatsauffassung im Zeitalter Ludwigs des Frommen, Historische Studien 418, Lübeck/Hamburg 1970, p. 106. – Sogar moderne Forscher haben sich, wie die Bezeichnung „loyale Revolution" belegt, durch die Argumentation der Gegner Ludwigs einseitig beeinflussen lassen: F. Kern, Gottesgnadentum und Widerstandsrecht im frühen Mittelalter, Darmstadt [3]1962, p. 155, Anm. 333; Th. Schieffer, Die Krise des karolingischen Imperiums, in: Aus Mittelalter und Neuzeit, Festschrift für G. Kallen, Bonn 1957, p. 11 sq.

148 Deshalb gehört zur Erforschung des ganzen Komplexes auch eine Analyse der Lynchjustiz bei Verdacht auf Hexerei.

149 Landulf Senior, Historia Mediolanensis III, 30, ed. Cutolo, p. 121 sq.

150 Andreas, Abt von Strumi, Vita Arialdi, um 1075 entstanden, 21–23, ed. F. Baethgen, MG SS 30/2, 1934, p. 1065–1071: von der Ermordung Arialds bis zu der Überführung seines Leichnams nach Mailand. Vgl. auch Bonizo von Sutri, Liber ad amicum VI, ed. E. Dümmler, MG Ldl, I, 1891, p. 597.

151 C. Violante, La Patria milanese e la Riforma ecclesiastica, I. Le premesse (1045–1057). Ist. Stor. ital., Studi storici 11–13, Roma 1955, p. 28; A. H. Allen, The Family of Archbishop Guido da Velate of Milan (1045–1071), in: Raccolti di studi in memoria di Giovanni Soranzo, Pubbl. dell'Univ. Catt. del Sacro Cuore, Contributi, s. 3 a, 10, Milano 1968, p. 1–9.

152 1 Sam 28, 7–19; vgl. auch Apg 16, 16–18. Augustinus hat in De doctrina christiana II, 88, ed. Green, p. 59, die Wahrsagerin als Bauchrednerin bezeichnet (dazu Harmening, Superstitio, p. 211–213). Man vergleiche Landulf, ebd., p. 122: *„fantastica delusi imagine"* mit Isidor, Etymologiae VIII IX, 7 zur Pythonissa: *„si... non aliquam phantasticam inlusionem Satanae fallacia factam?"*

153 Was noch die moderne Literatur belegt: z. B. F. Savio, Gli antichi vescovi d'Italia dalle origine al 1300, La Lombardia I: Milano, Firenze 1913, p. 426.

154 Historiae IV, II, 5, ed. M. Prou, Raoul Glaber, Les cinq livres de ses histoires (900–1044), Collection de textes, Paris 1886, p. 94 sq. Allg.: 2 Tim 3, 6–7. – K. Thraede, RAC VIII, (1972) s.v. Frau, col. 262 sqq.; Blöcker, Zur Häresie im 11. Jahrhundert, SZKG 73, 1979, p. 212 sq. mit Anm. 84, p. 215.

155 So beispielsweise Caesarius von Arles, Sermo 193, ed. G. Morin, p. 785, und Martin von Braga, De correctione rusticorum 7, ed. C. W. Barlow, New Haven 1950, p. 187 sq.

156 P. Courcelle, Connais-toi toi-même de Socrate à Saint Bernard, Paris 1974–75, II, p. 415–429: chap. XIV: Les Sirènes-courtisanes, mit ungemein

reichem Belegmaterial. „Sirènes“ in der Vulgata: Jes 13, 22, dazu E. Faral, La queue de poisson des sirènes, Romania 74, 1953, p. 433–506.

157 Dekret XIX, 5, 152: PL 140, col. 971 C; Schmitz, Die Bußbücher II, p. 422; übers. von Vogel, Le pécheur, p. 104, 105; ders., Pratiques superstitieuses, p. 759.

158 In den beiden benachbarten Fragekomplexen bespricht Burchard die Parzen: XIX, 5, 151, 153: PL 140, col. 971 B, D; Schmitz, Die Bußbücher II, p. 442, 443; übers. von Vogel, Le pécheur, p. 104, 105; ders., Pratiques superstitieuses, p. 759.

159 Grimm, Deutsche Mythologie I, p. 328–362: cap. XVI: Weise Frauen, p. 358 sq.: Burchards Text besprochen; Mannhardt, Der Baumkultus, p. 72–154: Kap. II: Die Waldgeister und ihre Sippe, p. 113, 136, 153: Burchard erwähnt; Mac Culloch, Medieval Faith, p. 45–57, cap. III: The Supernatural Mistress or Wife, p. 56 über Burchard; L. Röhrich, Erzählungen des späten Mittelalters und ihr Weiterleben in Literatur und Volksdichtung bis zur Gegenwart I, Bern 1962, p. 27 sqq., 243 sqq.: Die gestörte Mahrtenehe; Peter von Staufenberg, p. 252: Hinweis auf Burchards Text.

160 St. Thompson, Motif-Index of Folk-Literature: C. 31.1.2 (Melusine); J. le Goff, Mélusine maternelle et défricheuse, in: Pour un autre Moyen Age, Paris 1977, p. 307–331; Mannhardt, Der Baumkultus II, § 8, p. 108 sqq.; HDA II (1929/30) s. v. Else, I (Singer); F. Graus, Lebendige Vergangenheit, Köln 1975, p. 96 und Anm. 108.

161 *„Gratias agimus, Domine, semper in omni tempore“*, ed. W. Levison, Venus, a Man, From an Unpublished Sermon, in: England and the Continent in the Eighth Century, Oxford 1946, Appendix X, p. 302–314, 310: *„Sunt aliqui rustici homines, qui credunt, quasi aliquas mulieres quod vulgum dicitur strias esse debeant et ad infantes vel pecora nocere possint vel dusiolus vel aquaticas esse debeant et ad infantes vel pecora nocere possint vel dusiolus vel aquaticas vel geniscus esse debeat.“* Zur weiteren handschriftlichen Überlieferung: M. Blöcker, Wetterzauber, Francia 9 (1982), Anm. 27. Statt *„geniscus“* hat cod. aug. 196 nach A. Holder: „genischys“; Paris, Bibl. nat. ms. lat. 5600, fol. 111, hat: *„geniscas“*. Zu *genisca* vgl. W. Meyer Lübke, Romanisches etymologisches Wörterbuch, Heidelberg [4]1968, nr. 3732 b.

162 Interrogatio XV, ed. Sirmond, p. 654: PL 125, col. 717 D. Zur Orthographie vgl. Anm. 163. Hinweis auf lüsterne Dämonen, ebd., ed. Sirmond, p. 658: PL 125, col. 721 AB. Eine weitere Anspielung, ebd., ed. Sirmond, p. 662: PL 125, col. 725 B, ist mit dem ganzen Kontext aus Beda, In Lucam III, VIII, 30, ed. D. Hurst, CC SL 120, 1960, p. 184, übernommen.

163 RE, 23. Hbbd., 1924, s. v. (Schwenn). Vgl. Jes. 34, 14 und Klgl 4,3. Isidor, Etymologiae VIII, XI, 102. Beachte aber: Synodus I S. Patricii (a. 457), 16, ed. L. Bieler, The Irish Penitentials, SLH 5, 1963, p. 56: *„Christianus qui crederit esse lamiam in saeculo, quae interpretatur striga, anathemazandus quicumque super animam famam istam inposuerit...“* – In Glossen werden wildaz wîp, holzfrowe und waltminne mit *„lamia“* übersetzt: Grimm, Deutsche Mythologie I, p. 359–361.

164 Die einzige Handschrift, Paris, Bibl. nat. ms. lat. 2866 (9. Jh.), fol. 75 r, hat

im Unterschied zu allen Drucken ein „ch“ in „*genichialibus*“, was die Herkunft von ursprünglich griech. „*gynaeceum*“ unterstreicht. J. F. Niermeyer, Mediae Latinitatis Lexicon Minus, s. v. *geniciaria, gynaeciales, gynaeceum*. Ducange, Glossarium, s. v. Genitialii, sieht dagegen in den Geniciales Feminae böse Feen, die bei der Geburt erscheinen. – Regino von Prüm, De synodalibus causis II, 5 § 37, ed. Wasserschleben, p. 211: „*Si aliquis in sua domo consentit cum propriis ancillis vel geniciariis suis adultera perpetrari?*“ Vgl. Notker Balbulus, Gesta Karoli II, 4, ed. Haefele, p. 52.

165 Interrogatio XV, ed. Sirmond, p. 654: PL 125, col. 717D: „*... quaedam etiam feminae a Dusiis in specie virorum, quorum amore ardebant, concubitum pertulisse inventae sunt.*“ Augustinus, De civitate Dei XV, 23, ed. Dombart/Kalb, II, p. 488 sq.; Isidor, Etymologiae VIII, XI, 103. – RE 18. Hbbd., s. v. Incubus (Kroll); E. Jones, Der Alptraum, übers. von E. H. Sachs, Schriften zur angewandten Seelenkunde, Leipzig/Wien 1912; G. Drioux, Cultes indigènes des Lingons, Paris/Langres 1934, p. 125.

166 Jordanes, Getica 24, ed. Th. Mommsen, MGH AA, 5/1, 1882, p. 89.

167 Interrogatio XV, ed. Sirmond, p. 654: PL 125, col. 717 sq.

168 H. Reimer, Hessisches Urkundenbuch, 2. Abt., 1. Bd., Publ. aus den k. preuß. Staatsarchiven 48, Leipzig 1891, Nr. 36, p. 20; A. Bach, Deutsche Namenkunde II, 1, 1953, § 358, p. 366.

169 Wulfstan Cantor, Narratio metrica de Sancto Swintuno I, v. 494–570, ed. A. Campbell, Thesaurus Mundi, Zürich o. J., p. 102–104; Gotzelinus, Vita S. Swinthuni 4, AA SS, Jul. t. 1, p. 328 A.

170 Diana Trivia, vgl. RE II, 13. Hbbd, 1939, s. v. Trivia (W. Ehlers); C. D. G. Müller, Von Teufel, Mittagsdämon und Amuletten, JAC 17, 1974, p. 95–98.

171 Erste Fassung: BHL, nr. 2432, Vita adscripta Brihtwaldo, ed. Giles, Original Lives of Anglo-Saxons and others, London 1854, p. 363–376. Zweite Fassung: BHL, nr. 2433, Chronicon abbatiae de Evesham, Lectio VII, ed. W. D. Macray, Rolls Series, London 1863, p. 8 sq. – Auf eine ursprüngliche Fruchtbarkeitsgöttin weist auch hin, daß die Vision an das Dickicht, wo die Sau dreimal ihre Ferkel geworfen hatte, gebunden war.

172 Grimm, Deutsche Mythologie I, p. 340 sqq.; vgl. Mannhardt, Der Baumkultus, p. 209, Anm. 1; RAC IV (1959) s. v. Drei, bes. col. 273 sq., 309 (R. Mehrlein).

173 Le Goff, Mélusine, p. 325 sq.

174 S. Laeuchli, Power and Sexuality. The Emergence of Canon Law at the Synod of Elvira, Philadelphia 1972, stellt die These auf, daß sich die christlichen Priester durch sexuelle Enthaltsamkeit eine eigene Identität zu schaffen suchten.

175 Vgl. oben Anm. 42–47.

176 Ruodlieb, Faksimile-Ausgabe, Bd. I, ed. W. Haug, Wiesbaden 1974, p. 11 sq. Sonst eher früher datiert: K. Langosch, Waltharius, Ruodlieb, Märchenepen, Basel/Stuttgart [2]1956, p. 369; E. H. Zeydel, Ruodlieb. The Earliest Courtly Novel (after 1050), New York 1969, p. 9; P. Dronke, Poetic Individuality in the Middle Ages, Oxford 1970, p. 34.

177 Ruodlieb VIII, v. 35–36, ed. Zeydel, p. 94. F. P. Knapp, Similitudo, Stil- und Erzählfunktion von Vergleich und Exempel in der lateinischen, französi-

schen und deutschen Großepik des Hochmittelalters, I: Philologica Germanica 2, Wien/Stuttgart 1975, III, 1, 1 § 10, p. 202 sq. – Vgl. Odo von Cluny, Anm. 26.

178 A. Wulff, Die frauenfeindlichen Dichtungen in den romanischen Literaturen des Mittelalters bis zum Ende des XIII. Jahrhunderts, Romanistische Arbeiten IV Halle a. Saale 1914; Ph. Delhaye, Le dossier anti-matrimonial dc l'Adversus Jovinianum et son influence sur quelques écrits latins du XIIe siècle, Mediaeval Studies 13, 1952, p. 65–86; Leclercq, Un témoin (Anm. 17), p. 304–309.

179 D. Herlihy, Life Expectancies for Women in Medieval Society, in: The Role of Women in the Middle Ages, ed. R. Th. Morewedge, Albany 1975, p. 1–22.

Susanna Burghartz

Hexenverfolgung als Frauenverfolgung?[1]

Zur Gleichsetzung von Hexen und Frauen am Beispiel der Luzerner und Lausanner[2] Hexenprozesse des 15. und 16. Jahrhunderts

Zunächst könnte die Frage, ob Hexen immer Frauen waren, überraschen, bezeichnet doch nach unserem Wortgebrauch „Hexe" eindeutig eine Frau. Im Folgenden soll gezeigt werden, daß dies nicht immer so war, daß vielmehr von den Hexenverfolgungen auch Männer betroffen waren, obwohl ganz überwiegend Frauen wegen Hexerei angeklagt wurden. Im weiteren sollen die Erklärungsansätze, die sich mit der Frage beschäftigen, warum gerade Frauen so häufig Opfer der Hexenprozesse wurden, an den konkreten Beispielen von Luzern und Lausanne diskutiert werden.[3] Thema dieses Aufsatzes ist also die Frage, ob und wie sich im Laufe der Verfolgungen der Frauen- bzw. Männeranteil an den Angeklagten verändert hat, ob die schon von Hansen[4] aufgestellte These von der Zuspitzung der Hexenverfolgungen auf Frauen zutrifft, und welche Gründe die besondere Verfolgung von Frauen gehabt haben könnte.

Diese Probleme werden auf verschiedenen Ebenen angegangen: Zunächst werden kurz die wichtigsten Erklärungsansätze und -muster der historischen Forschung vorgestellt. Danach werden einige zentrale zeitgenössische Theorien, in denen sich Dämonologen mit der Frage nach der besonderen Anfälligkeit der Frauen für teuflische Machenschaften beschäftigen, beschrieben. Erst dann folgt die Analyse der eigentlichen Hexenprozesse, an denen Richter, Angeklagte und Zeugen mit ihren unterschiedlichen Vorstellungen von Hexen und Zauberei und mit ihren jeweils spezifischen Interessen beteiligt waren.

Die bisherige Forschung zur Geschichte der Hexenverfolgungen geht vom Bild der weiblichen Hexe aus. Dabei lassen sich jedoch zwei Richtungen unterscheiden: Während die eine die Frage, warum gerade Frauen von den Hexenverfolgungen betroffen waren, für ein Nebenproblem hält, das entsprechend behandelt werden kann und wird[5], geht die andere Richtung davon aus, daß die Frage nach der Verfolgung von Frauen für das Verständnis der Hexenverfolgungen zentral sei, da es sich bei den Hexenverfolgungen um einen grausamen Höhepunkt in der Geschichte der Unterdrückung der Frauen handle.[6]

Autoren wie Michelet[7], Hansen[8] und Delumeau[9] weisen auf die lange frauenfeindliche Tradition der christlichen Theologie und Kirche hin, die zu entsprechenden Haß-, Abwertungs- und Angstgefühlen führt, für die die Hexenprozesse als geeignetes Ventil funktionierten. Hansen betont zusätzlich, wie sehr gerade die asketische Tendenz[10] der Inquisitoren Jakob Sprenger und Heinrich Institoris zur Verteufelung der Frau in den dämonologischen Traktaten beitrug.

In anderen Untersuchungen[11] werden dagegen die sozialen Faktoren hervorgehoben, die zur besonderen Verfolgung von armen, alten, unverheirateten Frauen führten. Danach hatten die Prozesse die Funktion, für unverheiratete Frauen, die außerhalb patriarchalischer Kontrolle lebten, Verhaltensgrenzen festzulegen und Nachbarschaftskonflikte und andere soziale Spannungen, die z. T. Resultat gesellschaftlicher Umstrukturierungsprozesse waren[12], zu lösen.

Andere Autoren stellen die besondere Beziehung von Frauen zur Magie und ihre speziellen Kenntnisse magischer Praktiken in den Vordergrund.[13] Entsprechend interpretieren sie die Hexenprozesse als Verfolgung der weisen Frauen[14] und insbesondere der Hebammen.[15]

Abb. 4: Hexen beim „Hagelsieden" (1489)

Wesentlich abstrakter ist der Ansatz, der die Hexenverfolgungen als Teil des „okzidentalen Rationalisierungsprozesses“ versteht, in dessen Verlauf Natur ausgegrenzt und mit „Frau“ gleichgesetzt wurde.[16]

Neuerdings wird darauf hingewiesen, daß die Hexenprozesse im Zusammenhang mit der sonstigen Kriminalität, besonders mit anderen geschlechtsspezifischen[17] Delikten (Kindstötung, Homosexualität, Sodomie) gesehen werden müssen, die seit dem späten Mittelalter ebenfalls verstärkt verfolgt wurden.[18]

Entwicklung des Hexenmusters im 14./15. Jahrhundert und die zunehmende Konzentration von Theorie und Praxis der Hexenverfolgungen auf Frauen

Typisch für das klassische Hexenmuster, das spätestens seit Ende des 15. Jahrhunderts im *Malleus maleficarum*[19] voll ausgebildet vorliegt, ist die Verbindung von Elementen des Ketzerprozesses (nämlich Teufelspakt, Teufelsverehrung und Sabbat) mit Schadenzauberpraktiken, wie sie schon vorher in Zauberprozessen verfolgt wurden. In beiden Bereichen spielten Frauen eine besondere Rolle. Die Ausübung magischer Praktiken wurde schon in den frühmittelalterlichen Bußbüchern und karolingischen Kapitularien ausdrücklich auch Frauen vorgeworfen. In letzteren war Magie einer der wenigen Bereiche, in denen Frauen neben Männern/Menschen[20] speziell erwähnt wurden; d.h., Magie wurde schon früh, aber durchaus nicht ausschließlich Frauen angelastet.[21] In den Ketzerprozessen, der zweiten Wurzel der Hexenprozesse, stellten Frauen ebenfalls einen hohen Anteil der Angeklagten, verglichen mit der allgemeinen Delinquenz oder der sonstigen Präsenz von Frauen in der Öffentlichkeit. (Allerdings waren auch in den Ketzerprozessen unter den Beschuldigten mehr Männer als Frauen.)

Von beiden Mustern, die als Vorlagen des Hexenstereotyps dienten, waren also Frauen in ungewöhnlichem Ausmaß betroffen. Dennoch war die Zuspitzung dieses Hexenmusters auf das weibliche Geschlecht erst ein Ergebnis der Systematisierungen der Theoretiker des 15. Jahrhunderts.[22] Entsprechend war die Identifizierung von Hexen mit Frauen noch keineswegs so eindeutig, als sich das Muster der Hexenprozesse im 14. und 15. Jahrhundert allmählich entwickelte. In der ersten Hälfte des 14. Jahrhunderts wurden gesamteuropäisch in Prozessen, die häufig politischen Charakter hatten, noch mehr Männer als Frauen wegen Hexerei angeklagt.[23] Seit der zweiten Hälfte des 14. Jahrhunderts wurden dann insgesamt mehr Frauen als Männer verfolgt. Sowohl relativ als auch absolut spitzte sich die Verfolgung von Frauen seit dem Ende des 14. Jahrhunderts und dann vor allem in der zweiten Hälfte des 16. Jahrhunderts drastisch zu. Die zeitlichen und regionalen Unterschiede im Frauen- bzw. Männeranteil an den Verfolgten sind jedoch beachtlich, wie die folgenden Tabellen[24] zeigen.

Hexenprozesse in Europa 1300–1499

	Frauen	Männer
1300–49	26 (28 %)	67 (72 %)
1350–99	37 (72 %)	14 (28 %)
1400–49	212 (68 %)	102 (32 %)
1450–99	344 (78 %)	96 (22 %)

Hexenprozesse in verschiedenen Ländern Europas 1300–1499

	Frauen	Männer
Britische Inseln	33 (36 %)	59 (64 %)
Frankreich	213 (63 %)	127 (37 %)
Schweiz	115 (67 %)	56 (33 %)
Reich	233 (89 %)	30 (11 %)

Italien	22 (76%)	7 (24%)
Spanien	2 (100%)	
insgesamt	619 (69%)	279 (31%)

Regionale Unterschiede bei den schweizerischen Hexenprozessen 1300–1499

	Frauen	Männer
Wallis[25]	2 (22%)	7 (78%)
Luzern	31 (91%)	3 (9%)
Fribourg	22 (58%)	16 (42%)
Bern	9 (75%)	3 (25%)
Faido[25]	2 (100%)	
Lausanne	11 (38%)	18 (62%)
Basel		
Neuchâtel[26]	5 (100%)	
Zürich	5 (83%)	1 (17%)
Appenzell	4 (100%)	
Altdorf	4 (100%)	
Solothurn	4 (100%)	

Die Ergebnisse dieser quantitativen Auswertung zeigen, daß das Hexenstereotyp nicht ausschließlich auf Frauen fixiert war; es war immer möglich, Männer wegen Hexerei zu verfolgen, allerdings geschah dies nur in etwa 20% aller Fälle. Die großen Schwankungen im Geschlechteranteil machen deutlich, daß mit Hilfe des Hexenmusters[27] der überproportionale Anteil von Frauen unter den Opfern nicht hinreichend erklärt werden kann. Die Frage ist also nicht nur, welche Ursachen und Funktionen die Hexenprozesse allgemein hatten, sondern immer auch, warum Frauen soviel häufiger, aber nicht ausschließlich Opfer dieser Prozesse wurden und welche Bedeutung die festgestellten zeitlichen und vor allem regionalen Unterschiede hatten.

Im folgenden möchte ich den hier gestellten Fragen und

den in der Literatur aufgestellten Thesen anhand der zeitgenössischen dämonologischen Literatur und anhand konkreter Prozesse nachgehen.

Die Entwicklung der Dämonologie im 15. Jahrhundert

Im 15. Jahrhundert beginnt die dämonologische Literatur das „neu entstandene"[28] Hexenwesen theoretisch zu fassen. Ein erster Höhepunkt in der systematischen Durchdringung wird 1486/7 mit dem *Malleus Maleficarum* von Jakob Sprenger und Heinrich Institoris erreicht. Unter den dämonologischen Theoretikern ist der Dominikaner Johannes Nider der erste, der in seinem zwischen 1435 und 1437 entstandenen *Formicarius* explizit begründet, warum hauptsächlich Frauen unter den Hexen zu finden seien. Nider führt Prediger 25 als Beleg für die besondere Boshaftigkeit der Frauen an und weist auf ihre zur Melancholie neigende Natur hin, die sie in jeder Hinsicht besonders leicht beeinflußbar mache; dennoch finden sich unter den von Nider angeführten Beispielen noch erstaunlich viele Männer.[29] Sehr viel deutlicher als bei Nider ist die Zuspitzung auf Frauen dann im klassischen Werk der Hexenverfolgung, im *Malleus Maleficarum* der beiden Dominikaner Heinrich Institoris und Jakob Sprenger, das 1487 in Köln erschien und bald in zahlreichen Drucken verbreitet wurde.[30] Sie gehen sowohl theoretisch als auch in den von ihnen angeführten Beispielen schon eindeutig von der Gleichsetzung Hexen = Frauen aus. Den Grund dafür, daß unter den Hexen so viele Frauen zu finden seien, sehen sie in der Natur des weiblichen Geschlechts.[31] Entsprechend wählen sie ihre praktischen Beispiele – Hexenhebammen, Liebeszauber u.ä. – aus.

Ähnlich argumentiert Geiler von Kaysersberg in seiner Fastenpredigt, die er 1508 über die Frage „Warum fröwelich geschlecht mee verwüstet sei mit hexerey den die man" hielt.[32] Er berichtet, daß man auf einen Mann zehn Frauen verbrenne. Den Hauptgrund dafür sieht auch er – unter Berufung auf Wilhelm von Paris – letztlich in der schwachen weiblichen Natur, die im Kindbett noch zusätzlich bedroht sei.[33]

Generell setzen die Dämonologen seit Ende des 15. Jahrhunderts voraus, daß unter den Hexen Frauen besonders zahlreich vertreten seien. Diese Ansicht begründen sie einerseits mit den praktischen Erfahrungen aus den Hexenprozessen, andererseits mit der „besonderen Anfälligkeit"[34] der Frauen für Dämonen und Machenschaften des Teufels aufgrund ihrer weiblichen Natur. Vergleicht man die Entwicklung in den Prozessen mit derjenigen in der Dämonologie, so entsteht der Eindruck, daß zunächst in der Praxis eine Konzentration der Verfolgung auf Frauen erfolgte, die dann von den Dämonologen theoretisch nachvollzogen, systematisiert und erweitert wurde. Demnach hätten die Theoretiker hier also eher eine schon vorher in der Prozeßpraxis zu beobachtende Tendenz verstärkt als eine völlig neue Entwicklung (nämlich die Zuspitzung der Verfolgungen auf Frauen) eingeleitet.[35]

Das Beispiel von Luzern und Lausanne

Die folgende Analyse von Prozessen aus Luzern und Lausanne soll der Diskussion von Erklärungsansätzen in der Forschung dienen, die sich mit der Frage beschäftigen, warum vorzugsweise Frauen von den Hexenprozessen betroffen waren. Im Zentrum dieser Untersuchung steht damit die Frage nach den Gründen der Frauenverfolgung, daneben wird das Problem der großen regionalen Unterschiede im Geschlechteranteil auch bei denjenigen Regionen mitberücksichtigt, in denen tatsächlich vor allem Frauen verfolgt wurden.

Die Prozesse von Luzern und Lausanne eignen sich aus

verschiedenen Gründen für diese Untersuchung: Das Gebiet der heutigen Schweiz war schon früh ein Zentrum der Hexenverfolgungen. Seit dem 15. Jahrhundert, also noch vor der endgültigen dämonologischen Fixierung auf Frauen, wurden sowohl in Luzern als auch in Lausanne Hexenprozesse durchgeführt. In Luzern liegen für die Zeit von etwa 1450 bis 1550 Zeugenaussagen vor, was für diesen Zeitraum außergewöhnlich ist.[36] Gerade diese Aussagen erlauben einen (nur selten möglichen) Einblick in das Weltbild der sogenannten „Volkskultur" und damit in das Milieu, aus dem auch die „Hexen" kamen. Auf diese Weise werden in den Akten der Luzerner Prozesse verschiedene kulturelle Ebenen faßbar und damit Informationen erhältlich, die noch nicht vollständig durch das Fragemuster und die Verhörpraxis der Richter bestimmt sind. Für die hier untersuchte Fragestellung besonders wichtig ist die Tatsache, daß in Luzern von einem weltlichen Gericht schon im 15. Jahrhundert zu über 90% Frauen angeklagt wurden, während in Lausanne zur gleichen Zeit von einem geistlichen Inquisitor überwiegend Männer verfolgt wurden. Interessant ist, daß die Luzerner Richter offensichtlich dämonologisch noch recht ungebildet waren, ganz im Gegensatz zu den Lausanner Inquisitoren, die schon in der ersten Hälfte des 15. Jahrhunderts über ein ausgefeiltes dämonologisches Konzept mit Schadenzauber- und Sabbatvorstellungen verfügten. In Luzern dagegen tauchten sabbatähnliche Vorstellungen[37] erst in der Mitte des 16. Jahrhunderts auf.[38] Aus arbeitstechnischen Gründen war die Auswertung der Lausanner Prozesse des 15. Jahrhunderts nur sehr partiell möglich, so daß ich mich bei den folgenden Aussagen vor allem auf die Luzerner Prozesse stützen muß. In Luzern wurden von 1398 bis 1551 mindestens 76 Personen wegen Zauberei und Hexerei angeklagt[39], darunter 6 Männer (9%)[40] und 63 Frauen (91%). Die Prozesse wurden – soweit aus den Quellen ersichtlich – ohne Mitwirkung geistlicher Inquisitoren von den weltlichen Richtern der Stadt Luzern geführt, die sich ihrerseits auf Zeugenaussagen aus der Bevölkerung stützten. Sowohl Zeugen als auch Angeklagte kamen häufig von der Luzerner Landschaft. In den Geständnissen der Angeklagten[41] wird deutlich, wie rudimentär die dämonologischen Vorstellungen und Konzepte der Luzerner Richter noch bis in die Mitte des 16. Jahrhunderts blieben. Schadenzauber und Teufelspakt – die wichtigsten Elemente der Luzerner Hexenvorstellung – finden sich zwar bereits im ältesten erhaltenen Geständnis, das Els von Mersburg um 1450 ablegte, dieser Teufelspakt ist aber noch sehr „persönlich" gefärbt[42]; Indizien für Sabbatvorstellungen tauchen erst 100 Jahre später in den Geständnissen auf.[43] Das Hexenbild der Luzerner Richter war also noch bis weit ins 16. Jahrhundert erstaunlich wenig von dämonologisch-theoretischen Vorstellungen, wie sie etwa im *Hexenhammer* zum Ausdruck kommen, beeinflußt. Dennoch verfolgten diese Richter fast ausschließlich Frauen, wofür offensichtlich die Vorstellungen vom Hexensabbat nicht notwendig waren; entsprechend griffen sie auch nicht auf die spezifisch frauenfeindlichen Beispiele des *Malleus* – etwa die Hexenhebammen – zurück.

Überhaupt scheint die Luzerner Hexenverfolgung allenfalls indirekt von kirchlichen frauenfeindlichen Theorien und Bilder geprägt worden zu sein. Allerdings unterschied sich das Hexenbild der Richter deutlich von demjenigen der Zeugen und Zeuginnen. Diese unterschiedlichen Vorstellungswelten werden einerseits in den Zeugenaussagen, andererseits in den Geständnissen der Angeklagten, die ja vor allem die Anschuldigungen der Richter spiegeln, faßbar. Für die Zeugen und Zeuginnen stand der Schadenzauber im Zentrum; dabei spielte Viehschädigung weitaus die größte Rolle, gefolgt von Krankheit und Wetterzauber. Die Richter dagegen fragten vor allem nach dem Hagelmachen, das sie als Schädigung der Allgemeinheit interpretierten; im Gegensatz zu den Zeugen und Zeuginnen, die den Wetterzauber als Erklärung für individuelles Unglück ansahen – nämlich für Hagelschlag[44], der ihre Felder traf, während er diejenigen der angeklagten Hexen verschonte. Der für die Landbevölkerung zentrale Vorwurf der Behexung von Vieh schien die Richter nicht besonders zu interessieren.

Der wichtigste Unterschied zwischen den beiden Gruppen (und ihren Vorstellungswelten) liegt jedoch in der völlig unterschiedlichen Bedeutung, die dem Teufel zugewiesen wird.[45] In den Zeugenaussagen kommt der Teufel nicht vor, die Angeklagten waren demnach alleine (ohne Hilfe des Teufels) in der Lage, Schadenzauber auszuüben, sie hatten die Fähigkeit aufgrund ihrer persönlichen Macht, ihre magischen Praktiken hatten direkte, reale Auswirkungen. In den Geständnissen und damit in der Auffassung der Richter ist Schadenzauber aber nur dank dem Teufelspakt möglich. Die Angeklagten konnten nach dieser Meinung ihre Untaten nur mit Hilfe des Teufels ausführen. Dies bedeutete eine Systematisierung und zugleich Rationalisierung des Weltbildes der Richter, da übernatürliche (böse) Kräfte nicht mehr Menschen, sondern den Dämonen und an ihrer Spitze dem Teufel zugeschrieben wurden. Glaubten die Zeugen und Zeuginnen offenbar noch an gewisse magische Fähigkeiten der Frauen, die sie vor Gericht brachten, so machten die Richter sie zu bösartigen und willigen Werkzeugen des Teufels.[46]

Sehr anders sehen dagegen die Verhältnisse in Lausanne im 15. Jahrhundert aus. Von 1438 bis 1498 wurden insgesamt 29 Personen, darunter 18 Männer (62 %) und 11 Frauen (38 %) von geistlichen Inquisitoren im Auftrag des Bischofs von Lausanne verfolgt.[47] Schon in den ersten erhaltenen Prozessen aus dem Jahr 1438 und 1448 ist das Bild der Hexensekte voll ausgebildet vorhanden[48]: Der Teufel oder ein Sektenmitglied sprachen den oder die Angeklagte(n) vorzugsweise in einer schwierigen Lebenssituation an.

Sie versprachen ihnen Hilfe und Geld, wenn sie zur „sinagoga" kämen. Diese „sinagoga" fand zweimal pro Woche statt. Man kam auf einem Stock und traf sich auf einer entlegenen Wiese, auf einem Berg oder in einer Scheune. Der Teufel, der meist in Tiergestalt anwesend war, nahm als „magister sinagoge" das Homagium entgegen: Die Anwesenden küßten ihn auf das Hinterteil unter den Schwanz. Er befahl ihnen, Gott und allen Heiligen abzuschwören. Es wurde gut gegessen und getrunken; der zuständige Koch briet das Fleisch von Kindern, die einzelne getötet und mitgebracht hatten. Wein kam auf wunderbare Weise aus einer Öffnung in einem Baum oder Felsen; nach dem Essen wurde getanzt. Auf ein Kommando des Teufels hatten alle Anwesenden untereinander Geschlechtsverkehr. Der Teufel und die Dämonen verkehrten nur mit den Frauen geschlechtlich. Die Sektenmitglieder begingen Sakramentenfrevel und brachten besonders an Ostern Hostien, die sie im Gottesdienst empfangen und im Mund aufbewahrt hatten, zur „sinagoga" mit. Alle diese Vorwürfe, nämlich Teufelsverehrung, die Feste, die Kindstötungen, der anschließende Kannibalismus und die Promiskuität, waren nicht Erfindungen des Lausanner Inquisitors, sondern hatten eine z. T. jahrhundertelange Tradition in der Ketzerverfolgung. Der Schadenzauber spielte eine untergeordnete Rolle. Es handelte sich schon hier um ausgefeilte Inquisitionsverfahren[49], wie sie für die Ketzerprozesse entwickelt worden waren.

In Lausanne verfolgten also geistliche Inquisitoren, die in der frauenfeindlichen Tradition der Kirche standen und von Anfang an ein dem klassischen Muster entsprechendes Bild der Hexen hatten, überwiegend Männer, in Luzern dagegen dämonologisch ungebildete Laien fast ausschließlich Frauen. Die immer wieder angeführte frauenfeindliche Tradition der Kirche kann also nur ein Faktor bei der Ausbildung des Hexenstereotyps (Hexe = Frau) gewesen sein, sie genügt auf keinen Fall, um die tatsächliche Verfolgungspraxis zu erklären. Ebenso sollte die Bedeutung der dämonologischen Theorie für die Gerichtspraxis nicht über- und die Auswirkungen dieser Praxis auf die Theorie nicht unterschätzt werden.[50] Der Vergleich Luzern-Lausanne zeigt außerdem deutlich, daß es nicht ausreicht, die immer noch ungeklärten Ursachen der Frauenverfolgung an den Orten, wo tatsächlich überwiegend Frauen verfolgt wurden, zu analysieren, sondern daß vielmehr auch geklärt werden muß, welche Gründe es für die großen regionalen Unterschiede im Männer- bzw. Frauenanteil an den Verfolgten gibt. Dabei erweist sich der Hinweis auf die Dämonologie und die unterschiedlichen dämonologischen Kenntnisse der Richter in dieser frühen Phase der Hexenverfolgung (15. Jahrhundert) als untauglich für die Erklärung des Problems.

Die Luzerner Frauenverfolgung

Im folgenden sollen nun am Beispiel der Luzerner Hexenprozesse verschiedene Forschungsansätze diskutiert werden, die die besondere Verfolgung von Frauen zu erklären versuchen.

In der Literatur wird immer wieder auf soziale Merkmale wie Alter, Herkunft und Zivilstand verwiesen, die bestimmte Personen als Opfer der Hexenprozesse prädestinierten. So wurden in Luzern – wie andernorts – eher ältere oder alte Frauen als Hexen angezeigt, wobei festzuhalten ist, daß sich Vorwürfe über Jahre und Jahrzehnte hinziehen konnten, bis es zu einer formalen Anklage vor Gericht kam.[51] Es scheint[52], daß in Luzern der Anteil der Witwen mit etwa einem Sechstel doch wesentlich unter dem von Monter für den Jura festgestellten von einem Drittel lag. Die These Monters, wonach vor allem alte, alleinstehende und damit außerhalb patriarchalischer Kontrolle lebende Frauen wegen Hexerei angeklagt wurden, scheint sich für Luzern nicht zu bestätigen. Generell ist diese These mit

Skepsis zu betrachten: Auch im Jura ist nämlich, wie in Luzern, das Alter das wichtigere Kriterium als der Zivilstand, um als Hexe in Verdacht zu geraten.[53] Daneben erscheint auch Monters Interpretation als fragwürdig, wonach gerade alte, alleinstehende Frauen zur Magie griffen, weil sie isoliert und wehrlos waren und ihnen keine anderen als magische Mittel mehr zur Verfügung standen. In der Literatur[54] wird immer wieder betont, daß alten Leuten und speziell alten Frauen besondere magische Fähigkeiten zugesprochen wurden. Man unterschätzt wohl die Bedeutung von Magie, wenn man sie nur als letzte Verhaltensmöglichkeit für diejenigen ansieht, die aufgrund ihrer schwachen sozialen Position keine anderen (physischen und juristischen) Handlungsspielräume mehr hatten.[55]

Einen ähnlichen Ansatz wie Monter vertritt auch Midelfort, der zum Ergebnis kommt, daß kleinere Hexenverfolgungen (im Gegensatz zu Massenverfolgungen, deren Opfer auch Männer wurden) insofern funktional waren, als sie die Verhaltensgrenzen für alleinstehende, ohne patriarchalische Kontrolle lebende Frauen deutlich machten.[56] Warum ein so wirksames Instrument wie die Hexenverfolgungen[57] in Luzern und vielen anderen Regionen nur zur Kontrolle und Disziplinierung der ohnehin besonders schwachen alten Frauen eingesetzt wurde, bleibt unklar. Ebensowenig können mit diesem Erklärungsansatz die großen regionalen Unterschiede in der Verfolgung der beiden Geschlechter erklärt werden.

Ob auch in Luzern Hexerei ein typisches Unterschichtenphänomen war, läßt sich beim gegenwärtigen Stand der Forschung nicht mit Bestimmtheit sagen; sicher ist, daß der Erklärungsansatz, den Thomas für England vorschlägt, in Luzern für den hier untersuchten Zeitraum nicht greift. Laut Thomas[58] wurden in England im 16./17. Jahrhundert vor allem Frauen, die auf Almosen ihrer Nachbarn angewiesen waren, als Hexen verfolgt, weil durch den aufkommenden wirtschaftlichen Individualismus das System der Nachbarschaftshilfe zerstört wurde und diejenigen, die Almosen verweigerten, aus einem schlechten Gewissen die Bittstellerinnen als Hexen anklagten. In Luzern dagegen läßt sich dieses Muster in den Prozeßakten nur in Ausnahmefällen beobachten.[59] Bemerkenswert scheint, daß hier neben der wirtschaftlichen Lage auch die Herkunft der Angeklagten eine gewisse Rolle spielte, so scheinen überdurchschnittlich viele der angeklagten Frauen fremd oder zugezogen und damit nicht „einheimisch" gewesen zu sein.[60]

Bereits im 19. Jahrhundert wiesen Michelet[61] und Hansen[62] darauf hin, daß Frauen wegen ihrer besonderen Beziehung zu Zauberei, Magie und schließlich zur Natur allgemein als Hexen verfolgt worden seien. Michelet sprach gar davon, daß Frauen für ein Jahrtausend die einzigen Ärzte fürs Volk gewesen seien und in einer Art symbiotischem Verhältnis zur Natur lebten. In der neueren Literatur wurde dieser Gedanke von den den Frauen eigenen magischen Kenntnissen und Fähigkeiten wieder aufgenommen. Ehrenreich/English[63] gehen davon aus, daß die Hexenprozesse eigentliche Hebammenverfolgungen waren. Mit dem Aufkommen der modernen Naturwissenschaften wollten die Ärzte die Kontrolle auch über die Körper der Frauen erlangen und versuchten zu diesem Zweck, die Hebammen mit ihrem Wissen zu vernichten.

Heinsohn/Knieper/Steiger vertreten die These, daß die Hexenhebammen wegen ihres Verhütungs- und Abtreibungswissens von den frühneuzeitlichen Staaten verfolgt wurden, da diese an Bevölkerungswachstum interessiert waren.[64] Einen etwas anderen Ansatz vertritt Horsley, der die sozialen Merkmale der wegen Hexerei Angeklagten untersucht. Er kommt zum Ergebnis, daß nicht so sehr Zauberinnen als vielmehr weise Frauen Opfer der Hexenverfolgung wurden, wobei die offizielle Theorie die weisen Frauen in Hexen uminterpretierte. Unter diesen weisen

Frauen waren jedoch die Hebammen nicht besonders häufig vertreten.[65]

Schon die Autoren des *Malleus maleficarum* hatten vor den besonderen Gefahren gewarnt, die ihrer Meinung nach von den „Hexenhebammen" ausgingen. In den von mir untersuchten Luzerner Prozessen wurde jedoch nur einmal eine Hebamme zusammen mit ihrer Tochter angeklagt. Weitere Fälle, in denen Hebammen verfolgt wurden, sind nicht bekannt. Von den insgesamt 45 in Luzern angeklagten Frauen hatten fünf möglicherweise besondere heilkundliche Fähigkeiten oder wurden bei Krankheiten um Rat gefragt. Interessanterweise wird in diesen Prozessen nur von einer Frau als Heilerin berichtet, die nicht wegen Hexerei angeklagt wurde. Dagegen werden insgesamt 17 Männer erwähnt, die als Heiler tätig waren oder „etwas von den Dingen wußten"; unter ihnen spielten die Pfarrer eine besondere Rolle, sie wurden immer wieder bei Krankheiten um Hilfe gebeten. Jedoch wurde keiner dieser Männer je wegen Hexerei verdächtigt.[66] In Lausanne dagegen wurde schon 1448 der Arzt Jaquetus Durier, der als arm bezeichnet wurde, wegen Hexerei verfolgt. Ihm wurden die typischen Hexenverbrechen wie Schadenzauber, Anhexen von Krankheiten mit Hilfe des Teufels und Teilnahme am Hexensabbat vorgeworfen.[67] Das heißt: Die hier aufgestellten Thesen treffen also zumindest für Luzern und Lausanne in dieser Form nicht zu. Weder läßt sich die Hexenverfolgung auf eine Hebammenverfolgung reduzieren, noch verfügten nur Frauen über magische Kenntnisse und waren so für die Verfolgung als Hexe prädestiniert. Auch die Vorstellung, daß die Frauen die einzigen Ärzte fürs Volk gewesen seien, erweist sich an beiden Orten als unhaltbar. Die Annahme, daß die Verfolgung der Hexenhebammen eine besonders erfolgreiche bevölkerungspolitische Maßnahme der frühneuzeitlichen Staaten gewesen sei, übersieht nicht nur, daß nur in wenigen Gebieten speziell Hebammen verfolgt wurden, sondern auch, daß der Glaube an eine allgemeine Bedrohung durch die Hexen und die Hexensekte auch und gerade von den Herrschenden geteilt wurde.

Das Beispiel von Luzern und Lausanne macht aber auch deutlich, daß Magie nicht nur eine Sache der Frauen war und nicht einfach als „Lückenbüßer“ oder letzte Möglichkeit für arme, alte, wehrlose Frauen interpretiert werden kann. Magische Praktiken und Erklärungen waren im damaligen Weltbild omnipräsent; sie wurden für ebenso real gehalten wie Verhaltensweisen und Erklärungen, die nach unserer Meinung „rational“, „natürlich“ und damit sinnvoll sind. Magische Erklärungen hatten zudem den Vorteil, daß sie angeben konnten, warum es zu einem Unglück gekommen war und warum gerade eine bestimmte Person davon betroffen wurde. Die weite Verbreitung magischer Praktiken zeigt, daß die Ausübung von Magie keinesfalls das einzige Kriterium für die Verfolgung einer bestimmten Person oder gar von bestimmten Frauen gewesen sein kann.

Die Frage, ob die Hexenverfolgungen Teil des „okzidentalen Rationalisierungsprozesses“[68] waren, in dessen Verlauf Natur ausgegrenzt und mit „Frau“ gleichgesetzt wurde, und ob damit die Hexenprozesse Bestandteil der fortschreitenden Natur- und also Frauenbeherrschung waren, läßt sich hier kaum klären. Zunächst müßte das Konzept so operationalisiert werden, daß es für Regionalstudien tauglich wäre. Immerhin scheinen gewisse Zweifel angebracht, da auch diese Theorie von der Gleichung Frau = Magie = Natur ausgeht; eine Gleichung die, wie gezeigt, zumindest für die Verfolgungspraxis nicht zutraf.

Versucht man, in den Prozessen selbst weitere Anhaltspunkte zu finden, um zu klären, warum vor allem Frauen verfolgt wurden und wie es zu so beachtlichen regionalen Unterschieden im Geschlechteranteil kommen konnte, dann wird deutlich, daß nur ganz wenige Vorwürfe wirklich geschlechtsspezifisch sind. So scheint in Luzern und Lausanne Liebeszauber als typisches „Frauenvergehen“ angesehen worden zu sein, mit dem sich Frauen gegen ihre Männer zur Wehr setzen konnten. An beiden Orten sagten die Frauen aus, sie hätten ihre Kenntnisse über Liebeszauber von anderen Frauen erhalten.[69] Dagegen wurde die Beteiligung am Glücksspiel nur Männern vorgehalten. An beiden Orten scheint auch sexueller Kontakt mit Dämonen oder mit dem Teufel nur Frauen vorgeworfen worden zu sein. Andere geschlechtsspezifische Anschuldigungen finden sich dagegen nicht: Sowohl alle wichtigen Arten von Schadenzauber[70] wie auch Teufelspakt und Teilnahme am Hexensabbat konnten Frauen und Männern vorgehalten werden (und wurden es auch).

Bei der Analyse der Luzerner Prozesse fällt auf, daß den Frauen neben den eigentlichen Zauberei- und Hexereianschuldigungen immer wieder nonkonformes (und anscheinend für Frauen unerwünschtes und ungehöriges) Verhalten, das jedoch mit eigentlicher Hexerei nichts zu tun hatte, vorgeworfen wurde.

Die Frauen wurden beschuldigt, vorlaut, frech und streitsüchtig zu sein. So sagte etwa Kuonratt Morf über Barbara Knopf: „do gäbe sy für jren man anttwurtt und ballgette rattlich mitt jm, gezügen; inn zwey tagen darnach wurde jm der stier aber kranck wie vor vnd sturbe.“[71] Barbara Knopf dagegen lehnt diese Anschuldigungen ab (bestätigt aber das Bild der streitsüchtigen Frau): „Sy hat nüt than, dan das sy ein böss mul hab vnd wunderlich syg; hab etwan den lüten treüwt, aber nüt args than.“[72] Verdächtig sind auch das öffentliche Reden von Frauen über Sexualität und auffälliges sexuelles Verhalten. Daß Els Adams in aller Öffentlichkeit zum impotenten Peter Krumenacher sagte: „Wie henckst du dz hopt? Biss guotter Dingen, hinnen morn znacht muost einmal vitzen, und sprach zuo jm: gott geb dier ein nacht, als ich gern eine hette“[73], wurde ihr übel vermerkt.

Für große Aufregung scheint auch das Verhalten von Dichtlin und ihrer Tochter Anna gesorgt zu haben, von dem der Zeuge Ueli von Aesch berichtete: „Ouch so hab imm ein bettler geseit, der hab die frouwen bed in der A sächen sitzen, vnd do er für käme, do ruoftend sy imm wider hinumb vnd sprachent: lieber, büt vnns die hemli! (hiengen an einer studen.) Das tätt er vnd säche wol, das sy neiswas zwischen ir bein fasseten."[74]

Dem guten Ruf einer Frau, der gleichzeitig einen gewissen Schutz vor Anklagen bot, schadete ungewöhnliches und damit verdächtiges Verhalten in den verschiedensten Situationen. So wurde der Argwohn der Zeugen ebenso durch die Rüschellerin genährt, die hochgeschürzt aus dem Wald rannte[75], wie durch den Ehebruch von Lena Egglerin.[76] Auch wenn sich Frauen verbal oder physisch zur Wehr setzten, konnte sie das verdächtig machen; wie etwa im Fall von Barbara im Herd, die sich gegen die Gewalt von Hans Achermann mit einem Messer zur Wehr setzte.[77] Daß in allen diesen Fällen nicht nur das individuelle Fehlverhalten einer Frau sanktioniert wurde, sondern daß damit zugleich auch festgelegt wurde, was für Frauen überhaupt erlaubt war, macht die folgende Begebenheit wahrscheinlich: „do kam einer von Reitnouw, ein gloubsamer man, vnd sprach: ich han gesechen ein frouwen von reiden ritten vf eim wolf vf eim berg, heist uf eim Ebnett, vnd nampt si nit. Do sprachent si: wer ist si? So antwurt er vnd sprach: sie hat gruen vnderermel vnd heftli daran vnd ist von Reiden. Also hatt die Rüschellerin ouch vf die zit gruen vnder ermel mit hefftlin. Also lüf der Gassenrumer gan Reiden in dz dorf vnd sprach zuo den frouwen von Reiden: Dz üch botz bluot schend, ir frouwen von reiden! Warvmb rittend ir nit als mer vf rossen, als vf wolffen?"[78]

Hier wird deutlich, wie Hexereibeschuldigungen als Kontrollinstrument eingesetzt werden konnten, das das Verhalten aller Frauen betraf. Daß diese Prozesse Konsequenzen für Frauen (und ihre Geschichte) hatten, ist demnach nicht zu bestreiten. Die Frage ist allerdings, ob die Hexenprozesse das einzige Kontrollmittel waren oder ob allgemein Gerichtsverfahren zur Verhaltenskontrolle von Frauen dienten bzw. beitrugen und somit die hier genannten Muster (Vorwurf von ungehörigem Verhalten in verschiedenen Ausprägungen)[79] nicht spezifisch für Hexereifälle waren.[80]

Generell wurde der Zusammenhang zwischen den Hexenverfolgungen und der Entwicklung der Kriminalität bisher zu wenig beachtet. Hexerei war zwar „crimen exceptum", aber gleichzeitig, wie Christina Larner betont[81], für die Zeitgenossen ebenso real und verfolgungswürdig wie andere Verbrechen (etwa Diebstahl, Mord oder Homosexualität).

E. W. Monter hat bereits auf die Parallelen hingewiesen, die seiner Meinung nach zwischen der Zunahme der Hexenprozesse und der Verfolgungen von Homosexualität und Kindsmord seit dem 16. Jahrhundert bestehen.[82] Zu ähnlichen Ergebnissen kommt auch Soman in seiner Analyse der Hexenprozesse, die das Parlament von Paris im 16. und 17. Jahrhundert führte.[83] Monter stellt weiter fest, daß Hexerei das wichtigste Frauenverbrechen der frühen Neuzeit war.[84] Wie wichtig es ist, Hexerei nicht isoliert, sondern im Kontext der Entwicklung der Gesamtkriminalität zu betrachten, betont vor allem Christina Larner. Sie vertritt die These, daß die Hexenverfolgungen ebenso wie die Verfolgung von Kindsmord der Kriminalisierung von Frauen in der frühen Neuzeit diente, da man sie für traditionelle Delikte, wie etwa Diebstahl, nicht vor Gericht belangte, sondern die Verantwortung bei ihren Ehemännern und Vätern suchte.[85] Festzuhalten bleibt, daß der gute Ruf einer Frau – ihre Ehre – in hohem Maße von ihrem sexuellen Verhalten abhing. Gerade hier aber trafen sich das stark sexualisierte Hexenmuster der Theoretiker und (in geringerem Ausmaß) der Richter mit den Aussagen der Zeugen und Zeuginnen, die Frauen anklagten, die sich nonkonform verhielten. Die Hexenprozesse bedrohten potentiell alle Frauen – aber je nach Region und Zeit nicht nur sie. Sie bedeuteten einen Machtverlust für diejenigen Frauen, die sich zuvor durch die Ausübung von Magie eine gewisse Machtposition gegenüber ihrer Umwelt hatten sichern können.

Dennoch bleibt die Frage offen, warum Frauen in ganz besonderem Maße – aber nicht ausschließlich – Opfer dieser Verfolgungen wurden.[86] Mit Sicherheit wird nicht ein einziger Faktor (etwa die Verfolgung von Hebammen) die Erklärung für dieses Phänomen geben können. Das Problem ist vielmehr auf allen Ebenen der Analyse der Hexenverfolgungen zu berücksichtigen (ebenso bei der Analyse der Entstehung und Entwicklung des gelehrten Hexenmusters, wie bei der Geschichte der Magie, der Untersuchung der Prozeßpraxis, der Entwicklung des volkstümlichen Hexenglaubens oder den sozialen Ursachen, die zu Verfolgungswellen führten). Damit ist gleichzeitig gesagt, daß es sich hierbei nicht nur um einen Nebenaspekt handelt. Eine Analyse, die von dieser Voraussetzung ausgeht, kann – wie gezeigt – keine befriedigende Antwort auf die gestellte Frage geben. Anders formuliert heißt dies, daß „Geschlecht“ auch für die Geschichte der Hexenverfolgungen eine (aber nicht die einzige) zentrale Untersuchungskategorie ist. Hiefür scheinen vor allem die Ansätze vielversprechend, die die Zusammenhänge zwischen den Hexenprozessen und der Geschichte der Kriminalität betonen.

Anmerkungen

1 Beim folgenden Artikel handelt es sich um eine überarbeitete und gekürzte Fassung meiner Lizentiatsarbeit: „Hexenverfolgung als Frauenverfolgung? Die Luzerner Prozesse im 15./16. Jh.", Typoskript Basel 1983.

2 Die Lausanner Prozesse konnte ich aus arbeitstechnischen Gründen leider nur sehr partiell untersuchen, so daß ich mich für die konkreten Prozeßbeispiele vor allem auf Luzern konzentrieren muß.

3 Da die Hexenverfolgungen ein äußerst komplexes Phänomen sind, das immer noch unzureichend erforscht ist, scheint es mir sinnvoll, allgemeine Thesen der Literatur an konkreten Fällen zu überprüfen. Sind nämlich von vorneherein die europäischen Hexenverfolgungen in ihrer Gesamtheit Thema der Untersuchung, so bleiben allzuoft zeitliche und regionale Unterschiede unberücksichtigt, die – wie sich noch zeigen wird – gerade bei der Frage nach der Bedeutung der Kategorie Geschlecht für die Hexenverfolgungen eine zentrale Rolle spielen.

4 Joseph Hansen, Zauberwahn, Inquisition und Hexenprozesse im Mittelalter und die Entstehung der großen Hexenverfolgungen, München/Leipzig 1900, S. 499.

5 Dies gilt für die meisten Autoren, die sich mit den europäischen Hexenverfolgungen beschäftigt haben, so etwa auch für Norman Cohn, Europe's Inner Demons, St. Albans 1976, S. Xf. und besonders S. 251, für Keith Thomas, Religion and the Decline of Magic, London 1971, S. 562f. und viele andere.

6 Vgl. etwa Barbara Ehrenreich/Deirdre English, Hexen, Hebammen und Krankenschwestern, München 1975; Gabriele Becker/Silvia Bovenschen/Helmut Brackert u. a., Aus der Zeit der Verzweiflung. Zur Genese und Aktualität des Hexenbildes, Frankfurt a. M. [2]1978; oder E. W. Monter, The Pedestal and the Stake: Courtly Love and Witchcraft, in: Becoming visible. Women in European History, hg. von Renate Bridenthal und Claudia Koonz, Boston 1977, S. 119–136.

7 Jules Michelet, La sorcière. Chronologie et préface p. Paul Viallaneix, Paris 1966.

8 Hansen (1900), S. 2f., S. 485ff.

9 Jean Delumeau, La peur en Occident (XIVe–XVIIIe siècles), Paris 1978, S. 450.

10 Hansen (1900) betont, daß die beiden Inquisitoren Anhänger der Ordens- und Klosterreform strenger Observanz waren, die „eine Stärkung des Satanismus" bewirkte, S. 485f.

11 E. W. Monter, Witchcraft in France and Switzerland, Ithaca/London 1976, S. 121ff.; H. C. Erik Midelfort, Witchhunting in Southwestern Germany, 1562–1684. The Social and Intellectual Foundations, Stanford 1972, S. 195f.; Robert Muchembled, Kultur des Volkes – Kultur der Eliten, Stuttgart 1982, S. 240.

12 Thomas (1971), S. 561ff.; Clarke Garret, Women and Witches: Patterns of Analysis, in: Signs (1977), S. 462f., hier: S. 466.

13 Michelet (1966), S. 31ff.; Muchembled (1982), S. 68, 73, 93.

14 Richard A. Horsley, Who Were the Witches? The Social Roles of the Accused in the European Witch Trials, in: Journal of Interdisciplinary History 9 (1979), S. 700ff.

15 Ehrenreich/English (1975); G. Heinsohn/R. Knieper/O. Steiger, Menschenproduktion. Allgemeine Bevölkerungslehre der Neuzeit, Frankfurt a. M. 1979; G. Heinsohn/O. Steiger, Die Vernichtung der weisen Frauen, Herbstein [2]1985.

16 Claudia Honegger, Die Hexen der Neuzeit. Studien zur Sozialgeschichte eines kulturellen Deutungsmusters, Frankfurt a. M. 1978; vgl. auch dies., Comment on Garret's „Women and Witches", in: Signs (1979), S. 793, 795ff.

17 Christina Larner, The Enemies of God. The Witch Hunt in Scotland, London 1981, S. 92, weist darauf hin, daß Hexerei im Gegensatz zu Kindsmord nicht ausschließlich Frauen vorgeworfen wurde; also „sex-linked" aber nicht „sex-specific" war: „The substantial proportion of male witches in most parts of Europe means that a witch was not defined exclusively in female terms. If she were the problem would be simpler, but the two principal characteristics of the witch, malice and alleged supernatural power, are human rather than female characteristics, yet at least four of five persons to whom they are ascribed are women. Witchcraft was not sex-specific but it was sex-related." Diese Tatsache macht die Beantwortung der Frage, warum gerade Frauen so intensiv verfolgt wurden, noch schwieriger. Es genügt nämlich nicht, die Ursachen für die Entstehung des Hexenmusters und das Aufkommen der Prozesse zu analysieren, um den überproportionalen Anteil von Frauen an den Verfolgten erklären zu können.

18 Christina Larner, Crimen Exceptum? The Crime of Witchcraft in Europe, in: Crime and the Law. The social History of Crime in Western Europe since 1500, hg. von V. A. C. Gatrell/Bruce Lenman/Geoffrey Parker, London 1980; E. W. Monter, La sodomie à l'époque moderne en Suisse romande, in: Annales ESC 29 (1974), S. 1023–1033; Monter (1977); Alfred Soman, Les procès de sorcellerie au Parlement de Paris (1565–1640), in: Annales ESC 32, 1977, S. 790–814; Alfred Soman, The Parlement of Paris and the Great Witch Hunt (1565–1640), in: Sixteenth Century Journal 9 (1978), S. 30–44.

19 Die Verknüpfung dieser Elemente auf theoretischer Ebene ist, laut Hansen, die Leistung des Malleus maleficarum, Hansen (1900), S. 478ff.

20 So heißt es etwa im Capituale Carisiacense: „malefici homines et sortiariae", in: MG Leg.Sect. II, 2, Nr. 278, Cap. 7.

21 Monica Blöcker, Frauenzauber – Zauberfrauen, in: Zeitschrift für schweizerische Kirchengeschichte 76, 1982, S. 16ff.

22 Noch nicht geklärt ist die Frage, ob schon die Zauberprozesse ähnlich frauenspezifisch waren wie die späteren Hexenprozesse, was immer wieder behauptet wird.

23 Richard Kieckhefer, European Witch Trials, London 1976, S. 10ff.

24 Für die folgenden Angaben wurde Kieckhefer (1976), S. 106–147: Calendar of Witch Trials, ausgewertet. Für das 16.–18. Jahrhundert vgl. etwa die Zahlenangaben bei Robert Muchembled, Avant-propos, Satans ou les hommes? in: Dupont-Bouchat/Frijhoff/Muchembled, Prophètes et sorciers dans les Pays-Bas, XVIe et XVIIe siècles, Paris 1978, S. 17.

25 Die Prozentzahlen beziehen sich nur auf die Fälle, für die das Geschlecht bekannt ist, sie sind daher für Fälle wie das Wallis (Anzahl der Verfolgten, deren Geschlecht unbekannt ist: 100–200 Personen) oder Faido (Anzahl der Verfolgten, deren Geschlecht unbekannt ist: 32 Personen) praktisch irrelevant.
26 Monter gibt für Neuchâtel im 15. Jahrhundert 7 Frauen (19%) und 29 Männer (81%) an; die Zahlen der Tabelle sind der Aufstellung von Kieckhefer entnommen, um eine einheitliche Grundlage für Vergleiche zu gewährleisten.
27 Die wichtigsten Bestandteile dieses Musters sind Schadenzauber, Teufelspakt und Hexensabbat. Innerhalb der Theorie – und damit des Musters – wird die Hexe als Frau gedacht.
28 Vgl. etwa den Dominikaner-Kardinal Johann von Turrecremata, Aus der Zeit der Verzweiflung (s. Anm. 6) S. 322.
29 Johannes Nider, Formicarius, in: Malleus Maleficarum, Tomus Primus, Lugduni 1620, S. 512ff., 514, 525f.
30 Hansen (1900), S. 474.
31 Institoris und Sprenger kommen im *Hexenhammer* (6. Kap. des I. Teils) zu folgendem Urteil: „Alles geschieht aus fleischlicher Begierde, die bei ihnen unersättlich ist. Sprüche am Vorletzten: ‚Dreierlei ist unersättlich (etc.) und das vierte, das niemals spricht: es ist genug, nämlich die Öffnung der Gebärmutter!' Darum haben sie auch mit den Dämonen zu schaffen, um ihre Begierden zu stillen. – Hier könnte noch mehr ausgeführt werden; aber den Verständigen ist hinreichende Klarheit geworden, daß es kein Wunder ist, wenn von der Ketzerei der Hexe mehr Weiber als Männer besudelt gefunden werden. Daher ist es auch folgerichtig, die Ketzerei nicht zu nennen die der Hexer, sondern die der Hexen, damit sie den Namen bekommen a potiori; und gepriesen sei der Höchste, der das männliche Geschlecht vor solcher Schändlichkeit bis heute so wohl bewahrte, da er in demselben für uns geboren werden und leiden wollte, hat er es deshalb auch so bevorzugt." Zitiert nach J. W. R. Schmidt, der Hexenhammer, Teil 1–3, Berlin 1920–22, S. 107.
32 August Stöber, Zur Geschichte des Volksaberglaubens aus Dr. Johs. Geilers von Kaisersberg Emeis, Basel 1856, S. 41ff.
33 Ebd., S. 42f.
34 Diese Anfälligkeit wird entweder mit der den Frauen eigenen Leichtgläubigkeit oder mit ihrer „feuchten und fließenden" und daher zur Melancholie neigenden Natur begründet.
35 Falls dieser Eindruck einer eingehenden Analyse standhalten würde, hieße das auch, daß die Theorie in diesem Bereich eher der Praxis folgte, wenn auch Rückkoppelungsprozesse sicher nicht ausgeschlossen waren.
36 Kieckhefer (1976), S. 28 und S. 159 Anm. 4; Cohn (1976), S. 239.
37 So gesteht etwa Margreth Thüttinger 1549: „Item sy sige uff ein zytt uff Aller Seelen tag uff der prattellen matt mitt Andern gsin, werend jro wole hundertt uff die fartt by ein Andern, und wärend ettlich uss Zürich und Bernpiet, uss willisover Ampt und uss dem Entilbuoch, mög nitt wüssen wohar; Sy habs nitt bekendt." E. Hoffmann-Krayer, Luzerner Akten zum Hexen- und Zauberwesen, erweiterter Separat-Abdruck aus dem Schweizer Archiv für Volkskunde, Zürich 1900, Nr. 42, S. 115. Die Wiese bei Pratteln war als Hexenwiese bekannt.

38 Entsprechend liegen hier bis Ende des 16. Jahrhunderts auch noch nicht Massenverfolgungen, sondern Einzelprozesse oder allenfalls kleine Gruppenprozesse vor.

39 Nur die ersten Prozesse bis in die Mitte des 15. Jahrhunderts sind Zaubereiprozesse.

40 Interessanterweise wurde laut Hansen das Wort „hexerey" im deutschen Sprachbereich zum ersten Mal in Luzern im Leumundprozeß von 1419 gegen den Gögler gebraucht. Joseph Hansen, Quellen und Untersuchungen zur Geschichte des Hexenwahns und der Hexenverfolgung im Mittelalter, Bonn 1901, S. 528.

41 Da es hier um Folterverhöre geht, sagen die Geständnisse mehr über die Vorstellungen der verhörenden Richter als über die Vorstellungen der Angeklagten aus.

42 Das heißt, es handelt sich um einen individuellen Akt zwischen einer Frau und dem Teufel, was oft folgendermaßen in den Quellen umschrieben wird: „sie habe sich dem Bösen Geist geeignet".

43 Vgl. Anm. 37.

44 Hagelschlag kann ja tatsächlich lokal sehr begrenzten Schaden anrichten.

45 Zu ähnlichen Ergebnissen kommt Horsley (1979), S. 693.

46 So sagte Margret Bodenmann 1551 in ihrem Geständnis: „Sy hab der bader zuo Malters uff ein zyt, alls sy jns bad gwellen, heim gan heissen; den und die jm bad gsyn, hab sy jn dess unglücks namen angeblasen; darvon der bader und syn frow kranck worden; dan der bös geist syg ir nachgevolgt und ir gholffen. Hanns Genharts frowen hab sy angeplasen darumb, das die alt Müllerin zuo Mallters jnen cleyder geordnet, die aber sy, die tätterin gern ghan hätte; darzuo hab der bös geist jr gholffen, das obgnemptte frow ein böser plast dergstallt angangen, sy gar nach von sinnen komen; dan ir, der tätterin, der bös geist allweg nachgfolgt syge. Sy habe ouch uss Mosers zuo Malters spycher 1 viertel kornn gnomen" (Hoffmann-Krayer [1900] Nr. 45, S. 129). Alle im heutigen Verständnis übernatürlichen Taten konnte Margret Bodenmann also ihrem Geständnis zufolge nur mit Hilfe des Teufels überhaupt begehen, zu einem einfachen Korndiebstahl war sie dagegen auch allein in der Lage.

47 Bemerkenswert sind auch die Ergebnisse von Peter Kamber, La chasse aux sorciers et aux sorcières dans le Pays de Vaud. Aspects quantitatifs (1581–1620), in: Revue historique vaudoise 90, 1982, S. 22f., wonach noch zwischen 1581 und 1620 34,2 % der im Waadtland zum Tode verurteilten Hexen Männer waren (325 Verurteilte).

48 Archives Cantonales Vaudoises (ACV), AC 29, Procès en sorcellerie 1438 à 1520, für die Jahre 1438/48 ebd., S. 5–68.

49 Hatten der oder die Angeklagte nach der dritten „admonitio" noch nicht die Wahrheit gesagt, so wurde durch die „sententia interloquutoria" die Anwendung der Folter erlaubt. Mit der „conclusio in causa" endete das Beweisverfahren, dem das Schlußurteil (mit Schuldspruch und Strafe) folgte.

50 Wie schon die Chronologie der Luzerner und Lausanner Prozesse einerseits und der dämonologischen Entwicklung andererseits zeigt.

51 Zu berücksichtigen ist dabei auch, daß gerade älteren Leuten besondere magische Fähigkeiten zugeschrieben wurden.
52 Auch wenn zu allen sozialen Merkmalen der in Luzern Angeklagten nur recht unsichere Angaben gemacht werden können und die Fälle, für die keine Angaben vorliegen, einen beachtlichen Teil ausmachen.
53 Monter (1976), S. 121.
54 Vgl. etwa die Übersicht bei Alan MacFarlane, Witchcraft in Tudor and Stuart England. A regional and comparative study, London 1970, S. 229f.
55 Wie omnipräsent magische Vorstellungen und Praktiken waren, wird sich noch bei der Besprechung der Frage zeigen, ob magische Kenntnisse Frauen vorbehalten waren oder nicht.
56 Midelfort (1972), S. 195f.
57 Vgl. etwa Horsley (1979), S. 713.
58 Thomas (1971), Kap. 16 und 17, bes. S. 555.
59 Hoffmann-Krayer (1900), Nr. 26, 37, 45, 50.
60 Während Peter Kamber, Die Hexenverfolgungen im Waadtland (1581–1620), Manuskript Zürich 1980, S. 108, für das Waadtland feststellt, daß es vor allem in den geschlossenen Dorfsiedlungen zu Massenverfolgungen gekommen ist und die Gebiete mit Einzelhofsiedlungen weitgehend verschont blieben, betrifft in Luzern die Mehrheit der Fälle, für die Angaben vorliegen, das Gebiet der Einzelhofsiedlungen; hier war also die Hexenverfolgung kein „Phänomen der geschlossenen Dorfsiedlung". Vgl. auch Kamber (1982), S. 30f.
61 Michelet (1966), S. 31ff.
62 Hansen (1900), S. 484.
63 Ehrenreich/English (1975), passim.
64 Sie nehmen an, daß das außerordentliche Bevölkerungswachstum seit ca. 1480 nur mit der Vernichtung des zweckrationalen Fortpflanzungsverhaltens und der dazu nötigen Kenntnisse durch die Hexenprozesse zu erklären ist, Heinsohn/Knieper/Steiger (1979), S. 53f.
65 Horsley (1979), S. 700ff.
66 Vgl. auch Horsley (1979), S. 706: „It is worth noting, in regard to the Lucern material, that all of the healers/diviners who were accused of witchcraft were women, whereas nearly all the others who were not being accused – even though they may have been involved in the same illegitimate magical healing, or may have conversed with the dead or worked counter magic – were men."
67 ACV, AC 29, S. 5–28.
68 Honegger (1978), besonders S. 21–34.
69 Das ist insofern bemerkenswert, als im Spätmittelalter die fahrenden Schüler als Spezialisten für Liebeszauber galten. Vgl. etwa Handwörterbuch des deutschen Aberglaubens, hg. von E. Hoffmann-Krayer und H. Bächtold-Stäubli, Berlin/Leipzig 1927ff., Bd. 5, Sp. 1287, oder den Prozeß von 1407 in Basel gegen Adelheit von Hohenfels, Buxtorf-Falkeisen, Baslerische Stadt- und Landgeschichten, 4. Heft: Basler Zauberprocesse aus dem 14. und 15. Jahrhundert, Basel 1868, S. 8.
70 Nämlich das Anhexen von Krankheiten bei Mensch und Tier sowie Wetterzauber.

71 Hoffmann-Krayer (1900), Nr. 44, S. 120.
72 Ebd., S. 122.
73 Ebd., Nr. 32, S. 80.
74 Ebd., Nr. 25, S. 57.
75 Ebd., Nr. 16, S. 19f.
76 Ebd., Nr. 39, S. 111.
77 Ebd., Nr. 28, S. 66.
78 Ebd., Nr. 16, S. 21.
79 Vgl. auch Shulamith Shahar, Die Frau im Mittelalter, Königstein 1981, S. 239: „Da wir bereits in früherem Zusammenhang gesehen haben, daß ‚Dirne' und ‚Hexe' die am meisten unter Frauen geläufigen Schimpfworte waren".
80 Mangels entsprechender Untersuchungen ist diese Frage vorläufig nicht zu klären.
81 Larner (1980), S. 49, S. 56ff. Meist werden dagegen die Hexenprozesse folgendermaßen eingeschätzt: „Hexenprozesse sind Strafverfahren ohne Straftat. Das unterscheidet sie von jeder echten Kriminalität einschließlich des traditionellen Zaubereiprozesses, dem zumindest eine entsprechende Tat zugrunde liegen kann, wenn auch nicht muß." (Gerhard Schormann, Hexenprozesse in Nordwestdeutschland [Quellen und Darstellungen zur Geschichte Niedersachsens 87], Hildesheim 1977, S. 1); eine Wertung, die den Zeitgenossen der Prozesse mit Sicherheit unverständlich gewesen wäre.
82 Monter (1974), S. 1031f.
83 Soman (1977), S. 793ff. und ders. (1978), S. 36f.
84 Monter (1977), S. 133.
85 Larner (1980), S. 71.
86 Larner (1980), S. 70: „Certainly one question about the witchhunt which has not really been sufficiently examined, despite its obviousness and despite the fact that it was asked continually by commentators and authors of demonological handbooks at the time of the hunt, was that of why witches were women."

Ingrid Ahrendt-Schulte

Schadenzauber und Konflikte

Sozialgeschichte von Frauen im Spiegel der Hexenprozesse des 16. Jahrhunderts in der Grafschaft Lippe

Die Hexenverfolgung der frühen Neuzeit stellt ein entscheidendes Kapitel in der Sozialgeschichte von Frauen dar, denn es waren in erster Linie Frauen, die als schadenstiftende Teufelsanhängerinnen betrachtet und in Hexenprozessen angeklagt und verurteilt wurden. In den Hexentraktaten der Zeit wurde die Affinität des weiblichen Geschlechts zur Hexerei betont und aus der Natur der Frau abgeleitet. Die Einflüsse des Hexenglaubens und der Hexenprozesse auf die Lebensbedingungen von Frauen in der frühen Neuzeit und die langfristigen Auswirkungen dieses Phänomens auf die gesellschaftliche Stellung von Frauen sind bisher hauptsächlich in Überblickdarstellungen auf theoretischer Ebene erörtert worden.[1] Wir wissen deshalb kaum etwas darüber, in welcher Weise und in welchem Ausmaß das tagtägliche Leben von Frauen in einer Stadt oder auf dem Lande durch Vorstellungen über Hexerei als Frauendelikt beeinflußt wurde und wie sich dies auf die verschiedenen Bereiche des Zusammenlebens auswirkte.

Im Folgenden möchte ich Ergebnisse einer Lokalstudie über Hexenprozesse des 16. Jahrhunderts in der kleinen lippischen Stadt Horn und ihrem Umland vorstellen, die ich unter solchen Fragestellungen durchgeführt habe.[2] Es geht um die Rolle des Schadenzaubers als Handlungs- und Deutungsmuster in Konflikten, um die Vorstellungen, denen zufolge Frauen die Fähigkeit zur schädigenden Zauberei zugeschrieben wurde, und die Herleitung dieser Vorstellungen aus den Lebens- und Arbeitszusammenhängen von Frauen.

Die Konflikte, in denen Schadenzauber angewendet oder vermutet wurde, liefern aufschlußreiche Informationen über die soziale Situation von Frauen in einer frühneuzeitlichen Stadt und auf dem Lande.

Die Fallgeschichten der Angeklagten vermitteln einen Eindruck davon, was es bedeutete, als Frau zur Zeit der Hexenverfolgung zu leben. Ich habe ihre Geschichte nicht einseitig aus der Perspektive der Verfolger als die Geschichte der Opfer betrachtet, sondern versucht, die Ambivalenz der Situation zu erfassen, in der sich die als Hexen berüchtigten Frauen befanden. Ihr Leben bewegte sich zwischen den Polen von Angst-Erzeugen und Angst-Haben, von Bedrohen und Bedroht-Werden, von Macht und Ohnmacht.

Die Analyse von Hexenprozeßakten unter solchen Gesichtspunkten setzte voraus, daß ich den Hexenglauben als einen realitätsstiftenden Faktor akzeptiert und ernst genommen habe.[3] Die Hexenforschung war lange Zeit dadurch geprägt, daß heutige Realitätsvorstellungen in die frühe Neuzeit projiziert wurden. Demnach konnte der Hexenglaube nur als „Wahn“ und die Angeklagten als Opfer dieses „Wahns“ betrachtet werden oder als Sündenböcke, auf deren Rücken unterschiedliche Gruppen ihre Interessenkämpfe austrugen. Auf diese Bewertung – und nicht etwa auf den Mangel an Quellen – ist es zurückzuführen, daß wir bisher so wenig über die als Hexen verfolgten Frauen wissen. Die historische Situation kann nur angemessen verstanden werden, wenn die andersartige Realitätsvorstellung im Kontext des magischen Weltbildes der frühen Neuzeit berücksichtigt wird. Einfache und gebildete Leute waren sich darin einig, daß es Hexen gebe, die für ihre Verbrechen bestraft werden müßten.[4] Einer Hexereianklage lag in der Regel die Überzeugung von der Schuld der Angeklagten zugrunde. Diese Überzeugung stützte sich auf Indizien, die von Zeugen beobachtet und nach dem herrschenden Glaubensmuster gedeutet worden waren.

Abb. 5: Zauberisches Milchstehlen

Da die volkstümlichen Vorstellungen über Zauberei und Magie, an welche die Hexenprozesse anknüpften, in den frühen Prozessen des 16. Jahrhunderts deutlicher sichtbar werden als in den standardisierten Prozessen des 17. Jahrhunderts, habe ich mich auf die frühe Phase der Hexenverfolgung konzentriert. Die schriftliche Überlieferung setzt 1550 ein. Das Verfahren war in dieser Zeit noch nicht normiert, d.h., die Zeugen berichteten alles, was sie über die Angeklagte wußten. Standardisierte Fragenkataloge für die Zeugen wurden erst seit den achtziger Jahren des 16. Jahrhunderts zur Regel. Auch die Verhöre der Angeklagten folgten seitdem einem stereotypen Muster.

Der Begriff „Hexe" war in der Grafschaft Lippe im 16. Jahrhundert noch nicht geläufig. Wie in anderen norddeutschen Gebieten hießen die Delinquentinnen Zaubersche oder Toversche.[5] Das Delikt wurde entsprechend der peinlichen Gerichtsordnung Kaiser Karls V., nach der die Verfahren durchgeführt wurden, als Zauberei bezeichnet. In der Bevölkerung hieß es im allgemeinen „die Kunst". Das Kernstück des Delikts war der durch Zauberei herbeigeführte Schaden an Leib, Leben und Besitz von Mitmenschen. Zwar gehörte notwendigerweise als Voraussetzung für die Tat dazu, daß die Zaubersche von Gott und seinem heiligen Wort abwich, den christlichen Glauben verließ und dem Teufel anhing[6], der Auslöser für eine Anklage war jedoch immer der Verdacht, daß diese Frau für bestimmte Schadenfälle in ihrer Umgebung verantwortlich sei.

Der Zaubereiverdacht folgte auch in Lippe einem Muster, das bereits aus sozialanthropologischen Untersuchungen über Hexerei in England bekannt ist.[7] Dieses Muster wurde allerdings in Lippe im 16. Jahrhundert nur auf Frauen angewendet. War eine Frau in einem Interessenkonflikt benachteiligt oder ungerecht behandelt worden, oder hatte man sie im Streit beleidigt, unterstellte man ihr, daß sie sich an ihrem Gegner durch Zauberei rächte. Schadenzauber galt als ein typisch weiblicher Racheakt. Die Zeugenaussagen konzentrierten sich auf die Beschreibung des Schadens und des Motivs der Angeklagten. Es war von entscheidender Bedeutung, der Angeklagten einen plausiblen Grund zur Rache nachweisen zu können. Deshalb wurden der Verlauf von Konflikten, in welche die Angeklagte verwickelt gewesen war, sowie das Verhalten der einzelnen Beteiligten von den Zeugen oft bis ins kleinste Detail beschrieben. Hinzu kamen Berichte über Situationen, in denen die Frau sich durch bestimmte Äußerungen oder Handlungen verdächtig gemacht hatte, die „Kunst" zu beherrschen. Konnte außerdem nachgewiesen werden, daß sie einen schlechten Ruf hatte und seit längerem im Gerücht stand, eine „Zaubersche" zu sein, war ihr die Tat zuzutrauen und ihre Schuld schon so gut wie bewiesen.

Beobachtungen darüber, wie und mit welchen Mitteln die Frau ihre Tat ausgeführt hatte, mußten nicht unbedingt von den Zeugen kommen, wenn auch gelegentlich davon berichtet wurde. Dies zu bekennen, war die Pflicht der Angeklagten. Ohne ihr Geständnis war keine Verurteilung möglich.[8] Während die Konflikte, die von Zeugen und Angeklagten beschrieben wurden, als reale Streitpunkte zwischen den Frauen und ihren Nachbarn, Verwandten und anderen Gemeindemitgliedern betrachtet werden können, deren konkreter Hergang sich aus Textvergleichen der einzelnen Aussagen rekonstruieren läßt, müssen die Beschreibungen des Schadenzaubers bzw. der magischen Praktiken als eine Mischung aus Stereotypen und Erfahrungen angesehen werden. Wir wissen aus Untersuchungen über Magie, Volksmedizin und Volksfrömmigkeit, daß in der frühen Neuzeit magische Mittel und Praktiken zur Abwehr von Bedrohungen und zur Bewältigung von Schwierigkeiten in den unterschiedlichsten Lebensbereichen eingesetzt wurden.[9] In den frühen lippischen Prozeßakten lassen detaillierte Beschreibungen magischer Praktiken erkennen, welche Zaubermittel und Rituale in dieser Region gebräuchlich waren. Die Angeklagten in diesen Prozessen sind z. T. noch eindeutig als „Ratgeberinnen" zu identifizieren, die sich im Gebrauch und der Herstellung von Drogen und Tränken zur Heilung, Abtreibung, zum Liebes- und Schadenzauber auskannten und deshalb konsultiert wurden. Durch das Verlesen der Urgichten beim öffentlichen „endlichen Rechtstag" bildete sich mit zunehmender Hexenverfolgung ein Anklageklischee heraus, das sich nicht mehr nur auf diese Frauen mit speziellen Kenntnissen beschränkte, sondern auf alle Frauen anwendbar war. Das Muster, dem dieses Klischee folgte, lautete folgendermaßen: Frauen setzen ihre Kenntnisse über Magie in schädigender Weise zur Verteidigung ihrer Interessen ein. Wer in einem Konflikt die Interessen einer Frau verletzt, muß ihre Rache in Form von Zauberei fürchten. Deshalb sind alle Frauen, die in Konflikte verwickelt sind, potentielle Zaubersche.

Die Hexenprozeßakten liefern dementsprechend Informationen darüber, wie Frauen bei der Austragung ihrer Konflikte durch Vorstellungen über Schadenzauber beeinflußt wurden, indem sie entweder durch drohenden Zaubereiverdacht in ihrem Handlungsspielraum eingeschränkt waren oder tatsächlich versuchten, ihre Interessen mittels Schadenzauber durchzusetzen.

I. Da sich unter den Hexenprozeßakten der Grafschaft Lippe für das 16. Jahrhundert auch einige Akten über gerichtliche Ermittlungen und Prozesse gegen Männer befinden[10] und der Gebrauch und die Kenntnis magischer Mittel keine ausschließliche Domäne von Frauen war, will ich zunächst auf die Unterschiede zwischen Prozessen gegen Männer und solchen gegen Frauen eingehen und Schadenzauber von anderen gebräuchlichen Formen der Magie abgrenzen. Den Prozessen gegen Männer liegt ein anderes Verdächtigungsschema zugrunde, oder sie unterscheiden sich in den Anklagepunkten von den Hexenprozessen gegen Frauen.

In zwei Fällen gestanden Männer unter dem Einfluß der Folter nach dem Stereotyp des Hexenmusters, daß sie sich dem Teufel unterworfen, eine Teufelin als Buhlin auf dem „Tanz" bekommen und auf Anreizung des Teufels ihre Mitmenschen geschädigt hätten. Obwohl die beiden Angeklagten, Eberhard Balne aus Lippstadt und Jacob Schlirup aus Lemgo, Söhne von bereits hingerichteten Zauberschen waren, wurden sie nicht wegen eines Zaubereiverdachts, der unter den Mitbürgern entstanden war, festgenommen. Balne war 1573 von seiner Schwester Grete Horstmann im peinlichen Verhör als Komplize und Mitwisser ihrer Zauberei angegeben worden. Grete wiederum war von einer bereits hingerichteten Zauberschen benannt worden. Balne und seine Schwester widerriefen ihre Aussagen vor Gericht und erklärten sie als erzwungen. Da keine Zeugenaussagen oder Klagen aus der Bevölkerung gegen sie vorlagen, wurde kein erneutes peinliches Verhör durchgeführt und beide aus der Haft entlassen.[11]

Gegen Jacob Schlirup wurden gerichtliche Ermittlungen eingeleitet, weil er 1584 in der Stadt Lemgo einen Zettel in Umlauf gebracht hatte, auf dem die Namen von „Zauberschen" – u. a. etlichen Ratsfrauen – verzeichnet waren. Während des Verhörs gab er an, er wisse deshalb, daß diese Frauen „Zaubersche" seien, weil er mit ihnen auf dem „Tanze" gewesen sei. Er selbst habe die Zauberei von seiner Mutter gelernt. Auch er widerrief und wurde schließlich wegen Verbreitung von Schmähschriften und eines Diebstahls, den man ihm nachweisen konnte, zum Galgen verurteilt.[12]

Die Vorstellung, daß Männer mittels Magie Rache übten und ihre Mitmenschen durch Zauberei schädigten, war den Einwohnern der Grafschaft Lippe im 16. Jahrhundert fremd. Schadenzauber war Frauensache. Dies wird an einem Beispiel aus dem Dorf Vahlhausen (bei Horn) deutlich: 1585 wurden hier Zeugen vernommen, weil dem Bauern Hinderer nach einem Streit mit Wichhenrich ein Pferd gestorben war. Die Pferde des Hinderer waren in das Haferfeld des Wichhenrich gelaufen und hatten dort großen Schaden angerichtet. Nach Besichtigung des Feldes durch die Vahlhausener Bauernschaft wurde der Schaden auf sechs Scheffel Hafer festgesetzt. Da Wichhenrich die Entschädigung als zu gering empfand, verfluchte er die Pferde des Hinderer, indem er einige Haferhalme aufhob und ausrief, die Pferde sollten innerhalb eines Jahres vergehen, so wie diese Halme. Damit dies auch geschehe, wolle er eine „Zaubersche" beauftragen, an allen Pferden, die ihm Schaden getan hätten, dasselbe zu tun.[13] Zwar wurde Schadenzauber ausschließlich Frauen angelastet, aber der allgemeine Gebrauch von magischen Mitteln war keine geschlechtsspezifische Angelegenheit. Als „Wicker" und „Wickersche" betrieben Männer und Frauen Wahrsagerei, Segensprechen und Gegenzauber. Diese Leute wurden von allen Bevölkerungsschichten in Anspruch genommen, wenn es um Auskünfte über verlorenes oder gestohlenes Gut, um sogenanntes „wiederweisen" und „nachsehen", ging. Sie konnten etwas über den Verbleib der Gegenstände oder über den verantwortlichen Dieb aussagen. Auch bei Krankheiten wurden sie um Rat gefragt, sie diagnostizierten, ob eine Krankheit tödlich oder heilbar und ob sie durch Zauberei entstanden sei. Sie wußten spezielle Methoden, nach denen die verantwortlichen „Zauberschen" zu ermitteln seien.[14] Gegen Ende des 16. Jahrhunderts wurden die Wicker von der Kirche und der Obrigkeit zunehmend unter Druck gesetzt. Man warf ihnen vor, daß sie gegen den christlichen Glauben handelten und durch ihre Verdachtsäußerungen bei Diebstahl und Zauberei die Leute gegeneinander aufhetzten und damit Unruhe stifteten.[15]

Unter den Hexenprozeßakten des 16. Jahrhunderts gibt es drei Fälle, in denen Männer wegen Wickerei aktenkundig wurden.[16] Nur einer von ihnen wurde nachweislich verurteilt. Marius Hebedanz wurde 1595 in Detmold der Prozeß wegen Ehebruchs und Wickerei gemacht. Das Urteil lautete auf Pranger, Rutenschläge und ewigen Landesverweis, eine Strafe, die bei Ehebruch Anwendung fand.[17] Hebedanz kam aus Landsberg in Bayern, hatte dort eine Ehefrau zurückgelassen und in Salzuflen eine zweite Ehefrau genommen, mit der er verbotenerweise bettelnd durchs Land zog. Mit seiner Wickerei brachte er Unruhe unter die Leute. Man fand bei ihm Daumenschrauben, mit denen er vermeintlichen Dieben gedroht haben soll, und Kristalle, die er zum Hellsehen benutzte. Der Prozeß gegen Hebedanz ist insofern typisch für das 16. Jahrhundert, als Wickerei an sich nicht strafbar war und nur in Verbindung mit kodifizierten Straftaten in den Akten erscheint. Die Nähe zu Hexenprozessen lag in dem Vorwurf, daß die Kristalle in teuflischer Weise benutzt worden seien.

Auch Hermann Cordes aus Wellentrup im Amt Blomberg wurde 1589 in Verbindung mit Ehebruch der Wickerei bezichtigt.[18] Das Verfahren war vom Pfarrer des Kirchspiels in Gang gebracht worden, weil Cordes trotz bereits verhängter Strafe seinen ehebrecherischen Lebenswandel nicht aufgegeben hatte. In der Aufstellung der Klagepunkte, die sich hauptsächlich auf den Ehebruch beziehen, werden zusätzlich Vermutungen über Wickerei angehängt. Cordes sei ein Teufelsbeschwörer, denn er habe ein verdächtiges Buch besessen, außerdem habe er sich damit gerühmt, daß er dem Rentmeister etwas Gestohlenes „wiedergeweiset" habe. Außer dem Bericht des Pfarrers und den Zeugenaussagen gibt es keine Dokumente, so daß über eine Verurteilung nichts bekannt ist.

Im Fall des Wundarztes Hans Schramm aus Horn, der 1591 in Detmold in Haft saß, gibt es ebenfalls keinen Hinweis auf eine Verurteilung. Es existiert lediglich ein Schreiben der Äbtissin des weltlichen Stifts zu Herse, Otilia Frau zu Elinghausen, an den Grafen Simon VI. zur Lippe, in dem sie den frommen christlichen Lebenswandel des Arztes und seine hervorragenden handwerklichen Fähigkeiten bestätigte. Da der Wickereivorwurf ihrer Meinung nach eine Machenschaft der Neider des Arztes sei, ersuchte sie den Grafen, Schramm aus der Haft zu entlassen.[19]

Keinem der drei Männer wurde Schadenzauber an Mitmenschen nachgesagt, der Wickerschen Ilse Sölter dagegen wurde aus diesem Grunde 1599 der Prozeß gemacht.[20] Sie sollte ihre Fähigkeiten in schädigender Weise als Zauberei gegen den Superintendenten Johann von Exter eingesetzt und diesen damit zu Tode gebracht haben. Diese Tat sei ein Racheakt gegen den Pfarrer von Heiligenkirchen gewesen, der entgegen ihren Vorstellungen ihre Tochter nicht zur Ehe genommen habe. Durch den Tod des Superintendenten war die Ordination des Pfarrers entscheidend verzögert worden.

Ilse Sölter war dafür bekannt, daß sie verlorenes und gestohlenes Gut „nachsehen" konnte, in dieser Eigenschaft war sie auch von angesehenen Bürgern der Stadt Detmold konsultiert worden. Da sie trotz peinlichem Verhör den Schadenzauber an Johann von Exter nicht bekannte und der amtliche Verteidiger anführte, der Superintendent sei als alter Mann eines natürlichen Todes gestorben, wurde Ilse aufgrund eines Gutachtens der Universität Helmstedt ohne Strafe aus der Haft entlassen.

Aus den Prozessen gegen Wicker wird deutlich, daß der Verdacht auf Schadenzauber sich nicht primär an der Tatsache orientierte, daß die Person mit Magie arbeitete, sondern daß sie weiblich war.

Von den Männern, die in den „Hexenprozessen" des 16. Jahrhunderts erfaßt sind, wurde keiner wegen des Delikts verurteilt, für das die „Zauberschen" brennen mußten. Erst mit der Intensivierung der Hexenverfolgung im 17. Jahrhundert wurden zunehmend Männer aufgrund von Hexereidelikten angeklagt.[21] Daß diese Entwicklung mit der Verlagerung des Anklageschwerpunkts vom Schadenzauber auf den Umgang mit dem Teufel allgemein und auf blasphemische Handlungen zusammenhängt, kann hier nur vermutet werden. Eine qualitative Analyse der Männerprozesse des 17. Jahrhunderts im Vergleich zu den Anklagepunkten in Hexenprozessen gegen Frauen ist bisher nicht durchgeführt worden. Bekannt ist aus den Untersuchungen von Rainer Walz über dörflichen „Hexenwahn" in der Grafschaft Lippe (vorwiegend 17. Jahrhundert)[22], daß in diesem Zeitraum die Männer im Rahmen von Hexenprozessen häufig als Werwölfe angeklagt wurden, d. h. als Menschen, die sich nachts in Wölfe verwandelten und reißend und mordend in die Schafherden einfielen.

II. Die Vorstellungen über die spezifische Neigung und Fähigkeit von Frauen zum Schadenzauber prägte die Hexenverfolgung in der Grafschaft Lippe im 16. Jahrhundert entscheidend. An welche Sachverhalte knüpften diese Vorstellungen an? Der Zusammenhang zwischen Schadenzauber und Frauen wird verständlicher, wenn wir die Beschreibungen der magischen Mittel, Praktiken und ihrer Anwendungsbereiche genauer betrachten. Am Sprachgebrauch läßt sich erkennen, daß es sich bei der als „Kunst" bezeichneten Fähigkeit der „Zauberschen" um spezifisches Können, um Kenntnisse und Wissen handelte.[23] Diese Kenntnisse gaben die Frauen untereinander weiter, jede „Zaubersche" hatte eine Lehrerin, von der sie in die „Kunst" eingeweiht worden war. Häufig wurde das Wissen innerhalb der Familie von der Mutter auf die Tochter oder Schwiegertochter weitergegeben. Es beinhaltete die Fähigkeit, Drogen und Tränke herzustellen, die sich aus organischen Substanzen wie Blut, Haaren, Kot, Menschenknochen, Tieren oder Pflanzen zusammensetzten. Hinzu kam die Fähigkeit, durch die Kraft des Wortes und der Gedanken diese Substanzen wirksam werden zu lassen und dadurch Schaden zu verursachen. Die gebräuchliche Bezeichnung für die Zufügung von Schaden war das Verb „vergeben", und die magische Substanz hieß dementsprechend „Vergift". Die mißgünstige Absicht machte das Geben zum „Vergeben", und die verderbenbringende Wirkung des „Vergifts" wurde maßgeblich durch Haß und Rachegedanken bei der Übergabe unterstützt. Der gotteslästerliche und teuflische Aspekt der Zauberei lag in den Beschwörungsformeln und magischen Ritualen, und darin unterschied sich das Delikt auch von einem einfachen Giftmord.

Zur Herbeiführung des Schadens konnte das „Vergift" innerlich oder äußerlich angewendet werden. Die geläufigste Methode war, es unter die Nahrung zu mischen. Die angeklagten Frauen beschrieben, daß sie ein Pulver oder Kraut in Bier, Milch und Suppen gestreut oder unter Fleischgerichte und Butter gemengt hätten. Sollte das Vieh geschädigt werden, warfen sie das „Vergift" ins Grünfutter oder in die Tränke. Bei der äußerlichen Anwendung wurde ein Gebräu auf die Schwelle des Hauses, des Viehstalls oder auf die Weide gegossen, oder der Topf mit dem „Vergift" wurde an den entsprechenden Stellen vergraben.[24] Die Folgen des Zaubers waren vorrangig Tod und langanhaltende Krankheit bzw. langsames Siechtum. Schwellenzauber bewirkte, daß die Person, gegen die er sich richtete, beim Überschreiten ein Bein brach oder plötzlich lahm wurde.[25] Vergrabene Töpfe brachten dagegen anhaltendes Unheil, das schließlich zur Verarmung des Geschädigten führte.[26]

Die Zaubermittel hatten einen konkreten und symbolischen Bezug zu weiblichen Funktionen. Der Topf, in dem die magische Substanz hergestellt und vergraben wurde, war ein wichtiger Gebrauchsgegenstand der Frau, er zählte zum weiblichen Erbe, dem Gradgut, und galt gleichzeitig als Symbol für den weiblichen Körper. Der Prozeß der magischen Wandlung im Zaubertopf kann analog zur Umwandlung der Nahrung durch Kochen und Gären gesehen werden und zum Wandlungsprozeß im weiblichen Körper während der Schwangerschaft. Die Essenz der Zauberei war die Umwandlung von Materie in lebenspendende oder zerstörende Kraft, und diese Fähigkeit wurde Frauen qua Geschlecht zugeordnet. Ein offensichtlicher Zusammenhang bestand zwischen den Praktiken und Anwendungsbereichen von Schadenzauber und spezifisch weiblichen Arbeitsgebieten und den daraus resultierenden Fähigkeiten von Frauen.[27] Die Herstellung und Anwendung von Substanzen, die je nach Dosierung heilen oder schaden konnten, gehörte zum Wissen und Wirkungsbereich der Frauen. Dies hing mit ihrer Rolle im Bereich der Krankenpflege und Geburtshilfe zusammen, ist aber noch eindeutiger auf ihre Schlüsselposition in der Nahrungsproduktion und -zubereitung zurückzuführen. Die Ambivalenz, die in dieser Position lag, wird im Zaubereiverdacht deutlich.

Vergiftungen konnten unbeabsichtigt geschehen durch verdorbene Nahrung oder auch durch Unkenntnis und

Halbwissen im Umgang mit Kräutern. Krankheiten, die für Vergiftungen gehalten wurden, konnten leicht den Frauen zugeschoben werden, von denen man Nahrung bekommen hatte. Bot eine Frau, die bereits berüchtigt war, anderen Menschen Nahrung an, so konnte ihr dieses Angebot bereits als Versuch einer Schädigung ausgelegt werden.[28]

Die Vorstellungen über Viehvergiftung folgten dem gleichen Muster, denn die Versorgung des Viehs gehörte in Lippe zu den Arbeitsbereichen der Frauen.[29] Der Verdacht wurde häufig von den Abdeckern geschürt, die ungewöhnlich aussehende Würmer in den Eingeweiden der Tiere auf Zauberei zurückführten.[30]

Für die Herstellung des Gifts wurde seit dem letzten Drittel des 16. Jahrhunderts zunehmend der Teufel verantwortlich gemacht. Vorher war es selbstverständlich, daß die Frauen ihre Mittel entweder selbst präpariert oder von einer „Zauberschen" geholt hatten, die sich in dieser Kunst auskannte. Solche Ratgeberinnen waren der Prototyp der „Zauberschen", sie verfügten über Kenntnisse, die über das Wissen hinausgingen, das Frauen allgemein aufgrund ihrer Arbeitsbereiche zur Verfügung stand. Im Gegensatz zu den Wickern, die hauptsächlich als Seher und Wahrsager arbeiteten, wußten diese Frauen Drogen und Tränke aus Pflanzen und Tieren herzustellen. Man konsultierte sie bei Schwierigkeiten unterschiedlicher Art. Sie heilten Krankheiten bei Menschen und Vieh, verhinderten ungewollte Schwangerschaften, sorgten dafür, daß Eheschließungen nach Wunsch zustande kamen, und waren bei der Bestrafung eines Gegners oder gar seiner Beseitigung behilflich.

Das erste Dokument über eine Zaubereianklage in der Grafschaft Lippe, die Zeugenberichte über die Brunesche in einem Dorf des Amtes Horn 1550, präsentiert eine solche Frau.[31] Die Brunesche braute Tränke, mit denen sie krankes Vieh heilte, und wurde auch von kranken Menschen zu Rate gezogen. Die Dorfbewohner verklagten sie, weil ihre

Mittel sich als unwirksam erwiesen und der Eindruck entstanden war, daß sie eine Betrügerin sei. In dieser Atmosphäre des Mißtrauens wurde ihr schädigende Zauberei an einem Bauernsohn, der offensichtlich unter epileptischen Anfällen litt, zur Last gelegt.

Eine andere kundige Frau, Dorothea, die Witwe des Schäfers von Höntrup im Amt Blomberg, wurde 1561 der Zauberei angeklagt. Sie konnte Tränke zur Abtreibung brauen[32] und wurde von ledigen Bauerntöchtern und Mägden konsultiert, die mit Männern geschlafen hatten, mit denen keine Ehe geplant oder möglich war, und nun eine Schwangerschaft befürchteten. Die Tränke stellte sie aus „sieben baum spenin, grün und lorbeern" her und vermischte den Sud mit Bier, das sie zu diesem Zweck aus dem Kloster in Blomberg geholt hatte.[33] Auch wegen Liebeszaubers wurde sie um Rat gebeten. Kunne Schepers aus Reelkirchen bekam von ihr Zweige eines nicht näher bezeichneten Busches, die sie in das Bett von Franz Schröders Braut legen sollte. Vermutlich wollte Kunne diesen Mann für sich gewinnen und versuchte die sexuelle Beziehung zwischen ihm und seiner Braut dadurch zu stören, daß sie ein Mittel ins Bett legte, das Impotenz bewirken sollte. Dorothea wußte auch Mittel, mit denen eine Frau das sexuelle Verlangen des gewünschten Mannes direkt auf sich ziehen konnte. Zu diesem Zweck mußte sie über Nacht einen Wecken unter ihre Achsel klemmen, durchschwitzen und dem Mann danach zum Essen überreichen.

Über eine Ratgeberin, die Gift zur Verfügung stellte, wird 1559 im Prozeß gegen Gertrud Karren aus Bremerberge im Amt Schwalenberg berichtet.[34] Gertrud lebte mit ihrem zweiten Ehemann Dietrich Karren in ständigem Streit, weil er ihre Söhne aus erster Ehe schlecht behandelte. Den jüngeren Sohn, der gehbehindert war und deshalb nur begrenzt arbeiten konnte, hatte der Stiefvater bereits aus dem Hause getrieben. Gertrud hatte nun den Plan, sich in Leibzucht, d.h. aufs Altenteil, zu begeben und dem ältesten Sohn den Besitz zu überlassen. Der Ehemann war ihr dabei im Wege. Bei Grete Backhuis holte Gertrud Rat, was sie tun könne, und diese verwies sie weiter an eine bekannte Zaubersche, die Knopmannsche. Die Knopmannsche war bereits aus der Stadt Höxter ausgewiesen worden und lebte im Dorf Boffzen an der Weser, etwa 12 km von Bremerberge entfernt. Bei ihr bekam Gertrud ein Gift, das sie ihrem Mann täglich ins Essen mischen sollte, er werde davon in zehn bis vierzehn Tagen sterben. Die versprochene Wirkung blieb jedoch aus, der Mann erbrach sich heftig in der Nacht und war einige Tage krank.

Die drei vorgestellten Zauberschen, die Brunesche, Dorothea, die Schäferswitwe, und die Knopmannsche, verdienten ihren Lebensunterhalt mit Ratgeben und dem Präparieren von Tränken und Substanzen, die sie den Ratsuchenden verkauften. Die Knopmannsche verlangte für das Gift 3 Höxtersche Mark, davon bekam sie zunächst 3 Groschen, den Rest wollte Gertrud ihr zur Höxterschen Kirmes zahlen.[35] Dorothea bekam für ihre Tränke Flachs, Leintuch und Geld.[36] Die Brunesche verlangte ebenfalls Geld, Leintuch und unterschiedliche Kleidungsstücke. Sie behauptete allerdings, daß sie das Geld den Prädikanten in Detmold bringe und dadurch die Krankheiten geheilt würden.[37]

Diese Beispiele zeigen, daß Zauberei auch unter ökonomischem Aspekt gesehen werden muß. Ältere Witwen hatten oft keine andere Möglichkeit, als von Bettelei oder Zauberei zu leben. Die Wickersche Ilse Sölter wurde von ihrem Defensor damit entschuldigt, daß die Armut sie dazu gebracht habe, sich ihren Lebensunterhalt mit Wickerei zu verdienen.[38] Hier liegt auch eine der Erklärungen, warum die typische „Zaubersche“ eine ältere Frau war und dementsprechend in den Hexenprozessen hauptsächlich Frauen verurteilt wurden, die älter als 40 Jahre waren. Das Bild der „Zauberschen“ war maßgeblich geprägt durch die Ratgeberinnen, die sich in der Zubereitung von „Giften“ auskannten oder nur vorgaben, sich auszukennen, und ihren Lebensunterhalt damit zu bestreiten versuchten, daß sie ihre Kenntnisse über Magie verkauften. In den ersten überlieferten Hexenprozessen zwischen 1550 und etwa 1580 wurden vornehmlich solche Frauen angeklagt. Ihre Geständnisse prägten das regionale Hexenmuster. Manche Angeklagte beriefen sich auf solche Ratgeberinnen und berichteten, sie hätten von ihnen die nötigen Hinweise und Mittel bekommen, die sie befähigt hätten, ihre Gegner durch Zauberei zu schädigen.[39]

III. Frauen, gegen die gerichtliche Ermittlungen wegen Zauberei eingeleitet wurden, waren meist jahre- oder gar jahrzehntelang dafür bekannt gewesen, daß sie die Kunst beherrschten. Zur Anklage kam es erst dann, wenn Dorfschaft oder Mitbürger „berechtigten Argwohn“ hatten, daß diese Frauen ihr Wissen zum Schaden ihrer Gegner eingesetzt hatten. Gegner konnten Nachbarn, lokale Autoritäten, Gemeindemitglieder, mit denen sie wirtschaftliche Beziehungen hatten, Verwandte und in manchen Fällen auch der eigene Ehemann sein. Es waren in jedem Fall Personen, von denen die Frauen beleidigt, betrogen, geschlagen, verleumdet und in ihrer Existenz bedroht worden waren. Von daher ist es verständlich, daß diese Personen die Rache der Frauen fürchteten, ihnen gegenüber voller negativer Erwartungen waren und dazu neigten, ihnen ihre Krankheiten und Unglücksfälle zur Last zu legen. Die Psychologie der „Geschädigten“, die eine Verantwortliche für ihr Unglück suchten, stand bisher in den Analysen von Hexereianklagen im Vordergrund.[40] Darüber sind die Inhalte der Konflikte vernachlässigt worden und die Bedeutung dieser Konflikte für die betroffenen Frauen. Aus der Sicht der angeklagten Frauen handelte es sich nur selten um einfache nachbarliche Streitigkeiten, viel häufiger ging es dabei um existentielle

Interessen der Frauen, deren Verletzung sie nicht einfach hinnehmen konnten. Ihre psychische Situation war von Haß und Rachebedürfnissen gekennzeichnet.

In den Konflikten zwischen den Frauen und ihren Anklägern ging es um Geldgeschäfte, Erbschaft, Landnutzungsrechte, um die Durchsetzung von Heiratsplänen, um die Verteidigung der Ehre und des guten Rufs und um die Belange der Kinder oder gelegentlich auch die der Ehemänner. Die Beschreibung dieser Konflikte in den Prozeßakten liefert reichhaltiges Informationsmaterial zur sozialen Situation von Frauen innerhalb der städtischen oder dörflichen Gemeinde.

Auffällig ist die Häufigkeit, mit der die angeklagten Frauen aussagten, sie hätten ihre Kinder verteidigt und sich durch Schadenzauber an den Leuten gerächt, die ihre Kinder angegriffen hätten. Die Frauen duldeten nicht, daß jemand ihre Kinder schlug, selbst dann nicht, wenn die Kinder vorher das Vieh des Betreffenden traktiert oder dessen Obst gestohlen hatten.[41] Daß die Verteidigung der eigenen Kinder gegenüber dem Stiefvater zum Anlaß für Mordpläne werden konnte, hat der Fall der Gertrud Karren aus Bremerberge gezeigt. Bei der 1603 in Horn angeklagten Steinhauerschen erinnerten sich die Zeugen an einen heftigen Streit, den die Frau wegen ihres Kindes mit ihrem zweiten Ehemann Gabriel Tulemeyer gehabt hatte. Er hatte das Kind geschlagen, weil es seiner Meinung nach dem Nachbarkind unrecht getan hatte. Die Steinhauersche rechtfertigte ihr Kind voller Empörung vor dem Ehemann und beschimpfte das Nachbarskind, indem sie behauptete, der Teufel habe ihm ein Auge ausgepustet.[42] Auch wenn die Kinder als Dienstboten in anderen Familien lebten, waren es die Mütter, die sich für die Belange ihrer Kinder einsetzten und den Dienstherrn angriffen, weil er sie ungerecht behandelt, ihnen den Lohn nicht pünktlich gezahlt oder ihnen zuviel Arbeit aufgebürdet hatte.[43] Mütter verfeindeten sich mit den Dorfbewohnern, die ihren Töchtern ein Unzuchtgerücht oder einen Holzdiebstahl angehängt hatten oder sich weigerten, eines ihrer Kinder in die Dienste zu nehmen.[44] Solche Beispiele, nach denen Mütter Angriffe auf ihre Kinder ebenso heftig abwehrten wie Angriffe auf die eigene Person, lassen auf eine starke Identifikation der Frauen mit ihren Kindern schließen.[45] Der soziale Aspekt dieser Identifikation ist eindeutig, die Ehre der Frau war eng verknüpft mit dem Ansehen ihrer Kinder und deren Leumund. In diesem Zusammenhang ist auch der Einsatz von Frauen für die Belange ihrer Ehemänner als Verteidigung der häuslichen Ehre zu betrachten. Über solche Fälle berichteten Zeugen entweder aus eigenen Beobachtungen, oder es wurde nach dem Zaubereiklischee geschlußfolgert, daß Frauen sich heimlich in die Konflikte der Ehemänner eingemischt und die Gegner geschädigt hätten.

Heinrich Redecker, der Ehemann von Anna Bickers, die 1587 in Almena, im Amt Sternburg, als Zaubersche angeklagt wurde, hatte mit seinen Verwandten Streit um ein Stück Ackerland, das er ihnen abtreten mußte. Aus Zorn darüber verfluchte er seine Vettern, als sie auf dem besagten Acker arbeiteten. Als danach die alte Redeckersche, die Mutter der Vettern, krank wurde und außerdem nach einem Unwetter der Acker stärker verwüstet war als die umliegenden Ländereien, bezichtigten die Redeckers Anna Bickers, sie hätte diesen Schaden verursacht, um ihren Ehemann zu unterstützen.[46]

Frauen brachten sich nicht nur dann in Gefahr, wenn sie sich sichtbar für ihre Angehörigen einsetzten, sondern mußten auch dann mit Konsequenzen rechnen, wenn ihre Ehemänner in Interessenkonflikte verwickelt waren. Zaubereibezichtigungen folgten vorrangig geschlechtsspezifischen Gesichtspunkten, der Interaktionsaspekt war zweitrangig. Wurde eine Frau im Konflikt ungerecht behandelt, lastete ihr der Gegner Schadenzauber an. Wurde ein Mann oder ein Kind ungerecht behandelt, lastete man der Ehefrau bzw. der Mutter den Schadenzauber an. In jedem Fall war die Frau die Schuldige.

Solche Schlußfolgerungen wurden um so eher gezogen, wenn die Frau bereits einen schlechten Leumund hatte und im Ort als Zaubersche berüchtigt war. Aus diesem Grunde spielten Konflikte, bei denen es um Verleumdungen und Ehrverletzungen der Frauen ging, eine zentrale Rolle, denn sie bedrohten unmitttelbar das Leben der Frauen.[47] Wenn wegen eines Zaubereiverdachts gerichtliche Ermittlungen durchgeführt und dafür Interrogatorien aufgestellt wurden, stand die Frage nach dem Leumund der Frau an erster Stelle. War die Frau schon häufiger als Zaubersche beschimpft worden, und hatte sie solche Ehrverletzung nicht offiziell zurückgewiesen, wurde ihr dies Verhalten als indirektes Eingeständnis ausgelegt. Eine einfache Rechtfertigung reichte nicht aus, zur Wiederherstellung der Ehre stand ein abgestuftes Rechtsritual zur Verfügung, von der „Beschickung" des Verleumders durch zwei ehrenwerte Männer, vor denen die Bezichtigung bestätigt oder zurückgenommen werden konnte, bis hin zur „Schmähklage" vor dem Freigericht, das im 16. Jahrhundert für Ehrenhändel zuständig war.[48]

Doch auch der offizielle Weg konnte für die Frau zu einem lebensbedrohlichen Risiko werden, vor allem dann, wenn die Bezichtigung nicht einfach eine Beleidigung war, die in der Hitze eines Streits ausgerufen worden war, sondern wenn hinter ihr ein konkreter Verdacht stand. In solch einem Fall konnte eine Schmähklage zum Auslöser für einen Hexenprozeß werden. Der Prozeß gegen die Witwe Grone im Jahre 1603 in der Stadt Horn war auf diese Weise in Gang gebracht worden.[49] Die Grone hatte beim Rat der Stadt eine Klageschrift gegen Ilse Richt, die Ehefrau des Totengräbers, wegen Verleumdung und Ehrverletzung eingereicht. Ilse Richt wurde vor den Rat geladen und bestand darauf, daß sie die Grone zu Recht beschimpft habe, denn diese habe ihr eine Krankheit angetan, an der sie seit einem Jahr leide. Die daraufhin eingeleiteten Untersuchungen über die Grone bestätigten, daß diese schon seit zwanzig Jahren für eine Zaubersche gehalten wurde. Aus der Klägerin wurde die Angeklagte, man verhaftete die Grone, verhörte sie aufgrund belastender Zeugenaussagen peinlich und verurteilte sie nach ihrem Geständnis als Zaubersche zum Tod durch das Feuer.

So ist es verständlich, daß manche Frauen nur zu Drohungen, Verfluchungen und Gegenbezichtigungen griffen oder einfach schwiegen, wenn sie als „Zaubersche" oder „zauberische Hure" beschimpft wurden. Catrine Ascherheide aus Horn nannte ihre Bezichtigerin Anne Felken eine „Mördersche", und die Steinhauer beschimpfte Kunne Tönnies als Diebin, weil sie von ihr eine „Zaubersche" genannt worden war.[50] Fast alle Angeklagten gaben im Verhör an, sie hätten sich durch Zauberei an den Leuten gerächt, von denen sie beschimpft worden seien.

Am stärksten gefährdet waren die Frauen, die keine einflußreiche Familie hinter sich hatten, denn Ehre und Sozialstatus waren eng miteinander verknüpft.[51] Nach § 25 der Carolina war ein Tatverdacht berechtigt, wenn es sich bei der Verdächtigten um eine „verwegene oder leichtfertige person, von bösem leumut und gerücht"[52] handelte. In solchem Fall durfte bei Leugnung der Tat die Folter zur Wahrheitsfindung im Verhör angewendet werden. Bei fast allen Frauen, die wegen Zauberei in Haft genommen wurden, kam dieser Paragraph zur Anwendung. Eine Ausnahme bildete die 1563 in Horn verhaftete Elisabeth Poisendahl.[53] Sie kam aus einer angesehenen Ratsfamilie, ihr Sohn war Kämmerer,[54] und die Altbürgermeister Hermann Hocker und Hermann Wybecke waren mit ihr verschwägert. Der Verteidiger, der zu dieser Zeit noch von der Familie der Angeklagten gestellt werden konnte, plädierte auf die Anwendung des § 28 der Carolina, nach dem die peinliche Frage nicht angewendet werden durfte, wenn „die verdacht person, gutter vermuttung, die sie von der missetat entschuldigen mögen, für sich hab“[55]. Dieser Rechtsgrundsatz rettete Elisabeth Poisendahl das Leben. Der Verteidiger berief sich auf ihren frommen Lebenswandel, das Ansehen ihrer Familie und ihres Ehemannes, mit dem sie in guter christlicher Ehe elf Kinder erzeugt habe.[56] Ohne Folter konnte die Frau nicht zu einem Geständnis gebracht werden, nach mehr als einem Jahr Haft wurde sie freigelassen. Elisabeth Poisendahl war aufgrund einer „Besagung“ durch eine verurteilte „Zaubersche“ in Haft genommen worden. In späteren Prozessen wurden Verhaftungen aufgrund von Besagungen ausgeschlossen, der Verdacht mußte erst durch Zeugenaussagen bestätigt werden, danach wurden Universitätsgutachten eingeholt, die über eine Verhaftung entschieden. Auf diese Weise waren Frauen, die in ihrer Gemeinde einen guten Ruf genossen, und der war häufig durch ihre soziale Herkunft bedingt, selbst dann vor einem Prozeß geschützt, wenn sie durch andere Angeklagte benannt wurden.

Um Ehre, die Sicherung des sozialen Status und der materiellen Interessen ging es in den Konflikten, die mit Heiratsplanungen solcher Familien zusammenhingen, die etwas zu verlieren hatten. Es ist bekannt, daß Eheschließungen in der vorindustriellen Gesellschaft nicht Angelegenheit zweier Individuen waren, sondern eine Sache der Familien, die nach außen hin von den Männern vertreten wurden.[57] Welchen Einfluß Frauen auf die Wahl der eigenen Ehepartner oder der von Familienangehörigen hatten, wird aus den Quellen, die Genealogen und Familienforscher üblicherweise benutzen, kaum ersichtlich.

Die lippischen Hexenprozeßakten liefern Informationen darüber, daß Frauen bei Eheplanungen ihre eigenen Vorstellungen durchzusetzen versuchten. Die Geständnissse der Angeklagten, daß sie durch den Einsatz magischer Mittel bereits geplante Ehen verhindert und ihren eigenen Vorstellungen entsprechende Eheverbindungen hergestellt hätten, mußten nicht in jedem Fall auf konkreten Tatsachen beruhen, bewegten sich aber innerhalb der gängigen Auffassungen über das Verhalten von Frauen und bezogen sich auf bekannte Praktiken. Hierzu einige Beispiele.

Die 1584 in Horn angeklagte Marie Roseler gestand, sie habe Anne von Hellen mit einem warmen Bier „vergeben", davon müsse Anne „alle monatz groissen Jamer treiben alss wan sie dumpich where"[58]. Die starken Menstruationsbeschwerden, die hier gemeint sind, minderten Anne von Hellens Heiratschancen. Damit hatte Marie Roseler ihr Ziel erreicht, denn sie konnte verhindern, daß der Stadtschreiber, Maries Schwager, diese Frau zur Ehe nahm. Aus welchen Gründen Marie gegen diese Eheschließung war, geht aus ihrer Aussage nicht hervor.

Einer der Anklagepunkte gegen die 1583 in Horn verurteilte Gobbelsche war, sie habe Catarina Losse „vergeben", weil sie ihrem Sohn, Heinrich Gobbels, nicht gestatten wollte, daß er Catarina zur Frau nehme.[59]

Die Witwe Grone sagte 1603 aus, sie habe vor langen Jahren dem Schmied Friedrich Birkenhauer, als dieser noch ein Junggeselle war und in ihrem Hause verkehrte, etwas eingegeben, damit er ihre Tochter freie. Von dieser Materie sei er krank geworden.[60] Es bleibt in diesem Fall offen, ob es sich um Liebeszauber oder um Rache wegen gescheiterter Ehestiftung handelte.

Auffällige Ereignisse im Kontext von Eheschließungen wurden leicht als heimlicher Einfluß von Frauen und dementsprechend als Zauberei interpretiert. Als Elisabeth Poisendahl in Haft saß, erinnerten sich einige Horner Bürger, daß die Eheschließung ihrer Tochter Anneke mit Hermann Losse von verdächtigen Umständen begleitet gewesen war. Als Hermann Anneke heiraten wollte, so berichteten einige Zeugen, habe seine Familie ihm zu bedenken gegeben, „das er sich in sso hoich geschlechte nicht befriggen solle“[61]. Daraufhin habe Hermann sich entschieden, Ilse Rese zu heiraten. Die Reses waren zwar mit Ratsfamilien verschwägert, hatten aber selbst keinen Sitz im Rat. Ilse Rese wurde kurz nach der Eheschließung schwer krank und starb nach einiger Zeit. Auf ihrem Sterbebett, so berichteten ihre Schwägerinnen, habe sie ihrem Ehemann das Versprechen abgenommen, daß er sich niemals an das Geschlecht verheiraten werde, von dem ihr Unglück komme.[62] Als Hermann Losse siebzehn Wochen nach dem Tode Ilses sich an Anneke Poisendahl verheiratete, stand für einige Bürger fest, daß Elisabeth Poisendahl Ilse „vergeben“ habe, um damit die Ehepläne ihrer Tochter Anneke durchzusetzen. Der Verteidiger setzte dagegen, daß die Poisendahl solch eine Handlung nicht nötig gehabt habe, denn ihre Familie habe keine Schwierigkeiten, „ire kinder aus zubringen“[63].

Zauberei wurde nicht nur vermutet oder angewendet, wenn Frauen die Ehen ihrer Kinder oder Verwandten zu planen versuchten, sondern auch, wenn sie bei der Wahl eigener Ehepartner in Schwierigkeiten gerieten. Ein häufiger Streitpunkt waren die „heimlichen Verlöbnisse“, Eheversprechen, die ohne Vermittlung und Zustimmung der jeweiligen Familien gegeben worden waren. Eheversprechen zwischen Mann und Frau galten im 16. Jahrhundert noch als rechtskräftiger Akt, dem die Aufnahme sexueller Beziehungen folgen durfte. Die kirchliche Trauung wurde lediglich als zeremonielle Bestätigung des vollzogenen Rechtsakts vor der Öffentlichkeit angesehen. In der Regel wurden die Eheversprechen in Übereinstimmung mit den Eltern oder Vormündern in Anwesenheit von Zeugen offiziell abgelegt. Doch auch in Fällen, in denen die Partner sich das Versprechen „heimlich“, d.h. ohne elterliche Zustimmung, gaben, wurde es allgemein als Rechtsakt betrachtet, aus dem eine Verpflichtung zur Ehe erwuchs.[64] Im Zuge verstärkter Heiratskontrolle ging die lippische Regierung in der zweiten Hälfte des 16. Jahrhunderts gegen die Gewohnheit der „heimlichen Eheverpflichtung“, die bei den „gemeinen Leuten“ zunehme und „wie ein Sendtfluß einreiße“, mit Verordnungen und Verboten vor.[65] In der Polizeiordnung von 1583 berief sich Graf Simon VI. zur Lippe auf das Beispiel anderer Territorien, die der Augsburgischen Konfession folgten, und erklärte das „heimliche unordentliche verlobnuss“ für verboten, weil es eine „Schmähung des heiligen Ehestandes“ sei und zu „mergklicher Verkleinerunge des Vetterlichen gehorsambs“ beitrage. Das Konsistorium wurde beauftragt, die Umstände zu prüfen, die im Einzelfall zu einem heimlichen Verlöbnis geführt hatten. Trotz des allgemeinen Verbots waren Klagen um Einhaltung eines heimlichen Eheversprechens weiterhin möglich.

In der Verordnung wurde zwischen einem einfachen Ehegelübde und einem mit nachfolgendem Beischlaf unterschieden. In beiden Fällen blieb eine Klage auf Eheschließung ohne Konsequenzen, wenn der Beklagte das Versprechen abstritt und sonst keine „genugsame beweisunge“ vorlag. Der Beweis für den Beischlaf war üblicherweise die Schwangerschaft. Wenn beide Partner das Versprechen bestätigten, mußte überprüft werden, ob die Eltern oder deren Vertreter berechtigte Gründe hatten, ihre Zustimmung zu verweigern. Diese waren gegeben, wenn die Verlobten minderjährig – der Mann unter 20 und die Frau unter 18 Jahren – waren, bei Ungleichheit des Standes und der Herkunft oder wenn einer der Verlobten ein leichtfertiges Leben führte und im „bösen Gerücht“ stand. Konnte bei einer Klage durch Geständnis oder Schwangerschaft nachgewiesen werden, daß das Paar bereits eine sexuelle Beziehung hatte, mußten die Eltern der Eheschließung zustimmen, es sei denn, der Beklagte wäre mit „List und Betrug“ zum Beischlaf „angereizt“ worden.

Aus der Verordnung geht hervor, daß die Einklagung eines Eheversprechens aus unterschiedlichen Motiven erfolgen konnte. Ein Paar, das sich gegen den Willen der Eltern zur Ehe entschieden hatte, konnte auf diesem Wege versuchen, die bisher verweigerte Zustimmung der Eltern zu erzwingen. Diese war deshalb so wichtig, weil sich aus ihr der Rechtsanspruch der Kinder auf die Mitgift und ein ungeschmälertes Erbe ableitete. Anders lag der Fall, wenn die Zusage zur Ehe zwischen den potentiellen Ehepartnern umstritten war und einer der beiden die Eheschließung mit Hilfe einer Klage durchsetzen wollte. In eine solche Situation gerieten hauptsächlich Frauen, die sich aufgrund eines Eheversprechens auf eine sexuelle Beziehung eingelassen hatten und feststellen mußten, daß dies Versprechen nur ein Vorwand gewesen war. Was für Frauen auf dem Spiel stand, wenn sie keine ausreichenden Beweise für das Eheversprechen hatten, geht aus der Verordnung ebenfalls hervor:

> „darumb sollenn alle weibsbilde sie sein Jungkfrawen, Megde oder Wittibenn, auch derselben eltern und Verwandtenn hiemit offenlich verwarnet sein, das sie die weibs bilder sich selbst fur schande und Unehren schaden und straffe hueten, und zu keiner fleischlichen Vermischunge bereden lasenn, dann ohne das sie der ehe halber so es Inenn an der beweisunge mangelen wirdt, nicht erhaltenn, sondern in schande und Unehre darinne sie sich selbst gesetzt, verharren werdenn, So sollen sie daruber auch vonn Unss den thuren und dergleichen straffen nach Vorbrechunge gewisslich zugewarten haben."[66]

Der Konfliktstoff, den die Gewohnheit der „heimlichen Ehegelübde" für Frauen beinhaltete, wird damit deutlich, und in diesem Kontext muß auch das tatsächliche oder vermeintliche Rachebedürfnis einer Frau gesehen werden, die keine ausreichenden Beweise für das Eheversprechen bringen konnte. Die im Rahmen von Zaubereianklagen beschriebenen Streitigkeiten und Racheakte liefern Beispiele, wie Frauen in solchen Situationen reagieren konnten.

Beleke Münstering aus Horn gestand 1584, sie habe vor Jahren Hermann Schloer im Schlaf ein Gift in die Augen gestrichen, wovon er blind geworden sei. Damit habe sie sich rächen wollen, weil er ihr die Ehe versprochen und ihr beigelegen habe und anschließend dieses Versprechen geleugnet habe.[67]

In den Zeugenaussagen gegen Catrine Ascherheide[68] werden das Verhalten einer Frau, die um eine versprochene Ehe betrogen wurde, und die Verknüpfung dieses Verhaltens mit Zaubereivorstellungen in Einzelheiten beschrieben. Catrine war mehrmals beim Rat der Stadt Horn wegen einer Klage gegen Johann Holtenossen vorstellig geworden. Obwohl Holtenossen ihr die Ehe versprochen hatte, entschied er sich, die Schwester von Jürgen Bruseke zu heiraten. Als Catrine von diesem Entschluß erfuhr, versuchte sie, die Heirat durch eine Klage zu verhindern, erreichte aber nur eine Verzögerung. Holtenossen mußte ein Jahr lang mit der Heirat warten. In dieser Zeit versuchte Catrine, die Heirat der beiden durch Drohungen und negative Prophezeiungen zu verhindern: Sie sollten in ihrer Ehe niemals froh werden und wie Katze und Hund miteinander leben. Nachdem alle Beeinflussungsversuche erfolglos geblieben waren, wurde Catrine in ihrem Zorn handgreiflich. In der Hochzeitsnacht schlug sie dem Paar die Kammerfenster ein. Dabei fiel ein Gegenstand, vermutlich ein Stein, in die Kammer, der später als magisches Objekt interpretiert wurde. Holtenossen sprang voller Wut und Empörung aus dem Brautbett, ergriff eine Axt und verfolgte Catrine durch die Straßen bis vor ihr Haus, ohne sie allerdings zu erreichen. Da seine Ehe tatsächlich von Zank und Streit bestimmt war, bezichtigte er Catrine als eine Zaubersche, die für sein Unglück verantwortlich sei.

Ambivalent war die Situation der Frauen, die in solch einer unsicheren Beziehung schwanger wurden. Die Durchsetzung der Heirat war dann zwar einfacher, aber auch dringlicher, weil ihnen andernfalls Ehrverlust und Strafe drohten. In solchen Fällen setzte die Familie der geschwängerten Frau alles daran, die Heirat durchzusetzen. Welche Konsequenzen das für die betroffene Frau haben konnte, zeigt ein Beispiel aus dem Dorf Wellentrup im Amt Blomberg.[69] Hermann Cordes hatte der Schwester von Heinrich von Olden die Ehe versprochen. Als sie schwanger wurde und die Familie auf Eheschließung drängte, weigerte sich Cordes, das Versprechen einzulösen, weil er inzwischen auch Anneke Gropper die Ehe versprochen hatte und die Beziehung zu ihr nicht abbrechen wollte. Cordes wurde gerichtlich verpflichtet, die schwangere Frau zu heiraten. Da er sich weigerte, wurde er wegen „Unpflicht" mit Gefängnis bestraft. In der Haft erklärte er sich dann doch zur Heirat bereit und wurde daraufhin entlassen. Die Beziehung zu Anneke Gropper hielt er jedoch nach einer Eheschließung weiter aufrecht und äußerte zum Ärger des Pfarrers öffentlich, Anneke sei vor Gott seine wahre Frau, die andere Ehe sei ihm aufgezwungen. Er ging mit Anneke zu dörflichen Festlichkeiten und half ihr bei der Flachsernte. Seine Ehefrau mißhandelte er derartig, daß sie beim Bauerrichter vorstellig wurde und klagte, ihr Mann drohe sie totzuschlagen.

In den meisten Konflikten, die Zaubereianklagen nach sich zogen, ging es um ökonomische Belange, die letztlich auch bei Heiratskonflikten maßgeblich waren. Die angeklagten Frauen berichteten im Verhör, sie hätten Personen geschädigt, von denen sie um ihr Erbe betrogen worden seien, die ihnen ihr Land entzogen, geliehenes Geld oder Zinsen nicht gezahlt und sich geweigert hätten, ihnen etwas zu leihen oder zu verkaufen. Diese Konflikte müssen im Kontext der allgemeinen Veränderungsprozesse in der Grafschaft Lippe im 16. Jahrhundert betrachtet werden.

Die alten Erbregelungen über die Weitergabe des männlichen und weiblichen Erbteils, des Hergewettes und des Gradguts, wurden von Graf Simon VI. 1580 neu festgesetzt und geändert.[70] Er reagierte damit auf Klagen aus den lippischen Städten, daß bei der Vererbung zunehmend „unordnung und beschwehrnisse" aufträten. Nach der neuen Verordnung wurde das geschlechtsgebundene Erbe den Erbansprüchen der Kernfamilie untergeordnet. Starb ein Elternteil, blieb sein ursprünglich geschlechtsgebundenes Erbteil auch dann in der Familie, wenn keine gleichgeschlechtlichen Kinder vorhanden waren. In den Jahren vor 1580, in denen die Regelung uneinheitlich war, kam es zu Auseinandersetzungen zwischen Frauen und ihren Verwandten um die Zuteilung des Erbes. Marie Roseler gab an, sie habe sich mit Zauberei gerächt, weil ihr vom Gradgut der Schlippsteinschen ein zu geringer Teil ausgezahlt worden sei. Und Agata Murer gestand, ihren Schwager vergiftet zu haben, weil er ihren Kindern das Hergewette des Vaters entzogen habe.[71]

Streit um Landnutzungsrechte gab es häufig, da aufgrund des starken Bevölkerungsanstiegs im 16. Jahrhundert das zur Verfügung stehende Ackerland knapper und der Kampf um die Ressourcen heftiger wurde.[72] Zur allgemeinen Verschlechterung der wirtschaftlichen Lage trugen außerdem Mißernten und Teuerungen in den Jahren 1573, 1579, 1580/81 bei.[73] In diesem Zeitraum wurden die Nutzungs- und Besitzrechte auf Äcker und Gärten, deren Grundeigentümer die Kirche und der Landesherr waren, überprüft und vertraglich neu festgelegt, da die Rechte durch mehrfache Unterverpachtung über längere Zeiträume und das Fehlen von Verträgen in manchen Fällen nicht mehr eindeutig waren. In den Visitationsprotokollen für das Kirchspiel Horn von 1566 und 1587 wurden in erster Linie die Nutzungs- und Besitzrechte am Kirchenland, die vielfach unklar waren, geregelt. Zu diesem Zweck wurden ältere Ratsherren befragt, die bestätigen sollten, wer dieses Land vor Jahren bewirtschaftet habe.[74]

Unter den der Zauberei angeklagten Frauen der Stadt

Horn waren es die Witwen, die ihren Schadenzauber an Bürgern damit begründeten, daß diese ihnen ihr Land genommen hätten.[75] Sie hatten ihren Pachtzins nicht termingerecht zahlen können, oder der Pachtvertrag war aus ungenannten Gründen aufgelöst und an andere Bürger gegeben worden. Für alte Witwen, denen keine Unterhaltsmöglichkeiten außer diesem Stück Land zur Verfügung standen, war der Entzug des Pachtrechts eine existenzbedrohende Angelegenheit. Ihre Situation verschärfte sich noch, wenn bei Mißernten und Teuerungen ihnen auch die Nachbarn keine Unterstützung geben konnten oder wollten und sich weigerten, geringe Geldsummen auszuleihen oder Getreide an sie abzugeben, wenn sie nicht unmittelbar zahlen konnten.[76] Der Prozeß gegen die Horner Schuhmacherswitwe Anna Rotterdam liefert ein Beispiel für das Schicksal alter Witwen.[77] Sie bekannte sich schuldig, mehr als zwanzig Mitbürger durch Zauberei geschädigt zu haben, die sich entweder geweigert hatten, ihr Geld und Nahrungsmittel zu leihen, oder alte Schulden aus der Zeit, in der ihr Ehemann noch gelebt hatte, nicht zurückzahlen wollten.

Konflikte um Geldgeschäfte, in denen Frauen die Position der Gläubigerin hatten, sind Ausdruck der Situation von Frauen in der Stadt. An ihnen zeigt sich, daß Frauen über eigenes Geld verfügten, selbständig Geschäfte abschlossen und auch größere Summen verliehen. Der Prozeß gegen Beleke Münstering aus Horn im Jahre 1583 wurde durch einen solchen finanziellen Konflikt ausgelöst. Sie war mit dem Ratsherrn und Sohn des verstorbenen lippischen Kanzlers, Simon von der Lippe, in Streit geraten, weil er ihr die fälligen sechs Taler Zinsen für eine ausgeliehene Summe von 100 Talern nicht zahlen wollte, als sie ihn zu diesem Zweck in seinem Haus aufsuchte. Erst nachdem sie ihn daraufhin auf offener Straße als „Schelm" und Betrüger ausrief, erklärte er sich zur Zahlung bereit. Zum Termin der Geldübergabe lud Simon seinerseits einen Gläubiger von

Beleke in sein Haus, der seinen Teil von den sechs Talern nahm, ohne daß Beleke ihr Einverständnis gegeben hätte. Die empörte Beleke drohte Simon mit den Worten „das will ich dich gedencken“, worauf er sie als „zauberische Hur“ bezeichnete und mit dem Besen aus dem Hause trieb. Als ihm einige Zeit darauf mehrere Kühe starben, brachte er den Zaubereiprozeß gegen Beleke in Gang. Die 100 Taler versuchte er als Schadenersatz für das gestorbene Vieh einzubehalten, doch der Ehemann der Hingerichteten klagte das Geld vor Gericht ein.[78]

Streitigkeiten um Geld, Land und Erbe waren vor dem Hintergrund der beschriebenen Situation in der zweiten Hälfte des 16. Jahrhunderts in den Dörfern und Städten der Grafschaft Lippe keine Seltenheit und betrafen Männer und Frauen. Die Protokolle der Justizkanzlei in Detmold, die seit 1583 als übergeordnete Beschwerdeinstanz fungierte, vor der die Untertanen ihre „geprechen und mißverstände“ zu Gehör bringen konnten, liefern reichlich Belege für solche Streitfälle.[79] Auch der Ehemann der Beleke Münstering brachte seine Forderungen gegenüber Simon von der Lippe vor die Kanzlei. Nicht die Konflikte als solche waren typisch für die Situation der Frauen, sondern ihre Austragung. Die Position der Frauen in den Konflikten war durch die gängige Vorstellung überschattet, daß Schadenzauber ein typisch weiblicher Racheakt und sozusagen die weibliche Alternative zum Rechtsweg, dem männlichen Weg, sei. Im Gegensatz zu den Männern hatten die Frauen keinen direkten Zugang zu den Rechtsinstanzen, sie mußten sich durch männliche Vormünder vertreten lassen. Das hinderte sie zwar keineswegs daran, diese Instanzen bei der Verteidigung ihrer Interessen in Anspruch zu nehmen, machte für sie jedoch diesen Weg komplizierter als für die Männer. Allgemeine Schlußfolgerungen über das Verhältnis von Frauen zum Rechtsweg können hier nicht gezogen werden. Aus der Perspektive der Frauen, die als Zaubersche verdächtigt wurden, läßt sich folgendes feststellen: Sie hatten den Rechtsweg zur Lösung ihrer Konflikte und zur Verteidigung ihrer Interessen nicht in Anspruch genommen oder waren an diesem Weg gescheitert, weil sie z. B. ein Eheversprechen nicht nachweisen konnten, weil trotz erfolgreicher „Schmähklage" das Zaubereigerücht unterschwellig haften blieb[80] oder diese Klage den Hexenprozeß sogar auslöste.

Es gibt mehrere mögliche Erklärungen, warum die Frauen in den beschriebenen Fällen nicht den Rechtsweg wählten. Manche Konflikte waren rechtlich nicht zu regeln. Wenn eine Frau mit den Heiratsplänen ihres erwachsenen Sohnes oder einer Verwandten nicht einverstanden war, wenn ihr Kind geschlagen oder nicht als Dienstbote angenommen wurde oder man ihr den Verkauf von Getreide verweigerte, konnte sie nicht vor Gericht gehen.

Es gab Fälle, in denen die Rechtslage unklar war, wie bei der Erbregelung von Hergewette und Gradgut vor dem Jahre 1580. Gelegentlich war das Unrecht nur eine subjektive Empfindung der Frauen, der Gegner war offiziell im Recht und hatte nur gegen alte Gewohnheiten und das Gebot der Nächstenliebe verstoßen, wenn er z. B. einer Witwe die Nutzungsrechte für ein Stück Land entzog, das sie seit langem bewirtschaftet hatte.

Bei Streitigkeiten um Geldrückzahlungen oder Zinsen ging es nicht unbedingt um die Verweigerung der Zahlung an sich, sondern darum – wie der Streit zwischen Beleke Münstering und Simon von der Lippe gezeigt hat –, daß der Schuldner zum Zeitpunkt der Forderung nicht zahlen konnte oder wollte. In solchen Situationen brachte der Rechtsweg keine Lösung, denn auch Gläubiger, die ihre Forderungen einklagten, mußten oft jahrelang auf die Zahlungen warten.[81] Als entscheidender Hinderungsgrund erwies sich in vielen Fällen die Tatsache, daß die Frauen bereits im Verlauf der Streitigkeiten durch Drohungen und Verwünschungen den Verdacht erweckt hatten, sie würden ihre Interessen mittels Zauberei durchzusetzen wissen und den Gegner auf diese Weise strafen. Eine Frau, die bereits als Zaubersche bezichtigt worden war, mußte bei der Inanspruchnahme des Rechtswegs damit rechnen, daß der Gegner den Zaubereiverdacht als Waffe gegen sie einsetzte.

Bei den Frauen, die in der Stadt Horn als Zaubersche angeklagt worden waren, fällt auf, daß sie überwiegend mit Ratsherren Konflikte hatten. Der Rat war die erste Instanz des Rechtswegs, bei ihm wurden auch die Beschwerden gesammelt, die an die landesherrliche Justizkanzlei gingen. Die Konfliktgegner saßen also in der Instanz, an welche die Frauen sich hätten wenden müssen. Die abwertende Haltung der Ratsherren gegenüber alten Frauen kommt häufiger zum Ausdruck. So berichtet die Witwe Anna Rotterdam, daß der Bürgermeister sie ausgelacht und fortgejagt habe, als sie sich bei ihm über einen Wächter am Stadttor beklagen wollte, der sie mit seiner Hellebarde bedroht hatte.[82]

Welche Möglichkeiten blieben den Frauen, wenn sie benachteiligt und ungerecht behandelt worden waren und aus den genannten Gründen den Rechtsweg nicht wählen konnten? Sie konnten das Unrecht schweigend dulden, ihren Ärger und Haß spontan äußern und offen demonstrieren oder heimliche Rache planen und Zauberei anwenden. Mit einer Verdächtigung mußten sie in allen drei Fällen rechnen. Da die Frauen durch das Verhalten ihrer Gegner oft existentiell bedroht waren, erscheinen sowohl die Angst der Konfliktgegner vor der Rache der Frauen und ihre Vorstellung, von ihnen geschädigt worden zu sein, verständlich als auch das Bedürfnis der Frauen nach Rache.

Verdächtigungen und Anklagen wegen Zauberei müssen vor dem Hintergrund der Tatsache gesehen werden, daß der Gebrauch magischer Mittel und Praktiken auf dem Lande und in den Städten allgemein üblich war und Zauberei die Funktion eines Handlungs- und Deutungsmusters bei der

Austragung von Konflikten hatte. In diesem Zusammenhang gab es sowohl Fälle, in denen Frauen Zauberei als Kampfmittel in Konflikten einsetzten oder andere Frauen damit beauftragten, als auch Beispiele dafür, daß Zaubereiverdächtigungen gezielt gegen Frauen eingesetzt wurden, die ihre Interessen in Konflikten offensiv vertraten.

Die Überzeugung, daß Frauen die Fähigkeit zum Schadenzauber hatten, orientierte sich an Erfahrungen mit Ratgeberinnen, die sich in der Anwendung von magischen Mitteln und Präparaten auskannten oder solches nur vorgaben, und bezog sich auf die Arbeitsbereiche von Frauen, wie Nahrungsproduktion, Krankenpflege, Geburtshilfe und die Versorgung des Viehs. Aufgrund dieser Tätigkeiten hatten alle Frauen eine unmittelbare Verantwortung für die Erhaltung und Pflege des Lebens von Menschen und Tieren. Mißtrauen gegenüber Frauen äußerte sich in der Angst, daß sie ihre Verantwortung mißbrauchen und Leben zerstören, d.h. Krankheit und Tod verursachen könnten. Das entscheidende Kriterium dafür, ob Krankheit und Tod als „natürliches" Schicksal oder als Folge von Zauberei betrachtet wurden, war der vorausgegangene Konflikt mit einer Frau. In den Hexenprozessen war die Ermittlung dieser Konflikte als Tatmotiv ein wichtiger Bestandteil des Verfahrens. Das macht die Prozeßakten zu einer höchst wertvollen sozialgeschichtlichen Quelle, da sie Informationen über die Lebens- und Arbeitsbedingungen und über die Aufgabenbereiche von Frauen in der Stadt und auf dem Lande liefern, die Rückschlüsse auf ihre wirtschaftliche und soziale Position in Gemeinde und Familie ermöglichen und konkrete Beispiele für den Einfluß von Rollenvorstellungen und Normen auf das Leben von Frauen geben.

Anmerkungen

1 Silvia Bovenschen, Die aktuelle Hexe, die historische Hexe und der Hexenmythos. Die Hexe: Subjekt der Naturaneignung und Objekt der Naturbeherrschung, in: Gabriele Becker u. a. (Hg), Aus der Zeit der Verzweiflung. Zur Genese und Aktualität des Hexenbildes, Frankfurt a. M. [2]1978, S. 259–312; Claudia Honegger, Die Hexen der Neuzeit. Studien zur Sozialgeschichte eines kulturellen Deutungsmusters, Frankfurt a. M. 1978; Barbara Ehrenreich/Deirdre English, Hexen, Hebammen und Krankenschwestern, München 1975; David Meili, Hexen in Wasterkingen. Magie und Lebensformen in einem Dorf des frühen 18. Jahrhunderts, Basel 1980; Wolfgang Behringer, Hexenverfolgung in Bayern. Volksmagie, Glaubenseifer und Staatsräson in der Frühen Neuzeit, München 1987.

2 Die Prozeßakten befinden sich im Staatsarchiv Detmold unter den Signaturen L86, Hexenprozesse, und L34, Ortsakten der Stadt Horn. Für den Zeitraum von 1554 bis 1603 sind für die Stadt Horn 31 Verfahren gegen Frauen, die unter Zaubereiverdacht standen, überliefert. 20 dieser Frauen wurden verhaftet, 17 von ihnen hingerichtet, in 11 Fällen führten die Ermittlungen zu keiner Anklage.

3 Zum Realitätsgehalt von Zusammenhängen, die durch das Bewußtsein hergestellt werden, vgl. Marc Bloch, Apologie der Geschichte, Stuttgart 1974, S. 147; Heide Wunder, Der dumme und der schlaue Bauer, in: Mentalität und Alltag im Spätmittelalter, hg. von Cord Meckseper/Elisabeth Schraut, Göttingen 1985, S. 37; Vom Umschreiben der Geschichte. Neue historische Perspektiven, hg. von Ulrich Raulff, Berlin 1986.

4 Jean Delumeau, Angst im Abendland. Die Geschichte kollektiver Ängste im Europa des 14. bis 18. Jahrhunderts, 2 Bde., Reinbek 1985; Julio C. Baroja, Die Hexen und ihre Welt, Stuttgart 1967.

5 Vgl. Dagmar Unverhau, Von Toverschen und Kunstfruwen in Schleswig 1548–1557. Quellen und Interpretationen zur Geschichte des Zauber- und Hexenwesens, Schleswig 1980.

6 Dies ist die Definition des Delikts im Gerichtsprotokoll der Witwe Murer aus Horn 1554. Die Akte existiert im Staatsarchiv nicht mehr, der Text ist abgedruckt bei Paul Wigand, Denkwürdige Beiträge zur Geschichte und Rechtsaltertümer, aus westph. Quellen gesammelt, Leipzig 1858, S. 248–250.

7 Keith Thomas, Religion and the Decline of Magic, Harmondsworth 1973, S. 661; Alan Macfarlane, Witchcraft in Tudor and Stuart England, London 1970, S. III.

8 Dies galt für alle Strafprozesse der frühen Neuzeit, dazu Richard van Dülmen, Theater des Schreckens, Gerichtspraxis und Strafrituale in der frühen Neuzeit, München 1985, S. 24.

9 Heide Dienst, Lebensbewältigung durch Magie. Alltägliche Zauberei in Innsbruck 1485, in: Lebensformen im 16. Jahrhundert. Forschungen zur Alltagsgeschichte und zur historischen Anthropologie, hg. von Heinrich Lutz/Alfred Kohler, Wien 1986; Robert Muchembled, Kultur des Volkes – Kultur der Eliten, Stuttgart 1982; M. R. O'Neil, Sacerdote ovvero strione. Ecclesiastical and

Superstitious Remedies in 16th Century Italy, in: Understanding Popular Culture, hg. von Steven L. Kaplan, Berlin 1984, S. 53–84.

10 L86 H17; L86 W6; L86 H5; L86 S10; L86 H4; L28 B IX,6.

11 Die um ein Rechtsgutachten ersuchten Räte des Herzogs von Berg, der Rechte an der Stadt Lippstadt hatte, hielten ein neues peinliches Verhör für nicht gerechtfertigt. Hier zeigt sich vermutlich der Einfluß Johann Weyers, der Arzt am Hofe des Herzogs war, L86 H17.

12 L28 B IX, 6.

13 L86 W6; auch Schlirup gab an, das Gift von seiner Mutter bekommen und „spieskraut" von einer Zauberschen gekauft zu haben.

14 Häufig berichten Zeugen, sie hätten im genannten Schadensfall Rat geholt. L86 W9; L86 N1; L86 B7; L86; L86 D4; L86 M11. Johann Gerken aus Horn sollte die verantwortliche Zaubersche folgendermaßen ermitteln: er sollte am Walpurgismorgen die Kühe mit einem Ahornstock auf die Weide treiben, dabei werde ihm die Täterin begegnen und einen Streit mit ihm anfangen, L86 P5, Bl. 82.

15 Gerichtliche Ermittlungen gegen Wicker setzen 1589 ein, L86 H5. Bei den Kirchenvisitationen wurde laut Kirchenordnung von 1571 nach Leuten gefragt, die mit Zaubern, Wahrsagen, Segensprechen umgingen. Im Kirchspiel Horn wurde 1587 von dem Unruhestifter Henschen von Herse berichtet, von dem durch Wahrsagen „allerhandt ergernisse, zangk und uneinigkeit erfolge", L65, 36, Bl. 15. Zum Verbot der Wickerei vgl. Karl S. Kramer, Grundriß einer rechtlichen Volkskunde, Göttingen 1974, S. 69.

16 L86 H5 (1589); L86 S10 (1591); L86 H4 (1595).

17 Polizeiordnung, „Vom Ehebruch", D71, 105; ein Prozeß wegen Ehebruchs mit solcher Verurteilung L28 B VIII, 2, Anna Stork 1587.

18 L86 H5, Bl. 77–81.

19 L86 S10.

20 L86 S16.

21 Das trifft vor allem auf die Hexenprozesse der Stadt Lemgo in der zweiten Hälfte des 17. Jahrhunderts zu: Günter Kleinwegener, Die Hexenprozesse von Lemgo, Diss. iur., Bonn 1954.

22 Rainer Walz, Der Hexenwahn vor dem Hintergrund dörflicher Kommunikation, in: Zeitschrift für Volkskunde 82, 1986, S. 1–18.

23 Der Große Duden, Bd. 7: Etymologie, Mannheim 1963, S. 377.

24 Vgl. hierzu auch Unverhau (Anm. 5), S. 38ff.

25 L86 M9, Bl. 5; L86 M11, Bl. 6.

26 L86 P5, Bl. 82; L82 M9, Bl. 2.

27 Vgl. Heide Wunder, „Hexenprozesse im Herzogtum Preußen während des 16. Jahrhunderts, in: Hexenprozesse. Deutsche und skandinavische Beiträge, hg. von Christian Degn u. a., Neumünster 1983, S. 189.

28 Der 1603 angeklagten Witwe Grone wurde angelastet, daß ihr Sohn in ihrem Auftrag Äpfel zur Ehefrau von Nikolaus Schlüter gebracht habe, als er in dessen Haus arbeitete, L86 G5, Bl. 4.

29 Vgl. hierzu Günter Wiegelmann, Zum Problem der bäuerlichen Arbeitsteilung in Mitteleuropa, in: Aus Geschichte und Landeskunde, Forschungen

und Darstellungen. Franz Steinbach zum 65. Geburtstag, Bonn 1960, S. 637 bis 671.
30 L86 D4, Bl. 11.
31 L86 B23.
32 L86 D4, Bl. 2.
33 L86 D4, Bl. 5. Gemeint ist der Sade- oder Sewenbaum. Zur Nutzung dieser Pflanze zu Abtreibungszwecken vgl. Edward Shorter, Der weibliche Körper als Schicksal. Zur Sozialgeschichte der Frau, München 1982, S. 212.
34 L86 KI.
35 L86 KI, Bl. 2.
36 L86 D4, Bl. 5.
37 L86 B23, Bl. 1.
38 L86 S16, Bl. 65.
39 L86 M11, Bl. 4; L86 P4, Bl. 5.
40 Thomas; Macfarlane (S. Anm. 7).
41 L86 P5, Bl. 26; L86 MII, Bl. 4; L86 MII, Bl. 6.
42 L86 G5, Bl. 80.
43 L86 H5, Bl. 37; L86 B16, Bl. 7.
44 L86 B7, Bl. 9; L86 B5, Bl. 3.
45 Rückschlüsse auf die emotionale Beziehung der Mütter zu ihren Kindern können aufgrund dieser Informationen kaum gezogen werden. Zur Diskussion in der historischen Forschung zu diesem Punkt vgl. Klaus Arnold, Kind und Gesellschaft in Mittelalter und Renaissance. Beiträge und Texte zur Geschichte der Kindheit, Paderborn 1980, S. 10ff.
46 L86 B5, Bl. 8.
47 Kramer (Anm. 15), S. 46ff.; Heide Wunder, Der gesellschaftliche Ort von Frauen der gehobenen Stände im 17. Jahrhundert, in: Journal für Geschichte 2, 1985, S. 35.
48 Dies wird ausführlich beschrieben bei Walz (Anm. 22).
49 L86 G5, Bl. 2ff.
50 L34 A V, 4, „Wegen Catrinen Ascherheiden"; L86 G5, Bl. 78.
51 Van Dülmen (Anm. 8), S. 15.
52 Die Peinliche Gerichtsordnung Kaiser Karls V. von 1532, hg. von Gustav Radbruch, Stuttgart [5]1980, S. 42.
53 L86 P5.
54 Ratsbuch, 1563, Stadtarchiv Horn II, 4.
55 Peinliche Gerichtsordnung (Anm. 52), S. 44.
56 L86 P5, f. 92.
57 Hermann Mitgau, Geschlossene Heiratskreise sozialer Inzucht, in: ders., Genealogie als eine Sozialwissenschaft, Göttingen 1977, S. 88f.; Karin Hausen, Historische Familienforschung, in: Reinhard Rürup, Historische Sozialwissenschaft, Göttingen 1977, S. 73.
58 L86 M11, f. 6.
59 L34 A V, 4, „Uff die Gobbelsche".
60 L86 G5, f. 53.
61 L86 P5, f. 86.

62 L86 P5, f. 34.
63 L86 P5, f. 104.
64 Natalie Z. Davis, Die Geister der Verstorbenen, Verwandtschaftsgrade und die Sorge um die Nachkommen. Veränderungen im Familienleben der frühen Neuzeit, in: dies., Frauen und Gesellschaft am Beginn der Neuzeit, Berlin 1986, S. 46ff.; Ingeborg Weber-Kellermann, Die deutsche Familie, Frankfurt a. M. ^{3}1977, S. 54ff.
65 D71, 105, „Von heimlicher Unordentlicher verlobnuss".
66 D71, 105, Bl. 19.
67 L86 M9, f. 3.
68 Wie Anm. 50.
69 Wie Anm. 50.
70 L34 E I, 2 (1580).
71 L86 MII, f. 4 u. f. 5.
72 Martin Kuhlmann, Bevölkerungsgeographie des Landes Lippe, Remagen 1954, S. 25 u. 30; August Falkmann, Beiträge zur Geschichte des Fürstentums Lippe, Lemgo 1857–1902, Bd. 3, S. 170ff.
73 L54, I, Bl. 134; Carl W. Isermann, Nachrichten und Notizen über die Stadt Horn, bearb. von Hans Vennefrohne, Horn 1977, S. 155.
74 L65, 36; vgl, hierzu Kramer (Anm. 15), S. 40.
75 L86 P4, Bl. 3; L86 M9, Bl. 5.
76 L86 L6; L86 B16; L86 M9; L86 M11.
77 L86 M9, Bl. 5 u. Bl. 6; L34 A V, 4 (Beleke Münstering).
78 L54, I (26. 7. 1585).
79 Die Aufgaben der Audienz werden in der Polizeiordnung beschrieben, D71, 105, „Von der Audientz wegen".
80 Bei Gertrud Wolthoff war das Gerücht noch 20 Jahre nach der Schmähklage latent vorhanden, L86 G5, Bl. 60–61.
81 Die Gläubiger des verstorbenen Pfarrers Johann Nordermann aus Horn prozessierten vier Jahre gegen die Söhne um die Rückzahlung der Schulden und Zinsen, L70, 75.
82 L86 M9, Bl. 9.

Eva Labouvie

Männer im Hexenprozeß

Zur Sozialanthropologie eines „männlichen" Verständnisses von Magie und Hexerei

I. Die Frau war bislang die Zentralfigur, um die sich populäre Darstellungsversuche wie wissenschaftliche Untersuchungen zum Phänomen von Hexenglauben und Hexenprozeß in der frühen Neuzeit bewegten. Dies mit Recht: War sie es doch, die durch die „Hexenbulle" zur vorrangigen, mit der Macht zur allumfassenden Schadenstiftung ausgestatteten Komplizin des größten Gottesfeindes und seines Kampfes gegen die christliche Weltordnung degradiert, vom *Hexenhammer* zum leicht verführbaren Opfer satanischer Umtriebe erklärt und schließlich in der Folgezeit durch die kirchliche Hexenlehre zur Angehörigen einer Teufelsgemeinschaft stilisiert wurde. Frauen waren es auch, die – mit wenigen regionalen Ausnahmen – in überragender Mehrzahl den im 16. Jahrhundert in Mittel- und Südeuropa einsetzenden obrigkeitlichen oder von der Bevölkerung ausgehenden Hexenverfolgungen zum Opfer fielen. Untersuchungen zum Hexenprozeß stützen sich daher fast ausnahmslos in ihrer Argumentation und ihren Ergebnissen auf Prozesse gegen angebliche Anhängerinnen der Hexensekte.

Aber auch der Mann spielte im Hexenprozeß eine unübersehbare Rolle: vorrangig als Richter, Schöffe, Scharfrichter, Folterer, Geistlicher, Fürst, Bischof, Amtmann, Hexeninquisitor, Advokat, Dämonologe, vielleicht auch noch als Gutachter, Verteidiger, Verfolgungsgegner und Beichtvater, immer also als von Amts wegen verpflichteter Gegner und Bekämpfer des Hexenunwesens. Zudem fanden die Angehörigen des männlichen Geschlechts als mit Entscheidungsbefugnissen ausgestattete, außenstehende Beobachter der Prozesse durchaus in die bisherige Hexenforschung Eingang.[1] Das waren jedoch keineswegs die einzigen Rollen, welche Männer über die drei Jahrhunderte, in denen Europa von Hexenverfolgungen heimgesucht wurde, in diesen gespielt haben. Auch Männer fielen – im Waadtland, in Nieder- und Oberösterreich, den Herzogtümern Steiermark und Kärnten sogar in der Mehrzahl[2] – den regionalen Hexenjagden zum Opfer; auch sie kultivierten eigene Vorstellungen von dem, was Hexerei sei, beeinflußten besonders in ihrer Funktion als Zeugen vor Gericht, als dörfliche Ausschußmitglieder, Arbeitgeber und Ehemänner in erheblichem Maße den ganz konkreten Verlauf von Hexenprozessen, von denen freilich meistenteils wiederum Frauen betroffen waren. Gab es insofern außerhalb festgesetzter Verpflichtungen und obrigkeitlicher Vorgaben ein männliches Verständnis von Magie und Hexerei, und resultierten daraus entsprechende Zeugenaussagen in Hexenprozessen? Unterschied sich das männliche Opfer eines Hexenprozesses vom weiblichen, und gestaltete sich der Hexenprozeß gegen einen Mann demgemäß anders als der gegen eine Frau? Oder umgekehrt: Gab es eine gewisse männliche Solidarität, die vielen Männern den Prozeß oder zumindest die Verurteilung ersparte?

In der bisherigen Hexendiskussion wurde die Frage nach geschlechtsspezifischen Rollenverteilungen in Hexenprozessen entweder nur monokausal beantwortet oder einfach ausgeklammert. Konzentrierte sich etwa die ältere „rationalistische" Hexenforschung[3] auf Globalbetrachtungen der Rolle von Kirche und Staat beim Verfolgungsgeschehen, so mußte ihr damit auch zwangsläufig der Blick auf regionale Unterschiede oder gar unspektakuläre Einzelschicksale, die eine Untersuchung geschlechtsspezifischer Besonderheiten verlangten, verstellt bleiben. Der in den sechziger Jahren

Abb. 6: Der „Gezauberte" Knecht

vor allem durch englische und französische Forschungsbeiträge eingeleitete Perspektivenwechsel innerhalb der Hexenforschung führte zwar durch die Integration sozialgeschichtlicher, kulturanthropologischer und ethnologischer Fragestellungen erstmals zu weiterführenden Erklärungsansätzen.[4] Die damit einhergehenden Interessenverschiebungen von der Rolle der Frau als Opfer von Hexenverfolgungen und der Rolle des Mannes, vor allem des Kirchenmannes und Juristen, als ihres Richters zu Fragen nach sozialen Interaktionszusammenhängen ließen jedoch ebenso wenig Raum für Fragestellungen im Kontext geschlechtsspezifischer Unterscheidungen wie die älteren Forschungstraditionen.[5] Auch die neueste Hexenforschung liefert nach altem Muster häufig noch mehr moralisierende Schuldzuweisungen als Erklärungsangebote. Dies gilt im besonderen einmal für die uneingeschränkt feministisch argumentierende Hexendiskussion der siebziger Jahre, die ausschließlich Wert auf die Perspektive der Opferrolle von Frauen in Hexenprozessen legt und dabei über Erklärungsansätze der aus der Männerperspektive weiblich besetzten Hexerei nicht hinauskommt. Sie verleugnet nicht nur das männliche Opfer im Hexenprozeß, sondern unterschlägt zugleich die Rolle von Frauen als Zeuginnen und Denunziantinnen, besonders in den von der Bevölkerung initiierten und betriebenen Hexenjagden auf dem Land.[6] Zum anderen trifft dies für eine Untersuchung zu, in der die europäischen Hexenverfolgungen auf das bevölkerungspolitisch bedingte Interesse der Kirche an der Ausschaltung heilkundiger Frauen und Hebammen zurückgeführt wird. Letzten Endes wird damit nur die alte, aus dem Kulturkampf und seiner Folgezeit stammende These einer alleinigen Verantwortlichkeit der Kirchen am Verfolgungsgeschehen reproduziert.[7] Zudem übersieht ein derartiger Interpretationsansatz nicht nur alle weiblichen Opfer von Hexenprozessen außerhalb der tatsächlich nur in geringem Umfang in die Verfolgungen verwickelten Gruppen heilkundiger Frauen, sondern auch alle männlichen Verurteilten.

Während demnach in Beiträgen des 19. und beginnenden 20. Jahrhunderts, aber auch in neueren Regionalstudien der Mann im Hexenprozeß wenigstens noch als statistisches Randphänomen in seiner Rolle als marginales Opfer in Erscheinung trat, während er in neueren sozialanthropologischen Untersuchungen als Inhaber gesellschaftlicher Funktionen unter dem Stichwort des „sozialen Umfeldes" inner- und außerhalb des Verfolgungsgeschehens immerhin noch eine undifferenzierte Erwähnung erfährt, können ihn feministische Interpretationsversuche und tendenziöse Ansätze folgerichtig nur mehr in seiner pauschalisierten Rolle des zumeist obrigkeitlichen, berufsmäßigen Verfolgers von Frauen einbeziehen. Männer spielten jedoch – dies will die folgende Darstellung zeigen – in den Hexenverfolgungen des 16. bis 18. Jahrhunderts eine weit differenziertere, ambivalente und dort, wo sich, wie im anschließend untersuchten Saarraum, die Hexeninquisition auf der Dorfebene bewegte, keineswegs eine marginale, aber auch nicht die ausschließlich spektakuläre Rolle, die ihnen die bisherige Hexenforschung zuschrieb. Sie waren nicht nur Richter, obrigkeitliche Hexenjäger und Vollstrecker, sondern auch Opfer des allgemein verbreiteten, frühneuzeitlichen Hexenglaubens, der sich gegen sie anders als gegen das weibliche Geschlecht richtete. Männer stellten aber auch zugleich etwa 70 % des Zeugenpotentials, dessen Stellungnahme zum Hexenphänomen und dessen zeitgenössisches Hexereiverständnis uns bis heute in den Gerichtsprotokollen der überlieferten Hexenprozesse dokumentiert ist.

II. Im frühneuzeitlichen Europa des 16. und 17. Jahrhunderts zeigte sich der Glaube an die Existenz und Wirksamkeit magischer Kräfte in den Dorfgemeinschaften des südwestlichen Saarraumes in dreierlei Ausprägung:

1. im traditionellen volkstümlichen Zauberglauben, der die Ausübung von Schadenzaubereien betonte und sie besonders „Zauberinnen", „Zauberschen" und „Unholdinnen" zuschrieb,

2. in der von jedermann ausgeübten, in alltäglichen Lebenssituationen praktizierten Volksmagie sowie

3. im ländlichen Hexenglauben, einem von der kirchlichen Hexenlehre differenten Konglomerat aus volksmagischen, zauberischen und neuartigen Elementen der dogmatischen Hexenlehre.

Bildete die Magie des Volkes in der Vormoderne einen integralen Bestandteil der vorwiegend agrarisch geprägten Kultur, der als alternative Möglichkeit der Deutung und Interpretation, aber auch der Veränderung und Korrektur als geschlossen erfahrbarer Lebenswelten das Alltagsgeschehen der frühneuzeitlichen Menschen ganz selbstverständlich mitgestaltete, so formierte sich der ländliche Hexenglaube, wie er uns besonders durch Zeugenaussagen und Anschuldigungen aus der Dorfbevölkerung übermittelt wird, vor dem Hintergrund des traditionellen Systems magischer Vorstellungs-, Denk- und Handlungsweisen als eine Mischung aus Imaginationen, Interpretationen und Handlungsorientierungen, die den Rahmen volksmagischer Zusammenhänge und lebensweltlicher Erfahrungswerte nur selten verließ. Primär und ausschlaggebend für ein ländliches Hexenverständnis waren dabei weniger jene durch die kirchliche Hexenlehre angebotenen dämonologischen Elemente als vielmehr Vorgaben, die durch konkrete Kontexte des ländlichen Gemeinschaftslebens, nach denen sich die Möglichkeiten und Gelegenheiten der Verrichtung von Schadenzauber ausrichteten, übermittelt und verfestigt worden waren. Als ebenso konstitutiv erwiesen sich dabei traditionelle volksmagische und volksreligiöse Zusammenhänge, die etwa das volkstümliche Teufelsbild, Vorstellungen von praktizierbaren magischen und zauberischen

Handlungen und den ihnen zugrundeliegenden Kräften prägten, und mündlich tradierte Imaginationen aus dem Bereich des alten Zauberglaubens.

So war auch die Figur der Hexe – ebenso wie die des Zauberers oder Hexenmeisters – in der „eingeborenen" Sicht der Landbewohner des Saarraumes[8] weit eher die alte Magierin und Zauberin traditioneller Prägung denn eine mit übersinnlichen Kräften ausgestattete diabolische Teufelsbuhlerin und Satansverehrerin: eine allen bekannte Nachbarin, Verwandte oder Bekannte aus dem Ort, deren äußere Erscheinung nicht viel Geheimnisvolles oder gar Dämonisches aufzuweisen hatte. Ihre magischen Fähigkeiten und Handlungsmöglichkeiten wurden in Anlehnung an übliche volksmagische Praktiken als Analogie-, Schaden- oder Gegenzauber bewertet und auch in den Aussagen überführter Hexen und Zauberer in Übereinstimmung mit den alltagsmagischen Vorstellungen des Dorfes beschrieben. Ihre magische Kraft wurde nicht auf ihren Kontakt mit dem Teufel zurückgeführt, sondern als eine besondere, körpereigene Macht zur schadenstiftenden *Schwarzen* Magie angesehen. Wo Elemente der neuen Hexenlehre Eingang in den ländlichen Hexenglauben finden konnten, erhielten sie entweder nur vage Konturen, wie etwa Imaginationen vom Teufel, den Buhlteufeln und der Teufelsverehrung, oder sie wurden der bäuerlichen Erfahrungswelt und dem dörflichen Lebensstil angepaßt. Letzteres galt vor allem für Vorstellungen vom Hexensabbat, der weit eher einem bäuerlichen Fest mit Musik, Tanz und Vergnügen als jenen von zeitgenössischen Dämonologen verbreiteten Schilderungen orgiastischer Teufelsanbetungen glich; ebenso für solche von Schadenzaubereien, die weitaus häufiger als übermütiger Schabernack denn als diabolische Boshaftigkeit anmuteten.[9] Wenn in den Saargemeinden sowohl die Figur der Hexe als auch ihre Zaubertaten nach volkstümlichem Verständnis nicht nur durch volksmagische Rituale identifizierbar, sondern durch Praktiken des Hexenabwehr- und Gegenschadenzaubers bekämpfbar und neutralisierbar waren, so kann man annehmen, daß es sich bei diesem volkstümlichen Hexereiverständnis eigentlich um nichts anderes als um eine besondere, kollektiv definierte und mit den rituellen Mitteln des volksmagischen Repertoires überprüfbare Ausprägung des allgemein verbreiteten Glaubens an die Wirksamkeit magischer Kräfte handelte.[10] Diese Ausgangsbeurteilung, die von einer immanenten Überlagerung der Erscheinungs- und Praxisformen von Volksmagie und Hexerei ausgeht, beide also als verschiedene Präsentationsfelder desselben Denk- und Handlungshorizontes ansieht, legt vor Beantwortung der Frage nach Rolle und Funktion des Mannes im Hexenprozeß nahe, erst einmal nach einem möglichen traditionellen männlichen Magieverständnis, das wiederum die Herausbildung einer speziell männlich geprägten Variante des ländlichen Hexenglaubens beförderte, zu fragen.

Seit alters war die Magie des Volkes auch gekoppelt an Vorstellungen, die dem weiblichen und männlichen Geschlecht gesonderte magische Handlungsmöglichkeiten und Rituale zuschrieben. Zwar sprach man den Vertretern beiderlei Geschlechts prinzipiell die Kenntnis magischer Mittel, das Wissen um magische Gesetzmäßigkeiten und den Besitz körpereigener magischer Kräfte zu, ebenso wie beiden die Durchführung magischer Rituale gestattet war. Dennoch kristallisierten sich in allen mitteleuropäischen Ländern besondere geschlechtsspezifische Ausrichtungen und Bewertungen heraus, die zum Teil als Ergebnisse eines tradierten Magieverständnisses, zum Teil als Resultat funktionaler gesellschaftlicher Rollenzuweisungen zu bewerten sind. So war es vor allem die Frau, der man von jeher die Fähigkeit zur Kontaktaufnahme mit der Geister- und Dämonenwelt und Kenntnisse auf dem Feld der Zauberei, Giftmischerei und der schwarzen Magie zutraute. Sie war es auch, der weit eher Möglichkeiten zum Flug durch die Luft und zum Schadenzauber an Menschen, Tieren und ihren Nahrungsmitteln unterstellt wurden als ihren männlichen Kollegen, denen es vielleicht noch gelingen konnte, sich in Werwölfe, Hähne oder wilde Tiere zu verwandeln, die jedoch keine ausgeprägten, verallgemeinerbaren magischen Kräfte zur schwarzen Magie und ihren Metamorphosen besaßen. Das weibliche Geschlecht, das aus der männlichen Perspektive aufgrund seiner Doppelrolle als Tod- und Lebensbringerin zugleich als geheimnisvoll und unkontrollierbar galt, war damit gleichzeitig auch prädestiniert zur Zauberei, jener ambivalenten und deshalb unberechenbaren Form der glück- und unglückbringenden Magie.[11] Während so die Frau nach traditionellem Verständnis die Bereiche der mit jenseitigen dämonischen Kräften operierenden, der undurchsichtigen, ambivalenten und zugleich geheimnisvollen Varianten volkstümlicher Magie dominierte, wobei ihr magisches Betätigungsfeld sich oft an Lebenssituationen knüpfte, die ein derartiges Einwirken verlangten oder selbst Geheimnisvolles in sich bargen, waren die magischen Zuständigkeitsbereiche des Mannes und seine volksmagischen Wirkungsmöglichkeiten allgemein weit häufiger auf dem Boden der ländlichen Alltagsrealität angesiedelt.

Schienen demgemäß volksmagische Praktiken der Wahrsagerei, der Geister- und Dämonenbeschwörung sowie Rituale im Zusammenhang mit den Lebensgeheimnissen um Geburt, Tod, Fortpflanzung und Liebe bei weitem stärker weiblich als männlich besetzt, so galten umgekehrt die Bereiche der Segnerei, des Krankheitszaubers, des Ernte-, Feld- und Wetterzaubers als männliche Domänen. Das zumindest bis zum Beginn des 17. Jahrhunderts im saarländischen Raum weitgehend von Männern beherrschte Feld der professionellen Krankheitsmagie etwa hatte seinen traditionellen Ursprung wahrscheinlich in den Kenntnissen einer aus Hirten, Schäfern, Abdeckern und Scharfrichtern bestehenden gesellschaftlichen Randgruppe, die sich von Berufs wegen mit der magischen Bekämpfung von Krankheiten beschäftigte und mit magisch besetzten Teilen menschlicher und tierischer Körper umging, eine Tradition, die besonders in den protestantischen und reformierten Gebieten des Saarraumes noch lange anhielt.[12] Andererseits konnten sich Spezialisten für Krankheitsmagie bis zum 17. Jahrhundert auch außerhalb dieser Gruppe rekrutieren: Im reformierten Wolfersweiler und den zur Pfarrei gehörigen Nachbargemeinden lebten beispielsweise nach einem Schreiben des zuständigen Pfarrers aus dem Jahre 1602 insgesamt dreizehn Personen, drei Frauen und zehn Männer, die mit verschiedenen Krankheitszaubern umzugehen wußten, darunter sechs Zensoren der Kirchengemeinde, ein Kuhhirte und zwei Wasenmeister.[13] Gerade der Bereich der Segnerei und Krankheitsmagie galt in den katholischen Regionen wiederum als Terrain der hier häufig auf volksmagischem Gebiet tätigen Ortsgeistlichen und Ordensbrüder, die sich im Umgang mit dem Hubertusschlüsselbrennen, mit Ritualen, die kirchlicher Symbole und Substanzen – etwa einem Agnus Dei, Weihwasser oder gesegnetem Salz – bedurften, und der rituellen Verabreichung von Heiltränken auskannten.[14] Erkrankte etwa in einer ländlichen Familie eines der Kinder oder eine Kuh, so wurde entweder der örtliche Krankheitsmagier gerufen, oder aber es war die selbstverständliche Aufgabe des männlichen Familienoberhauptes, einen solchen Spezialisten, gegebenenfalls auch mit Kind und Kuh aufzusuchen und seine Kenntnisse in Anspruch zu nehmen. Männer fungierten, wenn es um die magische Bekämpfung von Krankheiten ging, mithin auf zweierlei Weise: Als Spezialisten wurden sie vor allem in lebensbedrohlichen Krankheitsfällen, in denen altbekannte Hausmittel und Rezepturen versagt hatten, wegen ihrer außerordentlichen Fähigkeiten hinzugezogen; als verantwortliche Schützer des Familienverbandes waren sie es, denen in derartigen Situationen die Inanspruchnahme magischer Hilfen überantwortet war. Gerade dieses Muster einer doppelten Besetzung volksmagischer Bereiche durch Männer als Ausübende und Beanspruchende war in der ländlichen Gesellschaft auch in anderen magischen Kontexten anzutreffen.

Die ursprünglich als männliche Domäne erkennbare Tradition der Heil- und Krankheitsmagie – Hebammen und Kräuterfrauen spielten im ländlichen Bereich zumeist eine nur auf bestimmte Spezialbefähigungen beschränkte Rolle – gehörte nun ihrerseits zu jenem von Männern verwalteten und vorwiegend beanspruchten Repertoire an magischen Praktiken, das sich vor allem über das traditionelle Rollenverständnis und alltägliche, dem Mann zugewiesene Betätigungsfelder gestaltete. So oblag in der frühneuzeitlichen Gesellschaft den männlichen Gemeindemitgliedern des Dorfes die Wahrung eines einvernehmlichen gesellschaftlich-genossenschaftlichen Zusammenlebens. Männer waren es auch, die die familiäre Sorge um Produktion und Reproduktion, um den Erhalt der Familie, ihrer Mitglieder, der lebenserhaltenden Nahrungsmittel und Güter, des Viehbestands, der Felder, Wiesen und Wälder trugen. Unter diesem Aspekt gesehen, entsprach der zunächst befremdlich erscheinende Sachverhalt, daß magische Praktiken, die der Heilung kranker Menschen und Tiere dienten, männlich dominiert wurden, nur einer gesellschaftlich fixierten Zuständigkeit des Mannes. Der Bereich der Krankenpflege, der täglichen Versorgung und Aufzucht gehörte demgegenüber zum Tätigkeitsbereich der Frauen, was den mit der Verabreichung, Konservierung und Zubereitung von Lebensmitteln betrauten weiblichen Dorfmitgliedern nicht zuletzt ihren Ruf als Giftmischerinnen und die allgemein verbreitete Annahme einbrachte, sie stellten heimlich Zaubertränke her und mischten diese unter die Nahrung.

Auch aus der durch die gesellschaftliche Arbeits- und Rollenverteilung an die männliche Dorfbewohnerschaft geknüpften und außerhalb des Hauses stattfindenden Feldarbeit resultierten männlich besetzte magische Traditionen. So war der in den Ortschaften des Saarraumes alljährlich um Pfingsten ausgeübte Pfingstquakbrauch, ein altes Fruchtbarkeitsfest, das zur Begrüßung des nach den Wintermonaten neu beginnenden Lebens begangen wurde, eine Angelegenheit der männlichen Dorfbewohner. Mit Lärmen und Musik trugen diese den Pfingstquak, einen mit Blattwerk geschmückten Dorfburschen, durch die Straßen, um allen Dorfbewohnern den kommenden Frühling anzukündigen.[15] Galt es, nach den von einem Geistlichen geleiteten Feldprozessionen die Hagelfeuer zur Abwehr der Wetterdämonen zu entzünden, am Johannistag zur Beschwörung von Wachstum und Gedeihen der Feldfrüche die Johannisfeuer zu entfachen oder brennende, mit Stroh umwickelte Wagenräder von der höchsten Erhebung hinunter über Felder und Wiesen rollen zu lassen, um diese gegen Unwetter, Trockenheit und den Einfluß böser Mächte zu schützen und zugleich den Sonnensegen zum Gedeihen der Nahrung herabzubeschwören, so waren es immer die männlichen Dorfbewohner, die diese magischen Feld-, Ernte-, Fruchtbarkeits- und Wetterzauber ausführten, auch wenn die Frauen des Dorfes dabei stets anwesend waren und vereinzelte Rituale, etwa das paarweise Springen über das Johannisfeuer oder das Brunnenputzen am Pfingstquakfest, mitgestalteten.[16]

Zum traditionellen Aufgabenbereich des Mannes zählten außerhalb der Nahrungsmittelsicherung durch Bearbeitung der Felder auch alle Maßnahmen, die dem Erhalt, der Vermehrung oder Wiedergewinnung von Geld und Gut, von Erbschaften oder verlorenen Gegenständen des Alltagslebens dienten. Auch in diesem den männlichen Dorfmitgliedern überantworteten Zuständigkeitsfeld wurde ein entsprechend männlich besetztes Repertoire an magischen Möglichkeiten ausgebildet: Wir finden zwar in den saarländischen Gemeinden eine deutliche Überrepräsentanz von Wahrsagerinnen, die auch und gerade für die Wiederentdeckung verlorener oder verschwundener Gegenstände und Werte zuständig waren. Ihre Inanspruchnehmer waren jedoch fast immer Männer, die ihrer Aufsichtspflicht über die familiären Güter und den Erhalt eines minimalen Wohlstands über magische Mittel zu genügen suchten.

Magische Mittel, die der aktiven Mehrung materieller Güter dienten, waren dagegen ausschließlich männlich beherrscht. So gab es bis ins 18. Jahrhundert in den Regionen des Saarraumes weder weibliche Schatzgräber noch Frauen, die mit Hilfe magischer Utensilien, etwa mittels Glücks- und Wünschelruten, verborgene Schätze ausfindig zu machen oder das Eigentum anderer an sich zu bringen versuchten. Wohl erprobten Frauen vereinzelt Geister- und Dämonenbeschwörungen zur Erlangung geheimer Schätze oder vermißter Gegenstände, denn ihnen war nach volkstümlicher Auffassung ja der Zugang zur Geisterwelt erleichtert. Derartige Tätigkeiten wurden jedoch durch die besonders seit dem ausgehenden 17. Jahrhundert anwachsenden Aktivitäten von Männern auf den Gebieten der magischen Schatzsuche und des Rutengehens überboten. Dabei riefen die Männer nicht überirdische Mächte an, sondern vollzogen diesseitsorientierte rituelle Handlungen wie das genau vorgeschriebene Ausgraben der Sprengwurzel, das Entzünden von Feuern an Wegkreuzen oder das Münzwerfen ins Feuer.[17] Die frühneuzeitliche ländliche Gesellschaft des 16. und 17. Jahrhunderts kannte mithin aus ihrer alten volksmagischen Tradition die Vorstellung einer geschlechtsspezifischen Zuordnung nicht nur magischer Praktiken, sondern auch magischer Fähigkeiten und Kräfte. Neben einer Vielzahl magischer Handlungsmöglichkeiten, die für Frauen und Männer gleichermaßen bestanden, gab es somit andere, die aufgrund „magischer Werturteile“[18], aber auch aufgrund gesellschaftlich bedingter Arbeits-, Rollen- und

Aufgabenverteilung entweder nur von Frauen oder nur von Männern dominiert und beansprucht wurden. Die von Männern aktiv und passiv beherrschten magischen Bereiche und Handlungen orientierten sich dabei weit stärker als die der Frauem am bäuerlichen Alltagsleben und am Erfahrungshorizont der dörflichen und familiären Gesellschaft. So war die ‚Magie des Mannes‘ eher eine diesseitsorientierte überschaubare als eine dämonisch-geheimnisvolle Möglichkeit der Weltdeutung und Lebenstechnik, waren seine magischen Fähigkeiten häufiger von natürlichen, durch ein Ritual magisierten Bestandteilen der irdischen denn der überirdischen Welt abhängig.

Der ‚männliche Magier‘ sah im eigenen Geschlecht, wie sich zeigte, durchaus magische Kenntnisse und Befähigungen verankert. Oft genug waren es neben den Hirten, Schäfern, Wasenmeistern und Scharfrichtern gerade auch gebildetere männliche Dorfbewohner wie Lehrer, Ärzte und Schultheißen, die der volkstümlichen Magie neue Akzente vermittelten und ältere Traditionen aufrechterhielten. Zugleich beurteilen die männlichen Dorfbewohner jedoch die weibliche Magie als ambivalenter als ihre eigene: Frauen standen seit jeher im Ruch weiter reichender, undurchsichtiger magischer Kräfte und besaßen vorgeblich einen leichteren Zugang zur übernatürlichen Welt der Geister, Dämonen und Zauberkräfte, wenngleich auch sie ein ganzes Arsenal an diesseitsorientierten magischen Alltagspraktiken beherrschten. Es erstaunt unter Berücksichtigung derartiger allgemein verbreiteter Auffassung nur wenig, daß es sich bei Verdächtigen, die im Zuge regelmäßiger Kirchenvisitationen der reformierten Landpfarrer zur Existenz volksmagischer Praktiken in den vierziger bis sechziger Jahren des 16. Jahrhunderts in Verbindung zur Zauberei gebracht wurden, zu über 90% um weibliche Dorfmitglieder handelte. Die von der Landbevölkerung denunzierten Frauen trafen dabei ausschließlich Anschuldigungen, die sich auf die traditionelle Zaubereivorstellung bezogen und Delikte des Schadenzaubers in Form des Vieh- und Butterzaubers, der Giftmischerei oder der Schwarzen Magie beinhalteten. Da die Hexenverfolgungen in den zum Saarraum gehörigen reformierten pfalz-zweibrückischen Gebiet erst in den achtziger Jahren des 16. Jahrhunderts ihren Anfang nahmen, spielten Beschuldigungskriterien, wie sie die Hexenlehre vorsah, im Spektrum der Verdächtigungen dagegen keinerlei Rolle. Der um etwa 20 % über dem bei Hexenprozessen liegende weibliche Anteil der Zauberei Bezichtigter verweist daher auf eine im magischen Vorstellungshorizont verankerte, traditionelle weibliche Besetzung der Zauberei und der mit dieser verbundenen Möglichkeiten. Bezeichnenderweise handelte es sich bei der Gruppe der Anschuldiger wiederum zu 80 % um Männer, ein Sachverhalt, der bei späteren Hexereibeschimpfungsfällen ohne Prozeßfolge nicht mehr so deutlich zu Buche schlug, da Hexereidelikte nach kirchlichem, aber auch nach volkstümlichem Verständnis von Männern und Frauen in gleicher Weise verübt und denunziert werden konnten.[19]

Die überdurchschnittliche Anzahl männlicher Denunzianten bei den frühen Zaubereiverdächtigungen, die sich inhaltlich noch außerhalb des erst mehrere Jahrzehnte später virulent werdenden Hexenglaubens bewegten, verdeutlicht, daß es überwiegend Männer waren, die bereits vor dem Einsetzen erster Hexenverfolgungen in dieser Region ein starkes Interesse an der Ausschaltung unerwünschter und unkontrollierbarer schwarzmagischer Praktiken zeigten. Sie beweist ferner, daß die männlichen Anschuldiger sich in der ausnahmslosen Bezichtigung von Frauen einig gewesen sind: In keinem Fall verdächtigte jedenfalls ein männlicher Dorfbewohner einen anderen der Zauberei. Beides, die größere Bereitschaft männlicher Dorfbewohner zur Denunziation angeblich zauberischer Aktivitäten sowie die von Männern einhellig vorgenommene Koppelung von

Zauberei und weiblichem Geschlecht, läßt nun ein besonderes männliches Verständnis weiblicher Magie vermuten: Waren Frauen nämlich durchaus bereit, Männern die Fähigkeit zur Zauberei zuzusprechen, so unterstellten Männer dem eigenen Geschlecht derartiges nicht. Aus dieser Beurteilungsdifferenz erklärt sich, weshalb männliche Dorfmitglieder sehr viel aktiver zum Vorgehen gegen ihnen verdächtige Frauen und gegen unerwünschte Formen der ländlichen Magie, die mit dem alten Begriff der ‚Zauberei' versehen wurden, bereit waren als Frauen. Männer waren es schließlich auch, die in ihren gemeindlichen Funktionen als Zensoren, Sendner, Schöffen, Älteste oder obrigkeitlich verpflichtete Bedienstete mit der amtlichen Bekämpfung volksmagischer und zauberischer Vorfälle vertraut und einverstanden waren.

Unter rein funktionalen Gesichtspunkten gesehen, begriffen Männer die ihrem Geschlecht eigene Magie, die sich fast immer an das konkrete Alltagsleben vor allem der männlichen Dorfbewohner anlehnte, als eine Möglichkeit der Hilfe, Schutz, Ordnung und erklärende Einordnung gewährenden Lebensbewältigung, die weibliche Magie jedoch über diese Funktionen hinaus als eine undurchsichtige, unberechenbare Fähigkeit. Zu diesem differenzierenden Magieverständnis kam die zweifache Rollenfunktion der männlichen Dorfbevölkerung hinzu, die den Mann zur Inanspruchnahme und Durchführung magischer Rituale verpflichtete, ihn aufgrund seiner gemeindlichen Aufsichtspflichten gleichzeitig jedoch zur Ablehnung, ja Bestrafung derartiger Praktiken zwang. Mußte die Differenzierung zwischen männlicher und weiblicher Magie, die der Frau – neben den allgemein zugänglichen – besondere, nur ihr eigene magische Möglichkeiten zusprach, aus der männlichen Perspektive gewisse Verunsicherungen mit sich bringen, so enthielt die ambivalente Beschützer- und Aufsichtsrolle des Mannes innerhalb seines magischen Verständnisses einen inhärenten Zwiespalt zwischen dem eingeübten Glauben an die Wirksamkeit der Volksmagie einerseits und ihrer von der kirchlichen und weltlichen Obrigkeit geforderten Denunziation andererseits. Beides sollte sich auf die Rolle von Männern in den um 1580 im saarländischen Raum beginnenden und bis etwa 1635 massiv andauernden Hexenverfolgungen auswirken. Diese wiederum sind nur zu verstehen, wenn man die den Geschlechtern jeweils eigene magische Perspektive und die unterschiedliche geschlechtsspezifische Zuordnung von Möglichkeiten der Magieausübung in Rechnung stellt.

III. Die Hexenverfolgungen im Saarraum gründeten in der Eigeninitiative der Landgemeinden und ihrer genossenschaftlich unter der Linde gewählten Hexenausschüsse. Die Voraussetzungen für einen Bewußtseinswandel, der vereinzelte magische Praktiken zunehmend als negativ, schädigend und unerwünscht erscheinen ließ und damit zugleich eine Verständnisbereitschaft für die Ideen der neuen Hexenlehre schuf, hatten die Kirchen mit der in den vierziger bis sechziger Jahren des 16. Jahrhunderts einsetzenden Diskriminierung und Kriminalisierung der gesamten volksmagischen Tradition bereits geschaffen. Er führte in der ländlichen Gesellschaft des Saarraumes zu einem differenzierten volksmagischen Verständnis, das neben der vormals weitgehend positiven Bewertung volkstümlicher Magie auch erste negative Einschätzungen schwarzmagischer Praktiken und Ausgrenzungsversuche der sie ausübenden Personen kannte. Inwieweit nun dieses neue ambivalente Magieverständnis, das zugleich geschlechtsspezifische Zuordnungen aufwies, einen spezifisch dörflichen Hexenglauben mitformte, der nun seinerseits ebenfalls ein männlich geprägtes Hexereiverständnis ausbildete, soll im folgenden untersucht werden.

Dabei mögen die sehr unterschiedlichen Schicksale zweier

männlicher Opfer des Hexereiverdachts im Saarraum als Ausgangspunkt und als Leitfaden der Darstellung dienen. Gegen den über sechzig Jahre alten Augustin Mattheis, der mit Frau und sechs Kindern seit seiner Geburt im etwa sechzig Einwohner zählenden, lothringisch verwalteten Dorf Lisdorf lebte, wurde 1619/20 der Prozeß wegen Zauberei und Ehebruchs eingeleitet. Der in seinem Heimatort umstrittene Mann, der zur wohlhabenden Schicht des Dorfes gehörte, hatte sich bereits seit Jahrzehnten durch seine leichtfertige Lebensweise, zu der kleinere Betrügereien und ein außereheliches Verhältnis mit einer Nachbarin gehörten, ins Gerede gebracht. Schon lange bevor der Prozeß gegen ihn begann, kursierten in Lisdorf zusätzliche Gerüchte über angebliche Hexenkünste des Augustin, denen er zahlreiche Geliebte verdanke, sowie über ihm zugesprochene Tier- und Menschenbehexungen. Als schließlich eine als Hexe angeklagte frühere Geliebte den Mattheis in ihrem Geständnis denunzierte, meldete sich unverzüglich eine zur Prozeßeröffnung genügende Anzahl dörflicher Zeugen. Augustin wurde daraufhin insgesamt fünf Monate inhaftiert, mehrmals verhört und mit den Zeugen konfrontiert, ohne zu bekennen. Trotz mehrfacher Anträge und Einsprüche von Verwandten und Freunden verfügte eine Advise vom Obergerichtshof in Nancy die Anwendung der Folter, die Augustin zweimal überstand, ohne zu gestehen.[20] Ein anderer Prozeß wegen Hexerei wurde im Frühjahr 1603 gegen den Schneider Augustin, einen ebenfalls über sechzigjährigen Einwohner aus Honzrath, geführt, der hier mit Frau und Sohn in sehr ärmlichen Verhältnissen lebte. Er stand im Ruf eines streitsüchtigen und ehrlosen Mannes und hatte sich, was im Ort schnell die Runde machte, bei Streitigkeiten schon mehrmals einen Zauberer schelten lassen. Als daher zwei verurteilte Hexen aus dem Nachbarort auf ihn bekannt hatten, konnte der gemeindliche Hexenausschuß rasch genügend Zeugenaussagen für eine beim zuständigen

Hochgericht vorzulegende Anklageschrift sammeln. Nach nur zweitägiger Haft legte Schneider Augustin ein Bekenntnis ‚in der Güte' ab, nach weiteren vier Tagen erfolgte seine öffentliche Hinrichtung.[21]

Die Schicksale der beiden aus ganz unterschiedlichen sozialen Verhältnissen stammenden Männer – der eine arm, verschuldet, ungebildet und daher machtlos den Machenschaften seines jahrzehntelangen Widersachers Meyer Class ausgeliefert, der andere wohlhabend, mit einem Herz für die Armen, der seinen Einfluß selbst während des Prozeßgeschehens geltend machen konnte – waren in der Periode der Hexenverfolgungen keine Ausnahmen. In den zum Saarraum gehörigen lothringischen, kurtrierischen, pfalz-zweibrückischen und nassau-saarbrückischen Herrschaftsgebieten standen in der Zeit von 1575 bis 1634 insgesamt 157 Männer wegen Hexereiverdachts vor Gericht, von denen nachweislich 130 zum Tode verurteilt wurden. 87 weitere wurden mitangeschuldigt, ohne daß über ihr Schicksal Nachrichten vorliegen. Der Anteil der in Hexenprozesse verwickelten männlichen Dorfbevölkerung betrug damit etwa 27,6 %, der davon Verurteilten 90,6 %. Männer als Opfer von Hexenverfolgungen machten somit einen weit geringeren Teil aus als Frauen, wurden aber zudem auch in etwas größerer Zahl als Frauen – sie wurden zu 96 % verurteilt – wegen Mangels an Beweisen oder dreimal überstandener Folter freigesprochen.[22] Die Altersstatistik ergibt eine Verteilung der Angeklagten zu 22,2 % auf die Gruppe der 30- bis 35jährigen, zu weiteren 22,2 % auf die Gruppe der 40- bis 45jährigen, zu 33,4 % auf die der 50- bis 60jährigen und zu 22,2 % auf die der über 60jährigen. Über die Hälfte der männlichen Opfer von Hexenprozessen gehörte damit wie Augustin Mattheis und Schneider Augustin zur Gruppe der alten Menschen einer Dorfgemeinschaft. Wie diese beiden waren mit nur wenigen Ausnahmen alle angeklagten Männer zur Zeit ihres Prozesses entweder verheiratet oder bereits verwitwet, lebten aber auch als Unverheiratete nur in seltenen Fällen vereinsamt oder allein am Rande der Dorfgesellschaft. So verbrachte der über 60jährige Augustin Mattheis, zur Zeit seines Prozesses etwa drei Jahre verwitwet, seinen Lebensabend mit mehreren seiner sechs Kinder in einem gemeinsamen Haushalt, während der ebenfalls schon betagte Schneider Augustin mit Frau und Sohn, vielleicht auch mit weiteren Verwandten, zusammenlebte.[23] Die Tatsache, daß verwitwete Familienväter oder alleinstehende Männer, die als Angeklagte in einen Hexenprozeß gerieten, eher in ein funktionierendes soziales Umfeld eingebettet waren als weibliche Angeschuldigte, entsprach, wie entsprechende Einwohnerverzeichnisse zeigen, durchaus den dörflichen Lebensgewohnheiten der Geschlechter: Während vor allem Witwen ihren eigenen Hausstand oft bis zu ihrem Tod aufrechterhielten, zogen verwitwete Männer oder Männer ohne eigene Familie mit ihren Eltern, Geschwistern oder anderen Verwandten zusammen in einen Haushalt.[24] Der typische ‚Hexer', für den in den Regionen des Saarraums weiterhin die alte Bezeichnung des ‚Zauberers' galt, zeichnete sich von daher in erster Linie durch ein hohes Alter, das ihn in den meisten Fällen in den Witwerstand versetzt hatte, und eine charakteristische Lebensweise im Kreise seiner Angehörigen aus. Ihrem sozialen Stand nach gehörten 41,6 % der als ‚Zauberer' verurteilten männlichen Gemeindemitglieder zur mittellosen Unterschicht, ebenso viele zur etwas besser gestellten Schicht der Minderbemittelten und 16,6 % zur gehobenen Mittelschicht. Dabei ist auffallend, daß Angehörige dieser Mittelschicht weit stärker in Hexenprozesse verwickelt waren, als es ihrem durchschnittlichen gemeindlichen Anteil entsprochen hätte. Anders als die als Hexen verurteilten Frauen, deren Herkunft der sozialen Verteilung der weiblichen Dorfbewohnerschaft entsprach, standen wohlhabende Männer wie Augustin Mattheis im Verhältnis zu ihrem tatsächlichen Gemeindeanteil erheblich mehr in Gefahr, als Opfer in Hexenprozesse zu geraten, als Männer aus niederen Schichten, die dennoch den Hauptanteil der Verurteilten bildeten.

Männer stellten aber auch in allen saarländischen Hexenprozessen ingesamt mehr als zwei Drittel der zur Aussage bereiten, gerichtlich vereidigten Zeugen, wobei die Altersstruktur der männlichen Zeugen derjenigen der angeklagten Männer in Hexenprozessen ungefähr entsprach. Bei einer durchschnittlichen Zeugenzahl von vier Personen je Prozeß und einer der Dorfstruktur entsprechenden Vertretung aller Schichten und Altersgruppen kann nun einerseits davon ausgegangen werden, daß die kollektive Dorfgemeinschaft in den Zeugenaussagen repräsentativ wiedergegeben wurde. Die geschlechtsspezifische Zusammensetzung der Zeugen läßt jedoch ein deutliches Übergewicht von Männern erkennen, die in Hexenprozessen gegen Männer drei Viertel, in Prozessen gegen Frauen zwei Drittel des Zeugenpotentials stellten.

Sowohl die Untersuchung des Verhältnisses zwischen Zeugen und Angeklagten beiderlei Geschlechts als auch der Zeugen untereinander führt zugleich zu dem Schluß, daß es sich bei den Dorfbewohnern, die in Hexenprozessen als Zeugen gegen angeklagte Hexen und Zauberer auftraten, durchweg um Personen handelte, die aus persönlichen Interessen, einer sozialen, ökonomischen, moralischen oder familiär bedingten Abhängigkeit oder zum eigenen Schutz aussagten. Waren die Beziehungen zwischen Angeklagten und Zeugen fast immer geprägt von konfliktbeladenen Verwandtschafts-, Feindschafts- oder ehemaligen Dienstleistungsverhältnissen, so zeichneten sich zwischen den Zeugen eines Prozesses fast immer Abhängigkeitsverhältnisse in Form persönlicher Bindungen, Verwandtschafts- und Freundschaftsbeziehungen, Liebes- und Dienstleistungsverhältnissen ab, die vielfach eine Zeugenrekrutierung überhaupt erst ermöglicht hatten. So traten im Prozeß gegen Schneider Augustin neben dem Ehemann einer seiner einstigen Geliebten auch Johanetta Scheffer, die Frau des gemeindlichen Hexenausschußmitgliedes Scheffer Endres, der den Prozeß vor Gericht anhängig gemacht hatte, Johann Meyer, der Sohn des jahrzehntelangen Hauptfeindes des Angeklagten, sowie dessen derzeitiger Knecht in den Zeugenstand. Bei den Zeugen gegen Augustin Mattheis handelte es sich um Ehemann und Schwägerin zweier seiner ehemaligen Geliebten, eine einstige Geliebte, die versprochene Geschenke von ihm nicht erhalten hatte, und deren Nachbarin, die keineswegs den Ehebruch ihrer Freundin, wohl aber vermutete Zaubereiverdächtigungen gegen den Angeklagten bestätigte.[25] Der typische männliche Zeuge war nun in der Regel ein Mann derselben Generation der angeklagten Person oder etwas jünger als diese, der von ihr in irgendeiner Form geschädigt, geprellt, übergangen oder in seiner Ehre verletzt worden war und zugleich in einem solchen Verhältnis zu einem weiteren Zeugen stehen konnte, das ihn zusätzlich zur Aussage verpflichtete oder zwang.

Formal betrachtet, handelte es sich bei den männlichen Opfern von Hexenverfolgungen um zumeist alte, nicht allein lebende Männer aus der untersten oder einer recht wohlhabenden Schicht der Gemeindebevölkerung, deren Lebensgeschichte sich jedoch bei näherer Betrachtung stets insofern ähnelte, als keiner der Angeklagten in seinem Heimatort in vielerlei Hinsicht ein ‚unbeschriebenes Blatt' war. Alle hatten sie auf irgendeine Weise männliche Verhaltens- und Rollenmuster verletzt, der eine aufgrund ehrenrührigen Verhaltens, der andere, weil er die Frau seines Nachbarn zur Geliebten, ein dritter, weil er seine Familie in Schulden gestürzt oder im Stich gelassen hatte, ein weiterer, weil er unsaubere Geschäfte getätigt, sich in die Geschäfte anderer eingemischt hatte, weil ihn seine Frau verprügelt oder er das gemeinsame Familienvermögen an Fremde verausgabt hatte.[26] Da es vielfach dem Bereich männlicher Tätigkeiten zuzurechnende Konflikt- und Spannungssituationen waren, die die Begründung für vermutete Schadenzaubereien lieferten und die Mehrzahl der Zeugen, die diese Vorwürfe anbrachten, Männer waren, liegt die Annahme nahe, daß es sich bei den Umständen und Ereignissen, die einen Mann in einen Hexenprozeß zogen, zumeist und bezeichnenderweise um zwischen dem Angeklagten und einem oder mehreren Zeugen ausgetragene Auseinandersetzungen handelte, die entweder den Streit um eine männliche Domäne, die Verteidigung der dem Mann anvertrauten Werte, Personen und Güter sowie seine Ehre oder die nicht pflichtgemäße Erfüllung einer den männlichen Dorfbewohnern übertragenen gemeindlichen Aufgabe beinhalteten. Hexereiverdächtigungen und Schadenzaubervermutungen entsprangen damit fast ausschließlich männlich besetzten Lebenssituationen, entsprachen also in erster Linie der aus der männlichen Perspektive erfahrbaren Lebenswelt mit allen ihren Konfliktmöglichkeiten. Augustin Mattheis, der es zu einem eigenen Vermögen, einem Haus, Bargeld und einem beachtlichen Viehbestand gebracht hatte, konnte es sich aufgrund seines relativen Wohlstands nicht nur mehrmals erlauben, durchziehende „Gartknechte“ in seinem Haus zu verköstigen, sie mit Nahungsmitteln auszustatten und ihnen Geld zu geben, sondern auch armen Leuten hin und wieder Lebensmittel und Ferkel aus seinem Stall zu schenken. Ja er war mehrmals sogar so weit gegangen, einer Nachbarin, der Decker Lena, mit der er seit geraumer Zeit in öffentliches Gerede gekommen war, wertvolle Geschenke, etwa verschiedene Haustiere, zu machen. Da derartige Zuwendungen seinen Kindern nicht verborgen bleiben konnten, war es zu heftigen Auseinandersetzungen gekommen, die in einer Prügelei zwischen der Tochter, einem Sohn sowie einem weiteren Verwandten und dem Vater gipfelten.

Zu Anfang dieses ungebührlichen Verhältnisses, das noch zu Lebzeiten von Augustins Ehefrau und zwölf Jahre vor Prozeßbeginn seinen Anfang genommen hatte, versuchten die Kinder, den Vater durch Beschimpfungen und Vorhaltungen von seinem ehrenrührigen Verhalten abzubringen; schließlich kam es soweit, daß ihn seine Söhne eines Nachts unter Schimpftiraden aus dem Bett seiner Geliebten prügelten, ihr die Kleider wegnahmen und ihn nach Hause schleppten, eine Episode, die in Lisdorf schnell die Runde machte. Dem nicht genug, hatte sich Augustin vier Jahre vor seinem Prozeß mit der vierzigjährigen Ehefrau des Greten Michel eingelassen und gleichzeitig ein Verhältnis mit Bresselers Selters Anna, einer ebenfalls verheirateten Lisdorferin, angefangen, beides Vorgänge, die den Verwandten und Ehemännern der beiden Frauen nicht unentdeckt bleiben konnten. Zu alledem war seine junge Dienstmagd auch noch von ihm schwanger geworden, so daß der wohlhabende Augustin sie, mit einer Abfindung versehen, schleunigst ins Luxemburgische verschicken mußte. Seine betrügerischen Geschäfte mit angeblichem Rübensamen, bei dem es sich in Wahrheit um Rapssamen handelte, brachten ihm außerdem zwar einen kräftigen finanziellen Gewinn ein, zugleich jedoch eine ganze Reihe von Anfeindungen, sogar aus der eigenen Familie.[27]

Schneider Augustin dagegen galt bei den Dorfbewohnern als streitsüchtig, aufsässig und zänkisch, ein Ruf, den ihm vielleicht sein Amt als Gemeindezehnder, vor allem aber seine Auseinandersetzungen mit Meier Class aus Erbringen eingebracht hatten. Augustin hatte bei diesem Meier Class, einem begüterten Bauern aus dem Nachbarort, Geld zurückzahlen müssen, das er ihm seiner Meinung nach gar nicht geschuldet hätte, und verleumdete diesen deshalb als ungerechten Gläubiger. Auch bei anderen Gelegenheiten war Schneider Augustin durch provozierende Äußerungen gegenüber dem Bauern aus dem Nachbarort aufgefallen: So hatten sich die beiden auf dem Dorfplatz unter der Linde ein Wortgefecht geliefert, in dem der Erbringer den Augustin einen ‚Zauberer' und ‚Kader' und einen unnützen, zänkischen Mann beschimpft hatte. Schließlich war Meier Class hoch zu Pferde durch den ganzen Ort Honzrath geritten, um öffentlich zu verkünden, Schneider Augustin sei ein Schelm, der ihm sein Eigentum weggenommen habe. Tatsächlich hatte Augustin, als er 1596 das Zehndneramt für die Gemeinde Honzrath innehatte, mehrere Schweine des Class – unrechtmäßig, wie dieser behauptete – beschlagnahmen und pfänden lassen, eine Angelegenheit, die im Beisein des Honzrathers Peter Martin vonstatten ging, welcher später gegen Augustin vor Gericht aussagen sollte. Der jahrelange Streit der beiden Dorfbewohner spitzte sich zu, als Class ihn zum zweiten Mal als Zauberer beschimpfte und überall verkündete, der Schneider wolle sich wegen dieser Beschuldigung nicht gerichtlich verantworten. Jetzt erwiesen sich für Schneider Augustin auch seit längerem über seinen Lebenswandel umlaufende Gerüchte als gefährlich: Der eigentlich unvermögende Mann war nämlich seit seiner Jugend bei den Frauen des Dorfes gern gesehen, wenn nicht heiß begehrt. Noch während seiner Ehe hatte er sich, obwohl er keinen eigenen Besitz hatte, ja so ungebildet war, daß er nicht einmal richtig das Kreuzzeichen machen, geschweige denn das Vaterunser ohne Hinzufügung „unerhörter Worte" aufsagen konnte, zunächst mit Entgen aus Honzrath, später mit ihrer Tochter Eva eingelassen: danach wurden Trautgen Gaufuen, eine Gerdersch aus Erbringen und schließlich Basthanss Sunna aus Honzrath seine Geliebten.[28]

Gerüchte und Vermutungen über Vorfälle oder Auseinandersetzungen wie die geschilderten kursierten oft jahrelang, bevor sie schlagartig zum Hexereivorwurf führen konnten. So verlegten die männlichen Zeugen in den Prozessen gegen Schneider Augustin und Augustin Mattheis ihre Schadenzaubervorwürfe hauptsächlich in die männlich besetzten Bereiche des Umgangs mit Geld, der öffentlichen Aufgaben und Ämter sowie der familiären Reputation, in denen die Beschuldigten seit langem im Gerede waren. Andere typische und sich wiederholende Hexereiverdächtigungen männlicher Zeugen gegenüber ihren Geschlechtsgenossen entstammten dem Zusammenhang von unter Männern bestehenden Hierarchien, wie sie z. B. in Form von Dienstleistungsverhältnissen, familiär bedingten Abhängigkeitsverhältnissen oder männlichen Arbeits- und Geselligkeitsdomänen bestanden.[29]

Wie die vorgebrachten Beschuldigungen und die Umstände ihres Zustandekommens erkennen lassen, ging es in Hexenprozessen gegen Männer zum einen weit stärker als in denen gegen Frauen um die Wahrung männlich verwalteter sozialer, ökonomischer, politischer und traditionell-emotionaler Interessen. Gerade ergebnislose Versuche der Verteidigung dieser spezifisch männlichen Interessen, wie jener des Greten Michel aus Lisdorf, der als Ehemann einer der Geliebten des Augustin Mattheis nach Bekanntwerden des ehebrecherischen Verhältnisses alle Rechtswege zur Wiederherstellung seiner Ehre über Jahre hinweg ohne Erfolg beschritten hatte, oder die vergeblichen Zahlungsforderungen des Meier Class an Schneider Augustin zur Rückerstattung von Schulden, die mit der Beschlagnahmung der Schweine des Class durch Augustin endeten, belegen die konkrete und individuelle Zweckorientierung von Hexenprozessen gegen Männer, die in Prozessen gegen Frauen eine geringere Rolle spielte. Aus dieser Instrumentalisierung erklärt sich auch, daß wohlhabende, einflußreiche und zugleich ordnungsgefährdende Männer unter den Opfern von Hexenverfolgungen überrepräsentiert sind.

Zum anderen aber orientierten sich die von Männern gegen das eigene Geschlecht vorgebrachten Hexereiverdächtigungen in erster Linie an dem alten männlichen Magieverständnis, das jetzt mit negativen Vorzeichen versehen wurde. Kein Zeuge wäre beispielsweise auf die Idee gekommen, einem männlichen Angeklagten im Hexenprozeß den Vorwurf des Butterzaubers, Giftmischens, der Verzauberung eines Neugeborenen oder der Brüste einer stillenden Mutter zur Last zu legen, ihn der Anrufung von Geistern und Dämonen, des Nestelknüpfens oder der Bewirkung von Unfruchtbarkeit bei einer Nachbarin zu bezichtigen, ihn gar nackt beim Hexenreigen auf einer Lichtung oder beim Hexenflug über das Dorf beobachtet zu haben, alles Beschuldigungen, die männliche Zeugen angeklagten Frauen gegenüber ohne Zögern äußerten. Statt dessen siedelten die als Zeugen aussagenden Dörfler nach traditionellem männlichem Magieverständnis auch die Schadenzaubertaten der Hexerei in von Männern besetzten, verwalteten und in Anspruch genommenen Magiebereichen an: Augustin Mattheis warf man die Verzauberung seiner drei Söhne, die ganz plötzlich an einer Krankheit verstarben und die Krankzauberung von fünf Pferden vor, beides Umkehrungen der männlich dominierten Krankheitsmagie; Schneider Augustin die Vernichtung von Nahrungsmitteln und Feldfrüchten durch Unwetter und Hagel, deren magischer Schutz ebenfalls zum männlichen Aufgabenbereich zählte. Wo dennoch weiblich besetzte Formen der Magie einem Angeklagten von männlichen Zeugen angelastet wurden, bedurfte dies einer erläuternden Ergänzung: Greten Michel, welcher als Zeuge im Prozeß gegen Augustin Mattheis diesen der Ausführung eines Liebeszaubers zur Verführung seiner Frau Anna zum Ehebruch verdächtigt hatte, bemerkte zu diesem Vorwurf, der Angeklagte habe die Kunst sicherlich von Decker Lena, seiner verstorbenen einstigen Geliebten, erlernt, keineswegs also etwa durch den Teufelspakt schon automatisch beherrscht. Angeklagte Zauberer selbst gaben in ihren Geständnissen zu Beschuldigungen, die ihnen die Durchführung von Hexereien mittels übernatürlicher Kräfte, etwa zum Unsichtbarmachen, zur Beschwörung von Geistern oder des Teufels, unterstellten, zu Protokoll, diese Kenntnisse von einer Frau übermittelt bekommen oder mit weiblichem Beistand operiert zu haben.[30]

Der Hexenglaube der männlichen Dorfbevölkerung hatte mit alten Vorurteilen, Bewertungen und Festlegungen keineswegs gebrochen, ganz im Gegenteil: Wie seine magischen Möglichkeiten und seine Zuständigkeiten im volksmagischen Bereich scheinen sich auch die Handlungen, die einem Mann aus männlicher Zeugensicht als Hexenwerk angelastet werden konnten, vorwiegend auf die männlich dominierten Bereiche des Alltagslebens konzentriert zu haben. Die zauberischen Fähigkeiten eines Hexers entsprachen somit weit weniger dem kirchlichen Hexenbild, als vielmehr dem traditionellen männlichen Magieverständnis, das dem Mann eine stärker diesseits- und zweckorientierte als geheimnisvoll-dämonische Befähigung zum magischen Handeln zuordnete. Männer als aussagende Opfer und Zeugen in Hexenprozessen bestätigten mit dem von beiden Seiten übereinstimmend geäußerten, auf das männliche Geschlecht bezogenen Hexereiverständnis, daß die ‚schwarze' Seite der Magie, zu der nach volkstümlicher Auffassung auch die Hexerei gehörte, eine immer noch vorwiegend weiblich besetzte Domäne war. Unter Berücksichtigung der ebenfalls weiblichen Domäne der Zauberei, deren Elemente Eingang in den ländlichen Hexenglauben gefunden hatten, stand der angeklagte Hexer im Gegensatz zur Hexe, die weiterhin den Vorstellungen, die man mit der alten Zauberin verband, verwurzelt blieb, in vielem dem einfachen volkstümlichen Magier sogar näher als der im ländlichen Bereich unpopulären Figur des Zauberers. Während die Angst vor der Macht weiblicher Hexereiverdächtiger männliche Aussagewillige in fast drei Viertel der Fälle in den Zeugenstand lockte, ließ der Glaube an die geringeren schadenzauberischen Fähigkeiten des Mannes nur dann

Hexereiverdächtigungen von Männern gegen ein männliches Dorfmitglied aufkommen, wenn dieses, neben bereits existierenden Gerüchten und Mitanschuldigungen durch Hingerichtete, eine männliche Verhaltensregel verletzt oder in den Zuständigkeitsbereich eines anderen Mannes eingebrochen war. Männer waren es ja schließlich, die als Ausschußmitglieder und kirchliche wie obrigkeitliche Aufsichtspersonen ausschließlich und als Zeugen durch ihre Aussage in drei Viertel der Fälle auch die männlichen Opfer von Hexenverfolgungen bestimmten, dies wiederum nach ihrem eigenen Hexereiverständnis, ihren eigenen Interessen und Zielen und ohne Behinderung durch weibliche Einflußnahme, was umgekehrt bei Prozessen gegen Frauen nicht galt.

Während die Zeugenaussagen der männlichen Dorfbevölkerung im Saarraum einen Einblick in ihre Vorstellungen von Magie und Hexerei vermitteln, spiegeln sich in den einen Hexereivorwurf begründenden Zusammenhängen sowie vor allem im Verlauf von Hexenprozeßverfahren gegen Männer Macht- und Interessenkämpfe innerhalb männlich dominierter lebensweltlicher Zusammenhänge und zwischen einzelnen Männern. Hexenprozesse gegen männliche Angeklagte verliefen hier im allgemeinen nach zwei Mustern: Ein Beschuldigter, etwa Schneider Augustin, gehörte der im Dorf mit 70 % repräsentierten untersten sozialen Schicht an, hatte sich durch sein Verhalten oder seine Äußerungen Feinde geschaffen, die wiederum ihren Einfluß und ihre Verbindungen zur Ankurbelung eines Prozesses gegen ihn geltend machten. Sie sorgten als Einzelpersonen, wie jener Meier Class, oder als einvernehmliche Gruppe für die Verbreitung von Gerüchten, für eine genügende Zahl von Zeugen und belieferten die dörflichen Hexenausschüsse mit Indizien für die Anklage vor Gericht. Nachdem sich so im Falle des Schneider Augustin auf Betreiben von Meier Class eine Gruppe von Zeugen mit entsprechenden

Beschuldigungspunkten gefunden hatte, wurde der Angeklagte noch am gleichen Tag, an dem die Zeugen ihre Aussage gemacht hatten, gefangengesetzt, mit den Anschuldigern konfrontiert und verhört. Schon nach zweistündiger gütlicher Befragung gestand der mittel- und hilflose Augustin die Zugehörigkeit zur Hexensekte, nach weiteren zwei Tagen, während deren er auch der Folter unterzogen wurde, fand seine Hinrichtung am Honzrather Hochgerichtsplatz statt.[31] Das von seiner sozialen wie ökonomischen Lage her machtlose Opfer einer derartigen Hexenanklage durchlief ohne jegliche Möglichkeit der Gegenwehr den Prozeßmechanismus, an dessen Ende in diesem und in über 90% der Fälle die Verurteilung stand. Eine zweite Gruppe von Angeklagten gehörte wie Augustin Mattheis der Schicht wohlhabender und damit auch einflußreicher Dorfbewohner an, hatte aber ebenfalls durch sein Verhalten bei der männlichen Dorfbevölkerung Hexereiverdächtigungen auf sich gezogen. Der Hexenprozeß gegen einen derartigen Angeklagten verlief nun völlig anders: Gegen ihn traten weit weniger männliche Zeugen auf; diese entstammten zudem einer ihm untergeordneten sozialen Schicht. Verwandte und Freunde konnten es sich erlauben, für ihn einzutreten, seine Haft- und Prozeßbedingungen zu verbessern, manchmal auch die eine oder andere Aufsichtsperson mit Versprechungen oder Bestechungsgeldern gewogen zu machen. Der Beschuldigte selbst, wie etwa Augustin Mattheis, konnte versuchen, Einfluß auf das Prozeßgeschehen zu nehmen. Augustin war es nicht nur mehrmals gelungen, unbeaufsichtigt von einem Fenster des Augustinerturms n Wallerfangen, in dem er inhaftiert war, mit seiner Tochter Kontakt aufzunehmen und heimliche Besuche seiner Söhne zu empfangen, er konnte vor Gericht auch erfolgreich einen Antrag auf Austausch des zuständigen Amtsprokurators wegen Befangenheit und einseitiger Entscheidungsfindung durchsetzen. Gleichzeitig erfuhr Augustin rege Unterstützung durch Adam Bichelberger, den Wallerfanger Rentmeister, und seine eigenen Söhne: Bichelberger hatte mehrmals, zuletzt auf illegalem Wege, versucht, Einsicht in die bisherigen Prozeßakten und in die vom Obergerichtshof in Nancy eingetroffenen Advisen zu bekommen, war bei Georg Ley, dem Wallerfanger Wirt, bei dem Augustin zeitweise untergebracht war, vorstellig geworden und hatte versucht, ihn mit Versprechungen dazu zu bewegen, einen der Söhne zum Vater zu lassen. Aufgrund seines Antrages auf Anhörung zweier Söhne des Augustin vor Gericht gelang es dem tatkräftigen Rentmeister schließlich, das Gericht zur Einholung eines zweiten Gutachtens vom Obergerichtshof Nancy zu bewegen. Zwar wurde auch durch diese Advise nur erneut die Anwendung der Tortur angeordnet, der Angeklagte überstand jedoch zumindest zwei der Folterungen ohne Geständnis und wurde am Ende vermutlich nicht wegen Zauberei, sondern wegen Ehebruchs verurteilt.[32] In fast der Hälfte der Fälle, in denen ein Vertreter der begüterten bäuerlichen Schicht wie Augustin Mattheis in einen Hexenprozeß geriet, gelang es dem Beschuldigten, einen Freispruch mangels Beweisen zu erwirken oder aber die vielleicht etwas großzügiger gehandhabte dreimalige Folterung zu überstehen, beides Prozeßergebnisse, die einem armen, mittel- und einflußlosen Einwohner nur in Ausnahmefällen und selbst begüterten Frauen nicht in Aussicht standen.

Im Vergleich zu Prozessen gegen Frauen, die in der Saargegend fast ausnahmslos der untersten sozialen Schicht angehörten und in 96% der Prozesse zum Tode verurteilt wurden, scheinen die unter der männlichen Dorfbewohnerschaft ausgetragenen Hexenprozesse weit häufiger der dörflichen Machtregulierung und der dem männlichen Aufgabenbereich zugehörigen Konfliktregelung vor allem innerhalb männlicher Zuständigkeits- und Tätigkeitsbereiche gedient zu haben. Frauen nahmen als Zeuginnen in Hexenprozessen gegen Männer dagegen oft nur eine die Aussage ihrer Ehemänner, anderer Verwandter, ihrer Dienstherren oder Freunde unterstützende oder bestätigende Rolle ein und vertraten in keinem Fall eine verteidigende Position, die in Prozessen gegen Vertreter beiderlei Geschlechts sowieso nur Männern zukam. Wie das männliche Magieverständnis und der traditionelle Zauberglaube, die ihn beide mitgestaltet hatten, richtete sich damit auch der von dämonischen, zauberischen und übernatürlichen Imaginationen geleitete Hexenglaube der männlichen Landbevölkerung in erster Linie gegen das weibliche Geschlecht, zu dessen Verfolgung und Anklage Männer in weit größerem Umfang bereit waren als Frauen. In seinen auf den konkreten männlichen Erfahrungs- und Lebenshorizont beziehbaren Elementen und Vorstellungen konnte dieser Hexenglaube aber auch Männer zu Opfern der dörflichen Hexeninquisition werden lassen.

Anmerkungen

1 Neben der Vielzahl an Monographien zu Gegnern und Befürwortern der Hexenverfolgungen etwa: B. Duhr, Die Stellung der Jesuiten in deutschen Hexenprozessen, Köln 1900; P. Gehring, Der Hexenprozeß und die Tübinger Juristenfakultät. Untersuchungen zur württembergischen Kriminalrechtspflege im 16. und 17. Jh., in: Zs. für württembergische Landesgeschichte 1, 1937, S. 157–188, 370–405; 2, 1938, S. 15–47; R. Mandrou, Magistrats et sorciers en France au XVIIe siècle. Une analyse de psychologie historique, Paris 1968.

2 H. Valentinitsch, Die Verfolgung von Hexen und Zauberern im Herzogtum Steiermark – eine Zwischenbilanz, in: ders. (Hg.), Hexen und Zauberer. Die große Verfolgung – ein europäisches Phänomen in der Steiermark, Graz 1987, S. 297–316; P. Kamber, La chasse aux sorciers et aux sorcières dans le Pays de Vaud, in: Revue historique vaudoise 1982, S. 21–33; S. Gosler, Hexenwahn und Hexenprozesse in Kärnten von der Mitte des 15. bis zum ersten Drittel des 18. Jh., Diss. Graz 1955, S. 128–136.

3 Hier vor allem: G. W. Soldan u. a., Geschichte der Hexenprozesse, 2 Bde., München ^{3}1912/Hanau 1968/69; S. v. Riezler, Geschichte der Hexenprozesse in Bayern, Stuttgart 1896/1968; J. Hansen, Zauberwahn, Inquisition und Hexenprozeß im Mittelalter und die Entstehung der großen Hexenverfolgung, München 1900/Aalen 1964; J. Diefenbach, Der Hexenwahn vor und nach der Glaubensspaltung in Deutschland, Mainz 1886/Leipzig 1968.

4 K. Thomas, Religion and the Decline of Magic. Studies in Popular Beliefs in Sixteenth and Seventeenth Century England, London 1971; A. D. J. Macfarlane, Witchcraft Prosecutions in Essex, 1560–1680, Diss. Oxford 1967; J. B. Russell, Witchcraft in the Middle Ages, London 1972; H. C. E. Midelfort, Witch Hunting in Southwestern Germany, 1562–1684, Stanford 1972; N. Nugent, Witchcraft Studies 1959–1971: A Bibliographical Survey, in: Journal of Popular Culture 5, 1971, S. 711–725; E. W. Monter (Hg.), European Witchcraft, New York 1969; R. Muchembled, La sorcière au village, Paris 1979.

5 Thomas; Macfarlane; D. Duesterberg, Hexenproduktion. Materielle, formale und literarische Voraussetzungen. Dargestellt am Beispiel der Freien Reichsstadt Nürnberg, Frankfurt a. M. 1983; R. Kieckhefer, European Witch Trials: Their Foundations in Popular and Learned Culture 1300–1500, London 1976; H. R. Trevor-Roper, Religion, Reformation und sozialer Umbruch, Frankfurt a. M. 1970; C. Ginzburg, Nächtliche Zusammenkünfte. Die lange Geschichte des Hexensabbat, in: Freibeuter 25, 1985, S. 20–36.

6 A. Dross, Die erste Walpurgisnacht. Hexenverfolgung in Deutschland, Frankfurt a. M. 1978; B. Ehrenreich/D. English, Hexen, Hebammen und Krankenschwestern. The Witches are back!, München [8]1981; B. Rauer, Hexenwahn – Frauenverfolgung zu Beginn der Neuzeit. Ein Beitrag zur Frauengeschichte im Unterricht, in: A. Kuhn/J. Rüsen (Hg.), Frauen in der Geschichte II, Düsseldorf 1982, S. 97–125; A. Bunz, Hexen. Verfolgung von Frauen, Mühlheim 1985.

7 G. Heinsohn/O. Steiger, Die Vernichtung der weisen Frauen. Beiträge zu Theorie und Geschichte von Bevölkerung und Kindheit, Herbstein 1985.

8 Vgl. zum Begriff der „eingeborenen" Theorie und zum Konzept der „teilnehmenden Beobachtung" bei B. Malinowski J. Beattie, Other Cultures. Aimes, Methods und Achievements in Social Anthropology, London 1964.

9 Hierzu: E. Labouvie, Hexenspuk und Hexenabwehr. Volksmagie und volkstümlicher Hexenglaube, in: R. van Dülmen (Hg.), Hexenwelten. Magie und Imagination vom 16.–20. Jh., Frankfurt a. M. 1987, S. 49–93, hier: S. 76–93.

10 Ebd., S. 86–90.

11 Allgemein: Soldan u. a., Bd. 1, S. 19 f., 29 f., 34, 49–54, 63.

12 Hauptstaatsarchiv (HStA) München, Best. Kasten blau, Nr. 389/9 b, fol. 189, 203, 237, 286r, 288; ebd., Nr. 389/8 c, fol. 2r, 12, 92, 145, 190, 287; ebd., Nr. 389/8 b, fol. 27; Kirchenschaffneiarchiv (KSCHA) Zweibrücken, Rep. II, Nr. 185, fol. 6r; ebd., Nr. 177, fol. 93; Landesarchiv (LA) Speyer, Best. B2, Nr. 187, 1, fol. 46r, 64–65.

13 Vgl. Pfarrer Lengler, Ein Sittenbild aus der Zeit vor 300 Jahren, in: Blätter für Mosel, Hochwald und Hunsrück 3, 1912/13, S. 62; 4, 1913/14, S. 67–69.

14 KSCHA Zweibrücken, Rep. II, Nr. 145, fol. 8; ebd., Nr. 371, fol. 12; ebd., Nr. 177, fol. 90; ebd., Rep. VI, Nr. 448, o. fol.; LA Saarbrücken, Best. 38, Nr. 769, fol. 45–58; Bistumsarchiv Trier (BAT), Abt. 20, 21, S. 452 f., 548; ebd., Abt. 40, Bd. 9, fol. 345; Archive Meurthe et Moselle (AMM) Nancy, Best. B 741, Nr. 27, o. fol.

15 Allgemein: J. Zewe, Sitte und Brauch im Saargebiet, Saarbrücken 1924, S. 14 f.; KSCHA Zweibrücken, Rep. II, Nr. 189, fol. 71 f.; LA Saarbrücken,

Best. 22, Nr. 5320, fol. 35; Archiv der evangelischen Kirchengemeinde Ottweiler, Nr. 24–3, fol. 11, 13.

16 Vgl. N. Kyll, Die Hagelfeier im alten Erzstift Trier und seinen Randgebieten, in: Rheinisches Jahrbuch für Volkskunde 13/14, 1962/63, S. 122f.; zu den Hagelfeiern: HStA München, Best. Kasten blau, Nr. 389/9b, fol. 193, 419; LA Saarbrücken, Best. Historischer Verein, Nr. A 350, fol. 32; KSCHA Zweibrükken, Rep. II, Nr. 185, fol. 7r; ebd., Rep. VI, Nr. 1166, fol. 31; Protestantisches Landeskirchenarchiv (Prot. LKA) Speyer, Abt. 86, Nr. 196, fol. 7; Stadtarchiv (SA) Trier, Best. Ta 50/13, Nr. 28; zu Johannisfeuern und Räderschieben: HStA München, Best. Kasten blau, Nr. 390/1a, fol. 687ff., 694, 698; ebd., Nr. 389/8a, fol. 52, 57f., 80, 93, 95r, 97r, 131, 143; KSCHA Zweibrücken, Rep. II, Nr. 191, fol. 60; ebd., Nr. 185, fol. 7r; ebd., Nr. 189, fol. 71f.; ebd., Nr. 201, fol. 47; ebd., Rep. VII, Nr. 137, o. fol.

17 LA Saarbrücken, Best. 22, Nr. 3004, fol. 77–84; SA St. Wendel, Abt. A 57, fol. 302–309; HStA Wiesbaden, Best. 131, IXa, 22, fol. 170; HStA München, Best. Kasten blau, Nr. 389/9b, fol. 187, 331; KSCHA Zweibrücken, Rep. II, Nr. 185, fol. 5r; ebd., Nr. 242, fol. 56; ebd., Nr. 371, fol. 12; ebd., Rep. VII, Nr. 1b, fol. 26ff.; ebd., Rep. IV, Nr. 4654, fol. 142.

18 M. Mauss, Soziologie und Anthropologie. Theorie der Magie. Soziale Anthropologie, Frankfurt a. M. 1978, S. 154–172.

19 HStA München, Best. Kasten blau, Nr. 389/9b, fol. 189, 202, 271, 321, 331; ebd., Nr. 390/1e, fol. 145r; ebd., Nr. 389/8b, fol. 91r; KSCHA Zweibrücken, Rep. VI, Nr. 1164, fol. 32r, 35r, 36; ebd., Rep. II, Nr. 146, fol. 60 1/2, fol. 33 1/2.

20 Landeshauptarchiv (LHA) Koblenz, Abt. 218, Nr. 768, fol. 1–23.

21 AMM Nancy, Best. B 741, Nr. 27, o. fol.

22 Zu allen, auch den folgenden statistischen Ergebnissen, vgl. E. Labouvie, Von Volksmagie und Hexenkunst. Versuch einer Semiotik ländlicher Magie am Beispiel des Saarraumes (phil. Diss.), Saarbrücken 1989, S. 292–345, 702–739, 875–916.

23 LHA Koblenz, Abt. 218, Nr. 768, fol. 1–23; AMM Nancy, Best. B 741, Nr. 27, o. fol.

24 LA Saarbrücken, Best. Nachlaß Rug, Ordner Köllertaler Volkskunde, Bd. IV; ebd., Ordner Völklinger Geschichte, Teil 1, Regesten, S. 10f.; H.-W. Herrmann, Ein Einwohnerverzeichnis des Amtes Schaumberg vom Februar 1707, in: Zeitschrift für die Geschichte der Saargegend 6/7, 1956/57, S. 69–95; KSCHA Zweibrücken, Rep. VI. Nr. 1166, o. fol.; ebd., Nr. 1167, o. fol.

25 LHA Koblenz, Abt. 218, Nr. 768, fol. 1–7, 12; AMM Nancy, Best. B 741, Nr. 27, o. fol.

26 LA Saarbrücken, Best. 56, Nr. 2486, fol. 317f.; Staatsarchiv (StA) Wetzlar, Best. W23/70, III, Nr. 104, 105, fol. 1151–1165; LA Saarbrücken, Best. 38, Nr. 873, fol. 99–146; ebd., Nr. 769, fol. 45–58, 105–125; LHA Koblenz, Abt. 56, Nr. 2201, fol. 2–16; LA Saarbrücken, Best. 38, Nr. 769, fol. 24–27; ebd., Best. 92, Nr. 426, fol. 1–4; ebd., fol. 19–26; AMM Nancy, Best. B 741, Nr. 27: Prozeß Wendel Lorentz, Schneider Augustin, Foits Hans und Lam-

brecht, Meiers Hanss, Reicharts Jacob, Lambrecht und Hans Kleinadam, Augustin von Nerdorff, Class Wirtt, Meisterknechts Mattheis, Michel von St. Veit; LHA Koblenz, Best. 1 c, Nr. 3928, fol. 26f.

27 LHA Koblenz, Abt. 218, Nr. 768, fol. 1–23.

28 AMM Nancy, Best. B 741, Nr. 27, o. fol.; LA Saarbrücken, Best. 92, Nr. 426, fol. 19–26.

29 LA Saarbrücken, Best. 38, Nr. 769, fol. 45–58; ebd., Nr. 873, fol. 103–126; AMM Nancy, Best. B 741, Nr. 27, o. fol., Prozeß Class Wirtt.

30 StA Wetzlar, Best. W 23/70, III, Nr. 104, 105, fol. 1151–1165; LA Saarbrücken, Best. 92, Nr. 426, fol. 19–26; AMM Nancy, Best. B 741, Nr. 27, o. fol., Prozeß Lambrecht und Hans Kleinadam.

31 AMM Nancy, Best. B 741, Nr. 27, o. fol.

32 LHA Koblenz, Abt. 218, Nr. 768, fol. 1–23.

Claudia Opitz

Hexenverfolgung als Frauenverfolgung?

Versuch einer vorläufigen Bilanz

Schon von alters her war der enge Zusammenhang zwischen weiblicher Geschlechtszugehörigkeit und Hexenverfolgung präsent – allein schon der grammatisch weibliche Begriff „Hexe", dem nur selten Begriffe wie „Hexer" oder „Hexenmeister" zur Seite gestellt werden, beleuchtet insbesondere im deutschen Sprachraum den Zusammenhang schlaglichtartig. In der Forschung allerdings wurde der geschlechtsspezifischen Dimension der Hexenverfolgung nicht immer die gebotene Aufmerksamkeit geschenkt. Zwar hatte sich der französische Historiker Jules Michelet in seiner Darstellung des Hexenwahns von 1862 („La sorcière") gänzlich auf die Hexe als Frau – namentlich als „weise Frau" und „Ärztin des Volkes" – bezogen[1], und noch der große deutsche Hexenforscher Joseph Hansen sprach von Hexen als

> „Personen vornehmlich weiblichen Geschlechts, die einen Pakt mit dem Teufel geschlossen haben, um mit dessen Hülfe den Mitmenschen Schädigungen zuzufügen, die unter einander eine ketzerische Sekte bilden, die an dem unter dem Vorsitz des Teufels stattfindenden nächtlichen Hexensabbat theilnehmen, die sich zu diesem Sabbat mit teuflischer Hülfe in schnellem Flug durch die Lüfte hinbegeben, die endlich untereinander und mit dem Teufel geschlechtliche Unzucht verüben."[2]

Doch in der Folge ging in der wissenschaftlichen Bearbeitung des Hexenproblems die geschlechtergeschichtliche Dimension verloren; sie blühte hingegen in einer vor- und außerwissenschaftlichen Subkultur, die sich teils an die mythographischen Entwürfe eines Michelet anlehnte, teils an die Horror- und Sensationslust eines breiteren Lesepublikums. Es war die „Neue Frauenbewegung", die zu Beginn der siebziger Jahre mit ihrem Interesse an Frauengeschichte und insbesondere an den als Hexen verfolgten Frauen auch der inneruniversitären Forschung neue Impulse gab, wenngleich dies nicht immer konflikt- und widerspruchsfrei abging, wie sich an vielen neueren Hexenstudien ablesen läßt, die sich häufig mit großem Befremden über sog. „feministische" Publikationen und Positionen zu diesem Thema äußern.[3]

So hat etwa die Pionierstudie der beiden amerikanischen Feministinnen Barbara Ehrenreich und Deirdre English über „Hexen, Hebammen und Krankenschwestern" von 1973[4], die sich in ihren Thesen eng an Michelets Idee von der Hexe als „weiser", heilkundiger Frau anlehnten, welche schließlich von Kirche und Obrigkeit, aber auch von mißgünstigen „Kollegen", den akademisch gebildeten Ärzten nämlich, zur bösartig-dämonischen Hexe umgedeutet und verfolgt wurde, viel Begeisterung in breiten Kreisen der Frauenbewegung gefunden, aber auch viel Widerspruch, Kritik und Ablehnung seitens der akademischen Hexenforscher hervorgerufen – zurecht, wie ich finde, angesichts der mangelnden Nachprüfbarkeit dieser These und der dahinterstehenden modernistischen Sicht auf die frühneuzeitlichen Verhältnisse.

Doch wird in neueren Forschungen mittlerweile anerkannt, daß es gerade das hier formulierte Interesse an der Geschichte von Hexen als Frauen war, das namentlich der (sozial-)historischen Forschung neuen Auftrieb, neue Fragestellungen und ein aufmerksames Publikum bescherte – ganz zu schweigen davon, daß sich gerade unter den jüngeren Hexenforscherinnen und -forschern eine vergleichsweise große Zahl von Frauen befindet.[5]

Abb. 7: Flugblatt über die Verbrennung von drei Zauberinnen 1555 (Ausschnitt)

Eher im frauenbewegt-akademischen Kontext angefertige Studien wie die von Silvia Bovenschen über „Die aktuelle Hexe, die historische Hexe und der Hexenmythos" von 1977[6] oder die Arbeit von Claudia Honegger über „Die Hexen der Neuzeit. Analysen zur Anderen Seite der okzidentalen Rationalisierung" von 1978[7] sind mittlerweile nicht nur Lieblingslektüre historisch interessierter Laiinnen, sondern sie zählen zum ideengeschichtlichen Standardwissen über die globale Zu- und Einordnung der Hexenverfolgung in den europäischen „Prozeß der Zivilisation" (N. Elias) bzw. der okzidentalen Rationalisierung (M. Weber). Bovenschen und Honegger sahen in der Hexenverfolgung vor allem eine Form der Disziplinierung und Domestizierung der von Kirche, staatlicher Macht und Wissenschaft ausgeschlossenen Frau – und damit letztlich eine Intensivierung patriarchalszientistischer Macht. So schrieb Silvia Bovenschen 1977 über die historische Hexe und ihren Untergang:

„Immer schon repräsentierte die Frau Natur; das galt auch für die frühen Formen der Naturaneignung. Ein unheiliges Bündnis – so sah es die Kirche; ein fortschritthemmendes Bündnis – so mag es den Aufklärern, den ‚Entzauberer der Welt' erschienen sein. In der Folgezeit, als man hoffte, die magisch-numinosen Kräfte der Frauen endgültig gebannt, das chthonische Mana zusammen mit der weiblichen Zaubermacht in den Scheiterhaufen erstickt zu haben, implizierte Beherrschung und Nutzbarmachung der Natur – das ist eine These der kritischen Theorie – immer auch Herrschaft von Menschen über Menschen" –

oder genauer: von Männern über Frauen.[8]

Zu Recht hat die neuere, sozial- und mentalitätsgeschichtlich orientierte Hexenforschung auch diesen Erklärungsansatz (der sich über weite Strecken ebenfalls aus den Schriften und Ideen Michelets herleitet) kritisiert; insbesondere die Frage der Verifikation dieser These ist – wie übrigens die aller monokausalen Erklärungsansätze[9] – bislang offen, basiert sie doch im wesentlichen auf der nicht wegzuleugnenden Erkenntnis, daß die überwiegende Zahl der als Hexen verbrannten Personen weiblichen Geschlechts waren: Ein Vergleich zwischen verschiedenen Gebieten Europas ergab im Durchschnitt 80 % Frauen als Opfer, wobei in manchen Regionen sogar „Spitzenwerte" von bis zu 95 % Frauenanteil zu beobachten sind (z. B. im Schweizer Jura), denen gewissermaßen „Minimalwerte" von 58 % (etwa im Waadtland) und 64 % (im schweizerischen Fribourg) gegenüberstehen.[10]

Dabei wurden vor allem in der Anfangsphase von Hexenprozessen bzw. -verfolgungen meist solche Frauen angeklagt und schließlich auch verurteilt, die dem Klischee der Märchenhexe sehr nahe kommen: alte, arme und/oder sozial auffällige Personen weiblichen Geschlechts. Mit dem weiteren Verlauf der Prozesse und bei opferreichen Verfolgungswellen variierte dann aber das Bild der Angeklagten beträchtlich: Bei den ersten großen Hexenverfolgungen um

1590 lag der Frauenanteil höher als 90%, bei der letzten großen süddeutschen Verfolgung, dem Salzburger Zauberer-Jackl-Prozeß um 1680, lag er dagegen nur bei 30%, und mehr als 70% der hier ca. 140 wegen Hexerei hingerichteten Personen waren jünger als 22 Jahre![11]

Was also sagen solche Zahlen tatsächlich über die Geschlechtsspezifik der Hexenverfolgung aus? Sind sie hinreichend, um daraus Thesen zu formulieren wie etwa die von Keith Thomas, der davon ausgeht, daß die alten Frauen im Zuge einer grundlegenden Umwälzung der Gesellschaft – namentlich im ländlichen Bereich – als so große Belastung empfunden wurden, daß man sich ihrer auf dem Weg der Hexereianklage entledigen wollte?[12] Und wie verhält sich diese These, für die ja immerhin die vom Autor herangezogene, breite Quellenbasis spricht, zu der These von der „Angst vor der Frau", wie sie der französische Mentalitätenhistoriker Jean Delumeau besonders für die Zeit zwischen 1400 und 1700 ausmachen zu können meint, dem Zeitraum also, wo fast überall in Europa Frauen als Hexen auf den Scheiterhaufen brannten.[13] Sein US-amerikanischer Kollege Edward William Monter will Hexereianklagen als Domestizierungsversuch einer patriarchalen Gesellschaft verstanden wissen, der sich gegen atypische Frauen richtete, welche außerhalb direkter männlicher Kontrolle, etwa durch einen Vater oder Ehemann, lebten, also insbesondere Witwen und Unverheiratete.[14]

Doch kamen eben nicht nur Witwen und Unverheiratete als Verdächtige vor Gericht und auf die Scheiterhaufen – und wie ließe es sich in diesem Zusammenhang erklären, daß in bestimmten Regionen Europas – etwa in Portugal, Spanien und in Mittel- und Süditalien – praktisch überhaupt keine Hexenprozesse durchgeführt und keine Hexen verfolgt wurden? Gab es in diesen Ländern, wo die Inquisition z. T. bis ins 18. Jahrhundert hinein aktiv war, keine Angst vor Frauen – oder kein Bedürfnis, Unverheiratete zu kontrollieren?

Zu Recht bemängeln Spezialisten wie Andreas Blauert und Gerhard Schormann an solchen umfassenden Erklärungsansätzen deren mangelnde Nachprüfbarkeit – zumal es angesichts der Diversität und Vielzahl von Verfolgungen und der höchst unterschiedlichen sozialen, religiösen und politischen Verhältnisse in Europa, ja schon innerhalb des Deutschen Reiches, und den damit zusammenhängenden Unterschieden in der Verfolgungsintensität und -praxis[15] mehr als fraglich ist, ob es nicht andere, oder richtiger: vielfältigere Motive für Hexenverfolgung gibt als „Geschlechterhaß", wie Schormann schreibt.[16]

Die geschlechtsspezifische Dimension der Hexenverfolgung läßt sich indes nicht wegdiskutieren. Die Formel, die Hexenverfolgung sei eine Frauenverfolgung gewesen, greift allerdings zu kurz und wird der Vielfalt und Komplexität des historischen Phänomens Hexenverfolgung in dieser Eindeutigkeit nicht gerecht. Ich plädiere deshalb (ähnlich wie dies bereits 1981 Christina Larner tat)[17] dafür, zunächst zu fragen, welche Faktoren zu dem überwältigenden Anteil von Frauen an den angeklagten und verurteilten vermeintlichen Hexen führte, um dann vielleicht besser ermessen zu können, inwieweit die Hexenverfolgung eine Frauenverfolgung war. Auf dem Hintergrund neuerer sozial- und geschlechtergeschichtlich ausgerichteter Arbeiten möchte ich im folgenden dazu einige mir besonders wichtig erscheinende Faktoren benennen und etwas näher beleuchten.

1. *Die Frauenfeindlichkeit des gelehrten Hexenbildes*

Schon von alters her wird – nicht zu unrecht – die kaum mehr zu überbietende Frauenfeindlichkeit der Dämonologen und Hexenjäger als Erklärung für den hohen Frauenanteil unter den wegen Hexerei Verurteilten verantwortlich gemacht.

Ohne weiteres zeigt sich etwa bei der Analyse des berüchtigten *Hexenhammers* der dominikanischen Inquisitoren Sprenger und Institoris von 1487 – dem wohl meistverbreiteten und -gelesenen Handbuch zur Hexenjagd – bereits im Titel die geschlechtsspezifische Zuspitzung der Argumentation. Und der Frage, warum es denn vor allem Frauen seien, die sich zum Teufelsbund bereitfänden, wird hier sogar ein eigenes Kapitel gewidmet, in dem auf eine lange theologische Tradition frauenfeindlicher Argumente, aber auch auf eigene Prozeßerfahrungen zurückgegriffen werden kann um zu zeigen, „warum in dem so gebrechlichen Geschlecht der Weiber eine größere Menge Hexen sich findet als unter den Männern". Die Autoren führen insbesondere drei Gründe dafür an:

„...der erste ist der, daß sie leichtgläubig sind... Der zweite Grund ist, weil sie von Natur wegen der Flüssigkeit ihrer Komplexion leichter zu beeinflussen sind zur Aufnahme von Eingebungen durch den Eindruck gesonderter Geister; infolge dieser Komplexion sind viele, wenn sie sie gut anwenden, gut; wenn schlecht, um so schlechter.– Der dritte Grund ist, daß ihre Zunge schlüpfrig ist und sie das, was sie durch schlechte Kunst erfahren, ihren Genossinnen kaum verheimlichen können und sich heimlich, da sie keine Kräfte haben, leicht durch Hexenwerke zu rächen suchen..."

Ihr Fazit ist ebenso kurz wie böswillig:

„Also schlecht ist das Weib von Natur, da es schneller am Glauben zweifelt, auch schneller den Glauben ableugnet, was die Grundlage für Hexerei ist."[18]

Es ist gerade dieser Aspekt der von Sprenger und Institoris formulierten neuen Hexenlehre, der das Werk in so eindeutiger Weise charakterisiert und durch seine enorme Breitenwirkung auch die weitere Entwicklung der Hexenprozesse und -verfolgungen mitbestimmt hat.[19] Doch ist zurecht in der Forschung immer wieder betont worden, daß die misogyne Grundhaltung der Verfasser des *Hexenhammers* allein noch nicht zu der überproportionalen Zahl weiblicher Opfer geführt haben kann, mit der wir heute konfrontiert sind. Schließlich konnten sich die beiden Inquisitoren ja auf eine breit entwickelte frauenfeindliche Schrifttradition stützen, durch die schon seit der Spätantike den Frauen als Evatöchtern jede Schlechtigkeit und insbesondere die Nähe zum Teufel und seinen Umtrieben zugeschrieben wurde[20], ohne daß dadurch eine systematische Verfolgung von Frauen ausgelöst worden wäre.[21]

Andererseits zeigt sich insbesondere in den frühen Prozessen des 14. und 15. Jahrhunderts, etwa im schweizerischen Luzern, daß auch dort, wo die neuentstehende kirchliche Hexenlehre, wie sie Sprenger und Institoris formulierten, noch kaum bekannt war, der Verdacht der Hexerei vorwiegend auf Frauen fiel. Insofern konnte das frauenfeindliche Hexenbild zölibatärer Mönche und Kleriker eine solche Tendenz zwar verstärken, war aber nicht notwendig, um eine Verfolgung von Frauen als Hexen in Gang zu bringen.[22]

Auch läßt sich drittens nicht übersehen, daß die Gegner der Hexenverfolgung vielfach ähnlichen Vorstellungen von der Schwäche der Frauen anhingen und sich insofern in puncto Misogynie gar nicht so sehr von den Dämonologen unterschieden, sondern nur die Konsequenz dieser Schwäche anders deuteten – allen voran der Verfolgungsgegner Johannes Weyer, der der Ansicht war, daß die meisten der verfolgten Frauen konfuse, aber harmlose „Melancholikerinnen“ seien, deren verstörte Phantasie den Einflüsterungen des Teufels besonders offenstehe. Die ihnen zur Last gelegten Verbrechen allerdings, so glaubte er, hätten sie nicht selbst begangen, sondern der Teufel spiegele ihnen dies nur vor.[23] Hingegen war Weyer der Meinung, daß es böse Zauberer – männlichen Geschlechts – gebe, die wirklich einen Pakt mit dem Teufel geschlossen hätten und dafür auch bestraft werden müßten. Zwischen solchen Personen und den armen melancholischen Frauen jedoch müsse strafrechtlich strikt unterschieden werden.[24]

Es fällt allerdings auf, daß sich die Verfolgerseite als besonders frauenfeindlich präsentiert; auch der berühmt-berüchtigte Staatsrechtler Jean Bodin vertritt in seiner *Démonomanie* von 1580 ganz eindeutig die These, daß es zunächst und vor allem Frauen wären, die sich – aus niederen Beweggründen! – in die Arme des Teufels würfen und so zu Hexen würden.[25] Im Gegensatz etwa zum Verfolgungsgegner Weyer, so unterstreicht Claudia Honegger, identifizierte Bodin noch unmittelbar weibliche Sinnlichkeit mit Gefahr und plädierte deshalb nicht nur dringend für eine strikte Beherrschung und Zügelung der Frau als Naturwesen, sondern auch für eine erbarmungslose Verfolgung und Ausrottung von Hexen, die er als „viehisch lebende Menschen" bezeichnete, welche sich willentlich dem Teufel verbündet hätten, um Gottes Majestät zu beleidigen und die irdische Ordnung zu zerstören, und die er in erster Linie innerhalb des weiblichen Geschlechts vermutete.[26]

Dagegen finden sich auf seiten der Verfolgungsgegner eine ganze Reihe von Autoren, die sich nicht nur aktiv zugunsten angeklagter Frauen einsetzten, sondern ihrer weniger skeptischen Sicht auf das weibliche Geschlecht auch theoretisch Ausdruck verliehen, wie etwa der Arzt und Rechtsgelehrte Agrippa von Nettesheim, u.a. in seiner Eigenschaft als Generaladvokat zu Metz risikofreudiger Verteidiger einer als Hexe angeklagten Frau und Autor einer 1509 erstmals publizierten Streitschrift über „den Vorzug und die Fürtrefflichkeit des weiblichen Geschlechts vor dem männlichen"[27].

Auch der prominenteste Verfolgungsgegner des 17. Jahrhunderts, der Jesuit Friedrich von Spee zeichnet sich durch eine klarsichtige Analyse und Kritik der vielfältigen Mißbrauchsmöglichkeiten des Hexenprozesses, aber auch durch seine höchst akzentuierte Frauenfreundlichkeit aus, wie Heide Wunder neulich zeigte.[28] In seiner – anonym erschienenen – „Cautio criminalis oder: Rechtliches Bedenken wegen der Hexenprozesse“ von 1631 beruft sich Spee immer wieder auf seine eigene Anschauung des Prozeßgeschehens, aber auch auf seine Erfahrungen als Beichtvater verfolgter und verurteilter Frauen.[29]

Doch auch er kommt nicht umhin, die „Schwäche des weiblichen Geschlechts“ zum Schlußstein seiner Argumentation zu machen: Wie die meisten dämonologischen Traktate und Hexenbücher beginnt auch Spees Abhandlung mit der Frage, ob es wirklich Hexen, Zauberinnen und Unholde gebe – und der Verfasser kommt recht rasch zu der Erkenntnis, daß es „in der Regel“ schwache, marginale oder geistig verwirrte Frauen sind, denen der Prozeß gemacht wird. Spee benutzt dieses Argument zwar in modifizierter Weise: Nicht von seelischer Schwäche ist hier die Rede, sondern von der weiblichen Unfähigkeit, Schmerzen zu ertragen und der Folter zu widerstehen:

> „Von mir selbst muß ich bekennen, ich kann derartige Mißhandlungen so wenig ertragen, daß ich mich sicherlich gleich von Anfang an jeder Missetat beschuldigen und lieber den Tod als solche Qualen hinnehmen würde, wenn man mich zur peinlichen Frage schleppte... Genau dasselbe habe ich von vielen sehr gewissenhaften Männern gehört, die sonst die schönste Standhaftigkeit und glänzende Tapferkeit zeigen... So brauche ich mich gewiß nicht der Torheit zeihen zu lassen, wenn ich die Befürchtung ausspreche, die Tortur preßt, wenn sie bei schwachen Weibern angewandt wird, ganz falsche Geständnisse heraus... (Denn) Jeder weiß, was für ein schwaches Geschöpf das Weib ist, wie unfähig Schmerzen zu ertragen und wie geschwätzig es ist. Wenn, wie gesagt, nicht einmal gewissenhafte Männer so charakterfest sind, daß sie den Tod nicht den Qualen der Folter vorziehen, was soll man da von jenem gebrechlichen Geschlecht erwarten?“[30]

Wenn nun selbst ein Verfolgungsgegner und Frauenfreund wie Friedrich von Spee sich eines solch negativen Frauenbildes bediente, und sei dies nur, um einer guten Sache, nämlich der Beendigung der Hexenverfolgung willen, so läßt sich an dieser Stelle mit einigem Recht fragen, ob nicht spätestens zu diesem Zeitpunkt die Hexenverfolgung bereits eindeutig zur Frauenverfolgung geworden war?

Der Blick auf Prozesse und Verfolgungen um die Mitte des 17. Jahrhunderts belehrt uns hier indes eines besseren: Zu kaum einem Zeitpunkt sind die Opfer von Alter, Geschlecht und sozialer Zusammensetzung her heterogener gewesen als gerade dann; die ebenso willkürliche wie fatale Anwendung von Folter und „Besagung" machte gerade zu dieser Zeit oft nicht einmal mehr vor den (männlichen) Honoratioren von Städten und Gemeinden halt.[31] Hier täuscht der gelehrte Diskurs eine Einmütigkeit und Eindeutigkeit hinsichtlich Verdächtigung, Verfolgung und Hinrichtung von Frauen vor, die es in der Praxis niemals in diesem Maße gab.

Die hier angeführten Vorstellungen von weiblicher Schwäche und Anfechtbarkeit blieben im übrigen auch lange nach dem „Hexenwahn" noch in Kraft – bis hin zur These vom „physiologischen Schwachsinn des Weibes", die um 1900 in den Köpfen hochgebildeter Ärzte und Naturwissenschafter herumspukte.[32] Sie sind, mit anderen Worten, kein Spezifikum der frühneuzeitlichen Gelehrtenwelt und können deshalb nicht ursächlich für die Hexenverfolgung oder für die hohe Zahl weiblicher Opfer verantwortlich gemacht werden.[33] Sie sind allerdings ein nicht unwichtiger Faktor in einer komplizierten Gemengelage von Ursachen und Wirkungen.

2. *Die Männerdominanz in den Gerichten*

Ein weiterer Faktor, der für die hohe Zahl weiblicher Opfer mindestens ebenso bedeutsam gewesen sein mag wie die frauenfeindlichen Schriften der Dämonologen, ist die Benachteiligung von Frauen im Gerichts- und Rechtswesen der frühen Neuzeit. Dies gilt zunächst insofern, als Frauen dort als Angeklagte oder bestenfalls als Zeuginnen, niemals jedoch als Richterinnen, Schöffinnen oder Geschworene auftraten.

Die Juristen und Richter hingegen waren nicht nur allesamt männlichen Geschlechts, sondern auch Angehörige der Bildungselite und hatten sich entweder im Laufe ihres Studiums mit dem gelehrten Hexenbild der Dämonologen vertraut gemacht oder waren dazu im Zuge ihrer Tätigkeit bei Gericht gezwungen.[34] Dies blieb nicht ohne Folgen, denn kein geringer Teil der Verfolgungsliteratur stammt aus der Feder von Juristen – und wenn sich auch nicht alle einer solch geballten Frauenfeindlichkeit schuldig machten wie der französische Staatsrechtler und Hexenfeind Jean Bodin, so läßt sich doch auch hier beobachten, wie die im Hexenmuster enthaltenen frauenfeindlichen Elemente sich regelmäßig auch in den rechtstheoretischen und prozeßpraktischen Schriften niederschlugen.[35] So sprechen zwar zeitgenössische Rechtssätze – beispielsweise die Peinliche Halsgerichtsordnung Kaiser Karls V. von 1532 oder die Kursächsischen Konstitutionen von 1572[36] – grundsätzlich von „Personen" bzw. von „Männern und Frauen", die wegen Zauberei verklagt und verurteilt werden sollten; juristische Ausführungsbestimmungen dagegen münzten den Verdacht fast immer auf Frauen als Hexen bzw. Angeklagte um.

Hier hatte die für die Zeit typische enge Verbindung von systematisierender Rechtssatzung und aktueller Prozeßpraxis für Frauen fatale Konsequenzen, die zu einem wahren

Teufelskreis von Anklagen, Prozessen und Verurteilungen führen mußten: Weil man in der Regel Hexenprozesse mehrheitlich gegen Frauen führte, gerieten diese bald zum klassischen „Vorbild" für die nachfolgenden Generationen von Richtern und Juristen; weil andererseits Frauen kaum jemals wegen anderer kapitaler Verbrechen wie Raub, Mord oder Tätlichkeiten vor Gericht standen,[37] mußte ihre hohe Präsenz bei den Hexenprozessen zu der Überzeugung beitragen, die Hexerei sei das weibliche Verbrechen par excellence. Dies wiederum mußte – im Zusammenhang mit der im Hexenprozeß verschärften Folteranwendung allein auf Verdacht bzw. üblen Leumund hin – dazu führen, daß gegen Frauen rascher und energischer Anklage erhoben und die Folter zur Anwendung gebracht wurde[38], was in der Regel zu Geständnis und Schuldspruch führte und Ankläger und Richter weiter in der Vermutung bestätigte, ihre weiblichen Mitmenschen seien für die Verführungen des Teufels besonders anfällig. Dies seinerseits erhöhte wiederum ihre Bereitschaft, gegen Frauen rascher Verfahren einzuleiten und Anklage zu erheben usw. usf.

Des weiteren mußte sich vor Gericht zu ihrem Nachteil auswirken, daß Frauen im frühneuzeitlichen Rechtsverständnis als Rechtspersonen minderwertig waren; sie konnten beispielsweise nicht als Bürgen auftreten und mußten deshalb in der Regel – zumindest im zivilrechtlichen Bereich – von einem Mann vertreten werden.[39] Die weibliche Schwäche vor Gericht zeigt sich nicht zuletzt daran, daß selbst in Hexenprozessen, in denen ja überwiegend Frauen angeklagt, verhört, gefoltert und zu Aussagen über weitere Verdächtige gezwungen wurden, Frauen als Zeuginnen in geringerer Zahl auftraten als Männer – nämlich etwa ein Drittel gegenüber zwei Dritteln männlicher Zeugen in Prozessen gegen Frauen und nur zu etwa einem Viertel gegenüber drei Vierteln männlicher Zeugen in Prozessen gegen Männer.[40]

Im Strafrecht galten Frauen zwar wie Männer als „voll strafmündig". Allerdings gab es Unterschiede in der Zumessung von Bußen, die nicht selten zu einer Abmilderung von Strafen gegen Frauen führte; bisweilen aber wurden Frauen für dieselben Delikte anders oder auch weit schwerer bestraft als Männer, namentlich bei Vergehen gegen die Sittlichkeit.[41] Dies konnte gerade für das Hexereidelikt von ausschlaggebender Bedeutung sein, galt doch die Teufelsbuhlschaft – zusammen mit oder an Stelle des Teufelspaktes – als Kernstück des Hexereivorwurfs und wurde in der Regel bei den Prozessen aus den Angeklagten en détail herausgefragt bzw. herausgefoltert. Gerade die sprichwörtliche Empfänglichkeit der „Evatöchter" für (sexuelle) Verführung mag insofern die Vorstellung von der besonderen weiblichen Anfälligkeit für das Hexenunwesen weiter genährt und bei den Richtern die Bereitschaft zu Anklage und Schuldspruch entsprechend verstärkt haben.

3. Geschlechtsspezifische Magiepraktiken und Alltagskonflikte

Allerdings war eine derart geschlechtsspezifische Sicht des Hexereidelikts kein ausschließlicher Besitz der Oberschichten bzw. der Bildungseliten. Auch im bäuerlichen Bereich finden sich Hinweise darauf, daß Zauberei und in ihrem Gefolge, allerdings weniger ausgeprägt, auch Hexerei viele frauenspezifische Anteile hatte.[42]

Im Unterschied zu vielen anderen traditionalen Gesellschaften nämlich standen im mittelalterlichen und frühneuzeitlichen Europa Frauen schon von alters her stärker als Männer in dem Ruch der Ausübung von Magie, speziell aber der Ausübung von schwarzer Magie bzw. des Kontakts mit übernatürlichen, dämonischen Kräften. Man unterstellte eher Frauen als Männern, sich mit Hilfe von Salben in Vögel, Eulen, Katzen, Esel und Steine verwandeln zu können, auf Holzstücken, Besen oder dämonischen Tieren durch die Lüfte zu reiten, um auf Geheiß der römischen Göttin Diana Schädigungen an Mensch und Tier, Haus, Hof und Feldern zu begehen. Außerdem, so glaubte man, brauten sie Zauber- und Gifttränke, beherrschten Liebes- und Impotenzzauber, verursachten böse Träume, Unwetter und Tod, ja flogen sogar in Eulengestalt zu den Wiegen der Kinder, um ihnen das Blut aus den Körpern zu saugen.[43]

Wenn auch das Bild der Hexe sich in der ländlichen Kultur erst im Laufe des 16. Jahrhunderts etablierte und dann bei weitem nicht so dämonisch und auch weit weniger eindeutig geschlechtsspezifisch-weiblich war als etwa im *Hexenhammer*[44], so wurden doch auch hier weit mehr „Zaubersche", also Schadenstifterinnen, als männliche Zauberer von den Gemeinden oder durch die Initiative Einzelner vor dem herrschaftlichen Gericht angeklagt und – der fatalen Dynamik der Hexenprozesse folgend – als Hexen verurteilt und hingerichtet.

Daß Frauen bei Konflikten in der dörflichen Gesellschaft vielfach als „Hexe und Hure" beschimpft wurden, während Männer – übrigens nicht weniger ehrenrührig – als „Dieb und Schelm" tituliert wurden, daß also bei Frauen verwerflicher sittlicher Lebenswandel und Hexereibeschuldigung oftmals Hand in Hand gingen, mag auch hier, bei fortschreitender Akzeptanz des gelehrten Hexenbildes, der Vorstellung von der größeren weiblichen Anfälligkeit für Hexerei weiter Vorschub geleistet haben.[45]

Der geschlechtstypische Verdacht der Schadenzauberei, der in der ländlichen Gesellschaft eindeutig frauenspezifisch konnotiert war, wurde dann im Rahmen des Hexenprozesses zum – noch deutlicher frauenspezifisch vorgestellten – Hexereidelikt umgewidmet. Dieser hatte außerdem zur Folge, daß weitere Personen in die Prozeßdynamik hineingezogen und als Hexen und Hexer verurteilt wurden – vielfach auch solche Personen beiderlei Geschlechts, die mit der soeben für schuldig befundenen „Zauberschen" bzw. „Hexe" in nahem freundschaftlichen oder verwandtschaftlichen Kontakt gestanden hatten.[46] Da man im allgemeinen davon ausging, magische Kenntnisse und Praktiken würden ausschließlich unter Frauen – etwa von der Mutter an die Tochter oder Schwiegertochter – weitergegeben, konnte auch dies zu einer verstärkten Verdächtigung weiblicher Gemeindemitglieder führen. Insbesondere im verwandtschaftlich-familiären Zusammenhang konnten sich so etwaige Verdachtsmomente gegen weibliche Familienmitglieder potenzieren. Nicht zuletzt deshalb lassen sich in den Akten häufig Familien finden, in denen über mehrere Generationen hinweg Frauen wegen Zauberei hingerichtet wurden.[47]

Doch nicht nur freundschaftliche oder verwandtschaftliche Bande konnten Frauen in den Bannkreis von Richtern und Hexenjägern bringen. Vielmehr haben jüngste Studien gezeigt, daß es vor allem Konflikte – häufig zwischen Frauen, oft aber auch zwischen Frauen und Männern – waren, die die Bereitschaft zu Hexereianklagen und Zeugenaussagen erst herstellten oder doch zumindest förderten.

Dies wirkte sich nicht zuletzt deshalb fatal für zahlreiche Frauen in den frühneuzeitlichen Stadt- und Landgemeinden aus, weil nach volkstümlicher Überzeugung zunächst jeglicher Zauberei mit einem Gegenzauber zu begegnen war. Kam es nun zwischen Personen zu Konflikten und wurde vermutet, daß eine der Streitparteien zu (schaden-)zauberischen Mitteln gegriffen hatte, um die Oberhand zu behalten, blieb der anderen Seite nichts weiter übrig, als selbst zu einem wirksamen Abwehrzauber zu greifen.[48] Auf diese Weise waren nicht nur alle Mitglieder der Gemeinde in das Netz magischer Handlungen und Praktiken verstrickt, sondern jede Frau, die sich in Konflikte verwickeln ließ, mußte sich als potentielle „Zaubersche" fürchten und verdächtigen lassen – kaum aber die männlichen Konfliktbeteiligten.[49]

Der besondere Frauenbezug der Hexereianklage hatte darüber hinaus aber noch einen ganz handgreiflichen Grund: Häufig fiel der durch Zauber angerichtete Schaden in den Tätigkeitsbereich von Frauen – etwa Milch- oder Fruchtdiebstahl, Schädigung von Vieh, oftmals Milch- oder Kleinvieh, Kindern oder Verwandten durch Krankheit oder Tod – und schließlich Totgeburten und Unfruchtbarkeit.[50] Des weiteren hatten auch diverse Zaubermittel einen konkreten und einen symbolischen Bezug zu weiblichen Funktionen innerhalb der bäuerlichen Wirtschaft, so etwa das berüchtigte „Hagelsieden" oder „Wettermachen", das nach zeitgenössischer Vorstellung dem Kochen von Suppen oder Eintöpfen in dickbäuchigen Kesseln sehr eng verwandt war; und nicht allein das Kochen war Frauensache, sondern der Kessel selbst galt als typisch weibliches Arbeitsgerät, ja als Symbol für den weiblichen Körper selbst, wie Ingrid Ahrendt-Schulte zeigte.[51] Was lag also näher, als beim Verderben von Frucht, Milch, Vieh oder Familienmitgliedern eine andere Frau als Verursacherin zu beschuldigen?

Immerhin führten solche Verdächtigungen, die häufig mit Beschimpfungen und Drohungen einhergingen, nicht automatisch zu einer Hexereianklage. Frauen, die angezeigt und gegen die gerichtliche Ermittlungen wegen Zauberei eingeleitet wurden, waren im Gegenteil meist jahre- oder gar jahrzehntelang dafür bekannt gewesen, daß sie die „Kunst" (der Hexerei) beherrschten. Zur Anklage kam es in der Regel – d.h. außerhalb von Verfolgungswellen – erst dann, wenn Dorfgemeinschaft oder Mitbürger ‚berechtigten Argwohn' hatten, daß diese Frauen ihr Wissen zum Schaden ihrer Gegner eingesetzt hatten. Gegner konnten Nachbarn, lokale Autoritäten, Gemeindemitglieder, Verwandte, ja selbst der eigene Ehemann sein. Es waren in jedem Fall Personen, von denen die Frauen beleidigt, betrogen, geschlagen, verleumdet oder in ihrer Existenz bedroht worden waren und die ihre Rache zu fürchten hatten.

In den Konflikten zwischen den Frauen und ihren Anklägerinnen oder Anklägern ging es im übrigen selten um Lappalien, sondern häufig um existentielle Fragen[52] wie Geldgeschäfte, Erbschaften, Landnutzungsrechte, Heiratspläne, die Verteidigung der Ehre oder familiäre Belange (etwa die Verteidigung der eigenen Kinder oder – seltener – des Ehemannes), auf die sich Frauen ganz besonders beriefen und die ihnen offenbar auch in ihrer Eigenschaft als „Hausmutter" zugestanden wurden.[53] Doch gerade dies konnte andererseits für Frauen besonders fatale Folgen haben, denn diese brachten sich nicht nur dadurch in Gefahr, daß sie sich sichtbar für ihre Angehörigen einsetzten, sondern sie mußten auch mit Konsequenzen rechnen, wenn andere Familienmitglieder in Interessenkonflikte verwickelt wurden: Wurde nämlich eine Frau im Konflikt ungerecht behandelt oder unterlag, lastete ihr der Gegner Schadenzauber an; wurde ein Mann oder ein Kind ungerecht behandelt, verdächtigte man die Ehefrau bzw. die Mutter des rachsüchtigen Schadenzaubers, um so mehr dann, wenn die Frau bereits einen schlechten Leumund hatte oder im Ort als „Zaubersche" berüchtigt war![54]

Am stärksten gefährdet waren aber dennoch die Frauen, die keine (bzw. keine einflußreiche) Familie hinter sich hatten, denn Ehre, Ruf und Sozialstatus waren eng verknüpft. Da aber der Hexereivorwurf oft jahrelang nur auf der Gerüchteebene kursierte, bis er schließlich vor ein Gericht getragen wurde, richtete sich die Anklage zunächst meist gegen Frauen, die die Fünfzig überschritten hatten; diese waren dann vielfach bereits, aufgrund der frühneuzeitlichen Alters- und Heiratsstruktur, als Witwen alleinlebend – und meist in wirtschaftlich bedrängter Situation. So erhielt der Hexereiverdacht gegen Frauen auch von dieser Seite her nochmals einen – gewissermaßen sozialstrukturellen – Aufschwung, wie Eva Labouvie für die saarländischen Gemeinden zeigen konnte.[55]

Dabei zeigt sich, daß das von den Zeitgenossen wieder und wieder beschworene Stereotyp des „armen alten Weibleins“, das in besonderem Maße von Zauberei- und Hexereiverdacht betroffen war, zwar durchaus der tatsächlichen Verfolgungspraxis entsprach – jedoch nur insoweit, als sich hier diverse, gegen das weibliche Geschlecht insgesamt gerichtete Verdachtsmomente potenzierten. Wenn aber – in Zeiten des „Hexenwahns“, d.h. der massenhaften und unkontrollierten Verfolgung und Anklage von vermeintlichen Hexen – der Verfolgungsapparat so „erfolgreich“ in Gang gebracht wurde, daß teilweise bis weit über die Hälfte der weiblichen Bevölkerung eines Dorfes, einer Stadt oder einer ganzen Region, aber auch zahlreiche Männer jeden Alters gleichsam auf gerichtlichem Wege „ausgerottet“ wurden, dann zeigte das „Hexenmuster“ sein wahres Gesicht gleichsam als eine Verschwörungstheorie, der potentiell alle Zeitgenossinnen und Zeitgenossen zum Opfer fallen konnten, der aber die frühneuzeitlichen Frauen ganz besonders wenig entgegenzusetzen hatten.[56]

4. *Fazit*

So zeigt sich schließlich, daß zwar von einer „intentionalen“, geplanten und über ganz Europa hinweg systematisch ausgebreiteten Frauenverfolgung nicht die Rede sein kann trotz der über 80 % weiblichen Opfer, die die frühneuzeitliche Hexenverfolgung gezeitigt hat.

Selbst die dämonologischen Traktate der Zeit drängten ja nicht zum „Geschlechterkrieg“ oder konnten einen solchen tatsächlich auslösen. Diese griffen nämlich in vieler Hinsicht nur frauenfeindliche Äußerungen und Vorstellungen wieder auf, die bereits Jahrhunderte alt waren und weder vorher noch nachher zu einer ähnlichen Zahl von hingerichteten Frauen führten wie in der Zeit zwischen 1500 und 1700.

Jedoch zeigt sich bei der genaueren Analyse von Prozeßzusammenhängen und -hintergründen, daß es eine ganze Reihe von Faktoren gab, die Frauen überproportional benachteiligten bzw. in den Augen von Hexenrichtern, Mitbewohnern, ja sogar Verwandten – und auch anderen Frauen! – besonders verdächtig machten. Hier wäre an erster Stelle die nicht nur innerhalb der Gelehrten und der Richter, sondern auch im ländlichen Alltag unbestrittene Dominanz des männlichen Geschlechts zu nennen, die, zusammen mit einem unter dem Einfluß des gelehrten Hexenbildes ambivalenter werdenden, geschlechtsspezifischen Magieverständnis zu einer besonderen Gefährdung von Frauen führte, speziell dann, wenn es in krisenhaften Situationen verstärkt zu Neid und Konkurrenzgefühlen, ja zu größeren sozialen Spannungen im Dorf kam.

Bedingt durch den fatalen Mechanismus von Hexereidelikt, Folter und Besagung, konnten Frauen deshalb zu den ersten und häufigsten Opfern einer Glaubens- und Rechtsauffassung werden, die von alters her eine besonders frauenfeindliche Tendenz aufwies, im Hexereidelikt jedoch eine geschlechtsspezifische Prägnanz und Schärfe erreichte wie nie zuvor oder danach.

Dabei ist es schließlich ebenso erstaunlich wie beunruhigend, daß das Ende der Hexenverfolgungen keineswegs durch eine Stärkung der Position von Frauen in Theorie und Praxis, sondern vielmehr auf dem Hintergrund eines Frauenbildes geschah, das erneut auf weibliche Schwäche und Schutzbedürftigkeit rekurrierte und das als Begründung dafür herhalten mußte, Frauen in der neuentstehenden bürgerlichen Gesellschaft zumindest vorderhand jegliche Beteiligung am öffentlichen Leben vorzuenthalten.

Anmerkungen

1 Neueste dt. Ausgabe München 1974.
2 Joseph Hansen, Inquisition und Hexenverfolgung im Mittelalter, in: Historische Zeitschrift 81 (1898), S. 385–432, hier: S. 386.
3 Siehe dazu besonders Dagmar Unverhau, Frauenbewegung und historische Hexenverfolgung, in: A. Blauert (Hg.), Die Anfänge der europäischen Hexenverfolgung, Frankfurt a. M. 1990, S. 241–83, und im Tenor ähnlich Gerhard Schormann, Hexenprozesse in Deutschland, Göttingen [2]1986, S. 119 ff.
4 New York, 1973; dt. erstmals München 1975; mittlerweile liegt (mindestens) die 11. Auflage (München 1984) vor!
5 Vgl. dazu etwa die Bibliographie neuester Forschungsarbeiten in: Wolfgang Behringer (Hg.), Hexen und Hexenprozesse, München [2]1993, S. 495–500.
6 In: Becker/Bovenschen/Brackert u. a., Aus der Zeit der Verzweiflung. Zur Genese und Aktualität des Hexenbildes, Frankfurt a. M. 1977, S. 259–312.
7 In C. Honegger (Hg.), Die Hexen der Neuzeit. Studien zur Sozialgeschichte eines kulturellen Deutungsmusters, Frankfurt a. M. 1978, S. 21–151.
8 Bovenschen (wie Anm. 6), S. 280. In einer vielbeachteten neueren, wisssenschaftsgeschichtlich orientierten Studie wird dieser Gedanke produktiv fortgeführt von Carolyn Merchant, Der Tod der Natur. Ökologie, Frauen und neuzeitliche Naturwissenschaft, München 1987.
9 Das gilt etwa auch für die ansonsten so einleuchtende „Krisentheorie", derzufolge die Hexenverfolgungen aufgrund von Mißernten und Seuchen entstanden, die durch die Klimaverschiebungen der „kleinen Eiszeit" des späten 16. Jahrhunderts ausgelöst bzw. verursacht wurden (s. dazu W. Behringer [wie Anm. 5], bes. S. 129–135, 179 f.). Kritik an diesem und ähnlichen Erklärungsversuchen äußert Andreas Blauert, Frühe Hexenverfolgungen. Ketzer-, Zauberei- und Hexenprozesse des 15. Jahrhunderts, Hamburg 1989, bes. S. 111–139.
10 Schormann, wie Anm. 3, S. 118.
11 Nach Wolfgang Behringer (wie Anm. 5), S. 272. Auch im Herzogtum Westfalen sind fast die Hälfte der Angeklagten Männer gewesen (Schormann, ebd., S. 118).
12 Keith Thomas, Religion and the Decline of Magic, London 1970; ein übersetzter Auszug findet sich in Honegger, Hexen (wie Anm. 7), S. 256–308, die auch eine entsprechende Kritik an Thomas' These formuliert.
13 Jean Delumeau, Angst im Abendland. Die Geschichte kollektiver Ängste im Europa des 14. bis 18. Jahrhunderts, Reinbek b. Hamburg 1985. Eine etwas modifizierte Weiterführung der „Angst- und Repressionsthese" findet sich bei Marianne Hester, Lewd Women and Wicked Witches, London/NY 1992.
14 E. W. Monter, Witchcraft in France and Switzerland, Ithaca/NY 1976, bes. S. 124; zur Kritik s. Susanna Burghartz, Hexenverfolgung als Frauenverfolgung? Zur Gleichsetzung von Hexen und Frauen am Beispiel der Luzerner und Lausanner Hexenprozesse des 15. und 16. Jahrhunderts, in: Lisa Berrisch u. a. (Hg.), 3. Schweizerische Historikerinnentagung. Beiträge, Zürich 1986, S. 86–105, bes. S. 94 f. (wieder in diesem Band).
15 Einen Überblick hierzu gibt Behringer (wie Anm. 5), bes. S. 179–94, und

H. C. Erik Midelfort, Geschichte der abendländischen Hexenverfolgung, in: Hexen und Hexenverfolgung, Aufsatzband, hg. von S. Lorenz i. A. d. Badischen Landesmuseums Karlsruhe, Karlsruhe 1984, S. 49–58.

16 Schormann (wie Anm. 3), S. 119. Die Debatte um die Hexenverfolgung als „Hebammenverfolgung“ (nach Gunnar Heinsohn/Otto Steiger, Die Vernichtung der weisen Frauen, 3. erw. Auflage, München 1989), die als eine „Abart“ der Frauenverfolgungsdiskussion betrachtet werden kann, möchte ich hier nicht noch einmal aufrollen; sie ist in der 3. Auflage des genannten Werkes breit dokumentiert.

17 Christina Larner, Enemies of God. The witch-hunt in Scotland, London 1981, bes. S. 89–102.

18 Jakob Sprenger/Heinrich Institoris, Der Hexenhammer (Malleus maleficarum). Aus dem Lateinischen übertragen und eingeleitet von J. W. R. Schmidt, München 1982, Teil I, S. 96 ff. S. zu den Entstehungs- und Rezeptionsbedingungen des *Hexenhammers* Günther Jerouschek, Der „Nürnberger Hexenhammer“. Der „Malleus Maleficarum“ und seine deutschsprachige Bearbeitung durch den Verfasser Heinrich Kramer O. P. aus dem Jahre 1491. Ein Beitrag zur Psychohistorie der Hexenverfolgung, Diss. Hannover 1988, sowie den Sammelband: Der Hexenhammer. Entstehung und Umfeld des „Malleus maleficarum“ von 1487, hg. von Peter Segl, Köln/Wien 1988.

19 Siehe zur besonderen Misogynie des *Hexenhammers* Helmut Brackert, „Unglückliche, was hast du gehofft?“ Zu den Hexenbüchern des 15. bis 17. Jahrhunderts, in: Becker/Bovenschen/Brackert, wie Anm. 6, S. 131–187, hier: S. 137; ebenso N. Paulus, Hexenwahn und Hexenprozeß vornehmlich im 16. Jahrhundert, Freiburg i. Br. 1910, S. 212 ff.; sowie Lene Dresen-Coenders, Witches as devils's concubines. On the origin of fear of witches and protection against witchcraft, in: dies. (Hg.), Saints and She-devils. Images of Women in the 15th and 16th centuries (Ausstellungskatalog), London 1987. Eine Rezeptionsgeschichte des *Hexenhammers* – insbesondere auch im Kontext der Verfolgungs- bzw. Gerichtspraxis – steht indes noch aus.

20 Siehe dazu Jean Delumeau, Angst im Abendland (wie Anm. 13), bes. S. 456–503, sowie Monica Blöcker, Frauenzauber – Zauberfrauen, in: Zeitschrift für schweizerische Kirchengeschichte 76, 1982, S. 1–39 (wieder in diesem Band).

21 Die mittelalterlichen Ketzerverfolgungen etwa sind weit mehr gegen männliche „Übeltäter“ gerichtet (soweit dies überhaupt quantitativ zu fassen ist) – s. dazu etwa Eleanor McLaughlin, Die Frau in der mittelalterlichen Häresie, in: Concilium 12, 1976, S. 34–44, und neuerdings Urte Bejick, Die Katharerinnen. Häresieverdächtige Frauen im mittelalterlichen Süd-Frankreich, Freiburg/Basel/Wien 1993, bes. S. 12–18. Allerdings ist die Frage, ob bzw. inwieweit im Zuge der spätmittelalterlichen Ordens- und Kirchenreform im neuentstehenden Hexenbild die traditionell (und gerade im späten Mittelalter so besonders) starke Stellung von Frauen im mystischen Bereich desavouiert werden sollte, noch nicht beantwortet. Ansätze hierzu finden sich bei Jeanine Blackwell, Herzensgespräche mit Gott, in: Deutsche Literatur von Frauen, hg. von G. Brinker-Gabler, Bd. I, München 1988, S. 263–289.

22 Siehe hierzu Burghartz, Hexenverfolgung (wie Anm. 14). Zur spezifischen Frauenfeindlichkeit von Klerikern und Mönchen s. Katharina Wilson/Elizabeth Makowski, Wykked Wyves and the Woes of Marriage: Misogamous Literature from Juvenal to Chaucer, State University of New York Press 1991.
23 Johannes Weyer, De praestigiis daemonum, Frankfurt 1583 (dt. v. Johann Füglin, Vom Teuffelsgespenst, Zauberern und Gifftbereytern, Frankfurt a. M. 1586, repr. Darmstadt 1963); zum Frauenbild Weyers s. Honegger, Hexen (wie Anm. 7), S. 96; Manuel Simon, Heilige, Hexe, Mutter. Der Wandel des Frauenbildes durch die Medizin im 16. Jahrhundert, Berlin 1993, bes. Teil I; und allgemein Gerd Schwerhoff, Rationalität im Wahn. Zum gelehrten Diskurs über die Hexen in der frühen Neuzeit, in: Saeculum 37, 1986, S. 45–82.
24 Richard Kieckhefer hat neulich gezeigt, daß es tatsächlich eine solche geschlechtsspezifische Tradition in der Anwendung von Magie schon seit dem Altertum und insbesondere im Mittelalter gab (Magie im Mittelalter, Frankfurt a. M. 1991); zur (männlichen) Geschlechtsspezifik von Magie und „Hexerei" s. den Beitrag von Eva Labouvie, Männer im Hexenprozeß. Zur Sozialanthropologie eines „männlichen" Verständnisses von Hexen, in: Geschichte und Gesellschaft 16, H. 1, 1990, S. 56–70 (wieder in diesem Band).
25 Jean Bodin, De la démonomanie des sorciers, Paris 1580. Siehe dazu auch Stefan Janson, Jean Bodin. Johan Fischart. „De la démonomanie des sorciers" 1580, Diss. Würzburg 1980, und Sophie Houdard, Les sciences du diable: quatre discours sur la sorcellerie (XVe – XVIIe Siècles), Paris 1992.
26 Honegger (wie Anm. 7), S. 101 f.
27 Siehe hierzu Soldan/Heppe, Geschichte der Hexenprozesse. Neu bearbeitet von S. Ries, Kettwig b. Essen o. J. (1986), Bd. 2, S. 5; zu Agrippas Frauen-Traktat s. Gerd Kimmerle (Hg.), H. C. Agrippa v. Nettesheim, Vom Vorzug und Fürtrefflichkeit des weiblichen Geschlechts vor dem männlichen, Nachdruck der Ausgabe Jena 1736, Tübingen 1987.
28 Heide Wunder, Friedrich von Spee und die verfolgten Frauen, in: Doris Brockmann/Peter Eicher (Hg.), Die politische Theologie Friedrich von Spees, München 1991, S. 117–132.
29 Friedrich von Spee, Cautio criminalis oder Rechtliches Bedenken wegen der Hexenprozesse. Aus dem Lateinischen übertragen und eingeleitet von Joachim F. Ritter, München 1982, S. 120.
30 Ebd., S. 81 f.
31 Siehe dazu die Zahlen bei Behringer, Hexen (wie Anm. 5), S. 189–194
32 Siehe dazu die beeindruckende Gesamtschau bei Jean Delumeau (wie Anm. 13, S. 469–510), der allerdings bei seiner Betrachtung der misogynen Literaturtradition weitgehend auf eine Einordnung in den Gesamtdiskurs verzichtet und damit ein etwas zu eindeutiges Bild frühneuzeitlicher Frauenfeindlichkeit zeichnet. Auf das Nebeneinander von „frauenfreundlichen" und „frauenfeindlichen" Traditionen verweist dagegen Elisabeth Gössmann (Die Gelehrsamkeit der Frauen im Rahmen der europäischen „Querelle des Femmes" in: dies. [Hg.], Das wohlgelahrte Frauenzimmer [Archiv für philosophie- und theologiegeschichtliche Frauenforschung 1], München 1984, S. 7–20).

33 Wenngleich weiterhin offen ist, inwiefern die humanistische Rückbesinnung auf antike Texte und Positionen sich nicht durchaus auch verschärfend auf das überwiegend frauenfeindliche Weltbild der Gelehrten ausgewirkt haben mag (Zum Frauenbild der Renaissance-Gelehrten s. Ian MacLean, The Renaissance Notion of Woman. A study in the fortunes of scholasticism and medical science in European intellectual life, Cambridge Univ. Press 1980).
34 Siehe dazu Labouvie, Männer (wie Anm. 24), S. 56.
35 H. Wunder, Friedrich v. Spee... (wie Anm. 28), S. 123 f. Über die Mentalität der (französischen) Richter und deren Kontakte zu anderen Gelehrten s. Robert Mandrou, Die französischen Richter und die Hexenprozesse im 17. Jahrhundert, in: Honegger, Hexen (wie Anm. 7), S. 309–335; Mandrou zeigt auch, daß es Richtern wie kaum einer anderen sozialen Gruppe gelang, sich vom Hexereiverdacht freizuhalten, sich also weit außerhalb der verwickelten sozialen Beziehungen und Prozesse zu stellen, in denen Hexereianklagen entstanden.
36 In den Kursächsischen Konstitutionen heißt es z. B.: „So iemands in Vergessung seines Christlichen Glaubens mit dem Teuffel ein Verbündniß aufrichtet, umgehet oder zu schaffen hat, daß dieselbige Person, ob sie gleich mit Zauberey niemands Schaden zufüget, mit dem Feuer vom Leben zum Tode gerichtet und gestrafft werden soll. Da aber außerhalb solcher Verbündnissen jemand mit Zauberey Schaden thut, derselbe sey groß oder geringe, so soll der Zauberer, Manns- oder Weibs-Person, mit dem Schwert gestrafft werden" (zit. nach Günter Jerouschek, Vom Schadenzauber zum Teufelspakt: Friedrich von Spees Kampfschrift gegen ein Gesinnungsstrafrecht..., in: Brockmann/Eicher (Hg.), Politische Theologie... (wie Anm. 28), S. 133–154, hier: S. 150).
37 Eine Ausnahme bildet in diesem Zusammenhang der „Kindsmord", der als spezifisch weibliches Delikt angesehen wurde (s. dazu Richard van Dülmen, Frauen vor Gericht. Kindsmord in der frühen Neuzeit, Frankfurt a. M. 1991).
38 Zu den besonderen Verfahrensweisen im Hexenprozeß – namentlich die intensivierte Folteranwendung –, die schon im *Hexenhammer* angelegt sind und durch juristische und dämonologische Debatten seit dem 16. Jahrhundert weiterentwickelt und -verbreitet wurden, s. Behringer, Hexen, (wie Anm. 5), S. 267–274.
39 Siehe dazu für das 16. Jahrhundert Elisabeth Koch, Maior dignitas est in sexu virili. Das weibliche Geschlecht im Normensystem des 16. Jahrhunderts, Frankfurt a. M. 1991, bes. III. Kapitel, S. 91–166.
40 Eva Labouvie, Zauberei und Hexenwerk. Ländlicher Hexenglaube in der frühen Neuzeit, Frankfurt a. M. 1991, S. 188 f. Zur „weiblichen Schwäche" s. auch den Aufsatzband von Robert Muchembled, Sorcières, justice et société aux 16e et 17e siècles, Paris 1987, der allerdings das Stereotyp von der marginalen, „schwachen alten Frau" eher verdoppelt als es systematisch im Kontext der ländlichen Gesellschaft zu analysieren.
41 Heide Wunder, Er ist die Sonn', sie ist der Mond. Frauen in der frühen Neuzeit, München 1992, S. 247.
42 Siehe dazu Labouvie, Männer (wie Anm. 24), bes. S. 65 ff.
43 Siehe dazu Eva Labouvie, Hexenspuk und Hexenabwehr. Volksmagie und

volkstümlicher Hexenglauben, in: Richard van Dülmen (Hg.), Hexenwelten, Frankfurt a. M. 1987, S. 49–93, bes. S. 52, und Ingrid Ahrendt-Schulte, Schadenzauber und Konflikte. Sozialgeschichte von Frauen im Spiegel der Hexenprozesse des 16. Jahrhunderts, in: Heide Wunder/Christina Vanja (Hg.), Wandel der Geschlechterverhältnisse zu Beginn der Neuzeit, Frankfurt a. M. 1991, S. 198–228 (wieder in diesem Band).

44 Labouvie, Zauberei (wie Anm. 40), S. 74.

45 Ebd., S. 78, und Ahrendt-Schulte (wie Anm. 43), S. 218 ff.

46 Labouvie, Zauberei (wie Anm. 40), S. 185, und Schormann (wie Anm. 3), S. 45.

47 Ahrendt-Schulte (wie Anm. 43), S. 208; Schormann (wie Anm. 3), S. 45.

48 Labouvie, Hexenspuk (wie Anm. 43), S. 56 ff.

49 Ahrendt-Schulte (wie Anm. 43), S. 202. Sie zeigt auch, daß noch im 16. Jahrhundert den Bewohnern der Grafschaft Lippe die Vorstellung völlig fremd war, daß auch Männer mittels Magie Rache übten (ebd., S. 204).

50 Wunder, Friedrich v. Spee (wie Anm. 28), S. 123, und dies., Hexenprozesse im Herzogtum Preußen während des 16. Jahrhunderts, in: Hexenprozesse. Deutsche und skandinavische Beiträge, hg. von Christian Degn u. a., Neumünster 1983, S. 179–203.

51 Ahrendt-Schulte (wie Anm. 43), S. 209; ähnlich auch Wunder, Er ist die Sonn (wie Anm. 41), S. 198 ff.

52 Das erklärt schließlich auch, warum es gerade in Krisenzeiten zu einer höheren Bereitschaft der (ländlichen) Bevölkerung kam, Hexenanklagen vorzubringen und damit eine für die gesamte Gemeinde nicht ungefährliche Dynamik ins Rollen zu bringen: Die knapper werdenden Ressourcen ließen alle Gemeindemitglieder um ihr Auskommen fürchten; häufigere und erbittertere Konflikte waren die Folge.

53 Ahrendt-Schulte (wie Anm. 43), S. 213 f.

54 Ebd., S. 215.

55 Labouvie, Zauberei (wie Anm. 40), S. 172 ff.

56 Über die besseren Möglichkeiten von Männern, einen Hexenprozeß unbeschadet zu überstehen, s. Labouvie, Männer (wie Anm. 24), S. 75 ff.

Auswahlbiographie

Ahrendt-Schulte, Ingrid, Schadenzauber und Konflikte. Sozialgeschichte von Frauen im Spiegel der Hexenprozesse des 16. Jahrhunderts in der Grafschaft Lippe, in: Wandel der Geschlechterbeziehung zu Beginn der Neuzeit, hg. von H. Wunder und C. Vanja, Frankfurt a. M. 1991, S. 198–228. (Wieder im vorliegenden Band.)

–, Weise Frauen – böse Weiber. Die Geschichte der Hexen in der Frühen Neuzeit, Freiburg i. Br. 1994.

Anderson, Alan/Gordon, Raymond, Witchcraft and the Status of Woman – the Case of England, in: British Journal of Sociology 29, 1978, S. 171–184.

Becker, G./Bovenschen, S./Brackert, H. u. a., Aus der Zeit der Verzweiflung. Zur Genese und Aktualität des Hexenbildes, Frankfurt a. M. 1977.

Blackwell, Jeanine, Herzensgespräche mit Gott. Bekenntnisse deutscher Pietistinnen im 17. und 18. Jahrhundert, in: Deutsche Literatur von Frauen, hg. von Gisela Brinker-Gabler, Bd. I, München 1988, S. 263–289.

–, Die Zunge, der Geistliche und das Weib, in: Der Widerspenstigen Zähmung, hg. von S. Wallinger und M. Jones, Innsbruck 1986, S. 95–116.

Bovenschen, Silvia, Die aktuelle Hexe, die historische Hexe und der Hexenmythos, in: Becker/Bovenschen/Brackert u. a., Aus der Zeit der Verzweiflung, Frankfurt a. M. 1976, S. 259–312. (Wieder im vorliegenden Band.)

Brackert, Helmut, Zur Sexualisierung des Hexenmusters in der Frühen Neuzeit, in: Ordnung und Lust. Bilder von Liebe, Ehe und Sexualität in Spätmittelalter und Früher Neuzeit, hg. von H.-J. Bachorski, Trier 1991, S. 337–358.

–, ‚Unglückliche, was hast du gehofft?' Zu den Hexenbüchern des 15. bis 17. Jahrhunderts, in: Becker/Bovenschen/Brackert u. a., S. 131–187.

Brauner, Sigrid, Martin Luther on Witchcraft: A True Reformer? in: The Politics of Gender in Early Modern Europe, hg. von Jean R. Brink u. a., Kirksville 1989 (Sixteenth Century Essays and Studies, Vol. XII), S. 29–42.

Burghartz, Susanna, Hexenverfolgung als Frauenverfolgung? Zur Gleichsetzung von Hexen und Frauen am Beispiel der Luzerner und Lausanner Hexenprozesse des 15. und 16. Jahrhunderts, in: 3. Schweizerische Historikerinnentagung. Beiträge, hg. von Lisa Berrisch u. a., Zürich 1986, S. 86–105. (Wieder im vorliegenden Band.)

Delumeau, Jean, Angst im Abendland. Reinbek b. Hamburg 1985.

Dienst, Heide, Feindseligkeit zwischen Frauen (Innsbruck 1485), in: Die ungeschriebene Geschichte. Historische Frauenforschung. Dokumentation des 5. Historikerinnentreffens Wien 1984, S. 209–213.

Dresen-Coenders, Lene (Hg.), Saints and She-devils. Images of women in the 15th and 16th centuries (Ausstellungskatalog), London 1987.

–, Witches as devil's concubines. On the origin of witches and protection against witchcraft, in: ebd., S. 59–82.

Ehrenreich, Barbara/English, Deirdre, Hexen, Hebammen, Krankenschwestern, München 1974 u. ö. (Teilabdruck im vorliegenden Band.)

Ennen, Edith, Zauberinnen und fromme Frauen-Ketzerinnen und Hexen, in: Der Hexenhammer. Entstehung und Umfeld des „Malleus Maleficarum" von 1487, hg. von Peter Segl, Köln 1988, S. 7–22.

Garret, Clarke, Women and Witches: Patterns of analysis, in: Signs 3, 1977/78, S. 461–470.

Harmening, Dieter, Zauberinnen und Hexen. Vom Wandel des Zaubereibegriffs im späten Mittelalter, in: Ketzer, Zauberer, Hexen. Die Anfänge der europäischen Hexenverfolgung, hg. von A. Blauert, Frankfurt a. M. 1990, S. 68–90.

Heinsohn, Gunnar/Steiger, Otto, Die Vernichtung der weisen Frauen. Beiträge zur Theorie und Geschichte von Bevölkerung und Kindheit, München, 3., erw. Ausgabe 1989.

Hester, Marianne, Lewd Women and Wicked Witches, London/New York 1992.

Die Hexen der Neuzeit. Studien zur Sozialgeschichte eines kulturellen Deutungsmusters, hg. von Claudia Honegger, Frankfurt a. M. 1978.

Hexenwelten. Magie und Imagination vom 16. bis zum 20. Jahrhundert, hg. von R. van Dülmen, Frankfurt a. M. 1987.

Höher, Friederike, Hexe, Maria und Hausmutter – Zur Geschichte der Weiblichkeit im Spätmittelalter, in: A. Kuhn/ J. Rüsen (Hg.), Frauen in der Geschichte III, Düsseldorf 1983, S. 13–62.

Honegger, Claudia, Hexenprozesse und „Heimlichkeiten der Frauenzimmer": Geschlechtsspezifische Aspekte von Fremd- und Selbstthematisierung, in: Selbstthematisierung und Selbstzeugnis. Bekenntnis und Geständnis, hg. von A. Hahn und V. Kapp, Frankfurt a. M. 1987, S. 95–110.

Jerouschek, Günther, „Diabolus habitat in eis". – Wo der Teufel zu Hause ist: Geschlechtlichkeit im rechtstheologischen Diskurs des ausgehenden Mittelalters und der Frühen Neuzeit, in: Ordnung und Lust. Bilder von Liebe, Ehe und Sexualität in Spätmittelalter und Früher Neuzeit, hg. von H.-J. Bachorski, Trier 1991, S. 281–305.

–, Der „Nürnberger Hexenhammer". Der „Malleus Maleficarum" und seine deutschsprachige Bearbeitung durch den Verfasser Heinrich Kramer O.P. aus dem Jahre 1491. Ein Beitrag zur Psychohistorie der Hexenverfolgung, Diss. Hannover 1988.

Karlsen, Carol, The devil in the shape of a woman. Witchcraft in colonial New England, New York 1987.

Kieckhefer, Richard, Magie im Mittelalter, Frankfurt a. M. 1992.

Klaits, Joseph, Servants of Satan. The Age of the Witch Hunts. Indiana University Press 1985.

Labouvie, Eva, Männer im Hexenprozeß. Zur Sozialanthropologie eines „männlichen" Verständnisses von Hexen, in: Geschichte und Gesellschaft 16, H. 1, 1990, S. 56–70. (Wieder im vorliegenden Band.)

–, Zauberei und Hexenwerk. Ländlicher Hexenglaube in der Frühen Neuzeit, Frankfurt a. M. 1991.

–, Verbotene Künste. Volksmagie und ländlicher Aberglaube in den Dorfgemeinden des Saarraumes (16.–19. Jahrhundert), St. Ingbert 1992.

–, Hexenspuk und Hexenabwehr. Volksmagie und volkstümlicher Hexenglaube, in: Hexenwelten. Magie und Imagination, hg. v. R. van Dülmen, Frankfurt a. M. 1987, S. 49–93.
Leibrock-Plehn, Larissa, Hexenkräuter und Arznei. Die Abtreibungsmittel im 16. und 17. Jahrhundert, Stuttgart 1992.
Maclean, Ian, The Renaissance Notion of Woman, Cambridge University Press 1980.
Merchant, Carolyn, Der Tod der Natur. Ökologie, Frauen und neuzeitliche Naturwissenschaft, München 1987.
Midelfort, H. C. Erik, Witch Hunting in South-Western Germany 1562–1684. The Social and Intellectual Foundations, Stanford 1972.
Monter, E. William, Witchcraft in France and Switzerland. The Borderlands during the Reformation, Ithaca/London 1976.
Muchembled, Robert, Sorcières, Justice et Société aux 16ᵉ et 17ᵉ Siècles, Paris 1987.
Müller, Daniela, Hexenprozeß und Frauenrepression, in: Heresis. Revue semestrielle d'hérésiologie médiévale, H. 12, 1989, S. 39–51.
Roper, Lyndal, Angst und Aggression. Hexereianklagen und Mutterschaft im frühneuzeitlichen Augsburg, in: Sowi 21, 1992, S. 68–76.
Schade, Sigrid, Schadenzauber und die Magie des Körpers. Hexenbilder der Frühen Neuzeit, Worms 1983.
–, Kunsthexen – Hexenkünste. Hexen in der bildenden Kunst vom 16. bis zum 20. Jahrhundert, in: Hexenwelten. Magie und Imagination, hg. v. R. van Dülmen, Frankfurt a. M. 1987, S. 170–218.
Schwerhoff, Gerd, Rationalität im Wahn. Zum gelehrten Diskurs über die Hexen in der Frühen Neuzeit, in: Saeculum 37, 1986, S. 45–82.
Simon, Manuel, Heilige, Hexe, Mutter. Der Wandel des Frauenbildes durch die Medizin im 16. Jahrhundert, Berlin 1993.
Staschen, Heidi, Hexenprozesse im Mittelalter und in der Frühen Neuzeit, Hamburg 1982.
Unverhau, Dagmar, Frauenbewegung und historische Hexenverfolgung, in: Ketzer, Zauberer, Hexen. Die Anfänge der europäischen Hexenverfolgung, hg. von A. Blauert, Frankfurt a. M. 1990, S. 241–83.

Valentinitsch, Helfried (Hg.), Hexen und Zauberer, Graz/Wien 1987.

Walz, Rainer, Der Hexenwahn im Alltag. Der Umgang mit verdächtigen Frauen, in: Geschichte in Wissenschaft und Unterricht 43, 1992, S. 157–168.

Wunder, Heide, Hexenprozesse im Herzogtum Preußen während des 16. Jahrhunderts, in: Hexenprozesse. Deutsche und Skandinavische Beiträge, hg. von Christian Degn u. a., Neumünster 1983, S. 179–203.

–, Friedrich von Spee und die verfolgten Frauen, in: Die politische Theologie Friedrich von Spees, hg. von Doris Brockmann und Peter Eicher, München 1991, S. 119–132.

Drucknachweise

1. *Barbara Ehrenreich / Deirdre English*, Hexenkunst und Medizin im Mittelalter (Auszug aus: dies., Hexen, Hebammen, Krankenschwestern, München [Frauenoffensive] 1975, S. 9–27).
2. *Silvia Bovenschen*, Die aktuelle Hexe, die historische Hexe und der Hexenmythos (zuerst in: Becker / Bovenschen / Brackert u. a., Aus der Zeit der Verzweiflung. Zur Genese und Aktualität des Hexenbildes, Frankfurt a. M. 1976, [Suhrkamp] S. 259–312).
3. *Monica Blöcker*, Frauenzauber – Zauberfrauen (zuerst in: Zeitschrift für schweizerische Kirchengeschichte, 76. Jg. [1982], S. 1–39).
4. *Susanna Burghartz*, Hexenverfolgung als Frauenverfolgung? Zur Gleichsetzung von Hexen und Frauen am Beispiel der Luzerner und Lausanner Hexenprozesse des 15. und 16. Jahrhunderts (zuerst in: 3. Schweizerische Historikerinnentagung – Beiträge, hg. von L. Berrisch u. a., Zürich 1986, S. 86–105).
5. *Ingrid Ahrendt-Schulte*, Schadenzauber und Konflikte. Sozialgeschichte von Frauen im Spiegel der Hexenprozesse des 16. Jahrhunderts in der Grafschaft Lippe (zuerst in: Heide Wunder / Christina Vanja [Hg.], Wandel der Geschlechterbeziehungen zu Beginn der Neuzeit, Frankfurt a. M. 1991 [Suhrkamp], S. 198–228).
6. *Eva Labouvie*, Männer im Hexenprozeß. Zur Sozialanthropologie eines „männlichen“ Verständnisses von Hexerei (zuerst in: Geschichte und Gesellschaft 16, H. 1, 1990, S. 56–70).

Abbildungsnachweise

Abb. 1: Francesco Maria Guazzo, Compendium maleficarum, 1626, aus: Ch. Hinckeldey (Hg.), Justiz in alter Zeit (= Schriftenreihe des mittelalterlichen Kriminalmuseums in Rotheburg ob der Tauber VI), Rotheburg o.d.T. 198, S. 109.

Abb. 2: Die Chronik der Frauen, Dortmund 1992, S. 231.

Abb. 3: Die Chronik der Frauen, Dortmund 1992, S. 226.

Abb. 4: Ulricus Molitor, De lamiis et phitonicis mulieribus, Straßburg bei Joh. Prüß, 1489.

Abb. 5: Hans Vintler, Tugendspiegel, Augsburg bei Johann Blaubier, 1486.

Abb. 6: Hans Baldung Grien, Holzschnitt von 1544, aus: M. Gesiberg, The German Single-Leaf Woodcut: 1500–1550, New York 1974, S. 106.

Abb. 7 aus: W. Brückner, Populäre Druckgraphik Europas. Deutschland vom 15. bis zum 20. Jahrhundert, München 1975, Nr. 58.